abc

DELF

Junior Scolaire **B2**

CLE
INTERNATIONAL

Adrien PAYET
Claire SANCHEZ

Directrice éditoriale : Béatrice Rego
Marketing : Thierry Lucas
Édition : Brigitte Faucard
Conception graphique : Miz'enpage
Mise en page : Emma Navarro
Couverture : Miz'enpage/Griselda Agnesi - Dagmar Stahringer
Enregistrements : StudioFLE
Vidéo : Adrien Payet
CLE International / SEJER 2017
ISBN : 978-209-038251-8

Avant-propos

Le DELF scolaire et junior, sous sa forme actuelle, a été mis en place en 2005 lors de la réforme globale des certifications DELF-DALF qui visait à harmoniser ces examens sur les niveaux du *Cadre Européen Commun de Référence pour les Langues* (CECRL). Le DELF scolaire et junior compte 4 diplômes correspondant aux niveaux A1, A2, B1, B2. Ces diplômes s'adressent à un public d'adolescents de 11 à 18 ans. Ils sont constitués d'épreuves orales et écrites, organisées sous forme d'exercices de compréhension, de production, mais aussi d'interaction. Leur obtention permet de valider un parcours d'apprentissage et atteste officiellement d'un niveau de connaissance en langue française.

Le niveau B2 du CECRL se réfère à l'utilisateur nommé « indépendant » ou « avancé ». À ce niveau, l'apprenant « *peut comprendre le contenu essentiel de sujets concrets ou abstraits, dans un texte complexe, y compris une discussion technique dans sa spécialité. Le locuteur peut communiquer avec un degré de spontanéité et d'aisance tel qu'une conversation avec un locuteur natif ne comportant de tension ni pour l'un ni pour l'autre. Il peut s'exprimer de façon claire et détaillée sur une grande gamme de sujets, émettre un avis sur un sujet d'actualité et exposer les avantages et les inconvénients de différentes possibilités.* » (*CECRL*, page 25).

ABC DELF junior scolaire niveau B2 correspond – selon les standards du *Centre International d'Études Pédagogiques* (CIEP) qui crée les épreuves du DELF – à un enseignement de 530 à 650 heures de français. Son objectif est de préparer aux épreuves du DELF scolaire et junior B2 décrites dans ce manuel pages 14, 52, 136 et 154. **Grâce à ses 200 activités** (qui incluent des DELF blancs proposés de la page 181 à la page 207, cet ouvrage constitue un excellent entraînement avant de passer l'examen, et permet à l'élève de se familiariser avec les épreuves et de progresser.

ABC DELF junior scolaire B2 permet de travailler les quatre compétences du DELF en quatre grandes parties : compréhension orale, compréhension écrite, production écrite, production orale.

L'entraînement aux quatre compétences est organisé de la même façon :

- Au début de chaque chapitre, pour chaque compétence, **des conseils utiles** permettront à l'élève de savoir exactement en quoi consiste l'examen, comment l'affronter et les écueils à éviter.

- Une cinquantaine d'activités, qui reprennent des **thématiques proches des intérêts des jeunes** comme dans les épreuves de l'examen de DELF scolaire et junior, permettent un entraînement complet et efficace.

- À la fin de chaque chapitre, **une épreuve blanche** permet à l'élève d'évaluer son niveau dans la compétence travaillée.

- Pour mieux cerner les critères d'évaluation et les attentes des épreuves de production écrite et orale, nous proposons **un commentaire des grilles d'évaluation**, ainsi qu'un **exemple de copie de production écrite commentée.**

À la suite des quatre parties, 3 **DELF blancs complets** sont ajoutés, permettant au(à la) futur(e) candidat(e) de se placer en situation de passation du DELF scolaire et junior B2.

Les **transcriptions** des exercices de compréhension orale ainsi que **tous les corrigés** des exercices de compréhension orale et écrite sont fournis dans un livret séparé qui accompagne le livre.

ABC DELF junior scolaire B2, une approche très guidée :

- **Une autoévaluation** en début d'ouvrage permet au futur candidat d'identifier ses points forts et ses points faibles.

- **Les conseils du Coach**, présents tout au long des activités, donnent toutes les clés pour réussir l'examen.

Conseils du coach

Un DVD permet de découvrir le DELF en image. Retrouvez le coach du DELF dans une vidéo interactive organisée en 3 séquences. La première séquence explique comment se déroulent les épreuves collectives et donne de nombreux conseils au candidat. La deuxième séquence est une passation entière de production orale pour obtenir un modèle du niveau B2. La troisième séquence est le « Quiz ABC DELF » : une vidéo interactive pour découvrir les pièges à éviter pendant l'épreuve de production orale.

Nous vous souhaitons une bonne préparation et une excellente réussite à l'examen !

Les auteurs

Sommaire

Compréhension orale

Partie 1

Comprendre des documents radiophoniques portant sur la vie personnelle

... / 5 points

Exercice 1   *Lisez les questions, écoutez le document puis répondez.* ///////////// 🎧①

1 ● D'après le document que vous venez d'entendre, la Saint-Valentin :   ... / 1 point
   a. est fêtée par tous les couples.
   b. est pour beaucoup une fête commerciale.
   c. est très critiquée par les couples en France.

2 ● Amelle pense que :   ... / 1 point
   a. les jeunes sont moins romantiques qu'avant.
   b. les jeunes sont aussi romantiques qu'avant.
   c. les jeunes redeviennent romantiques.

3 ● Que reproche Élisabeth à certaines femmes ?   ... / 1 point
   a. D'être superficielles.   **b.** D'être avares.   **c.** D'être dépensières.

4 ● Pour Amelle :   ... / 1 point
   a. les célibataires sont souvent déprimants.
   b. les célibataires doivent être plaints.
   c. les célibataires peuvent être pénibles.

5 ● Finalement, quelles sont les positions d'Amelle et d'Élisabeth ?   ... / 1 point
   a. Amelle aime les symboles romantiques et Élisabeth trouve que l'amour n'a pas de prix.
   b. Amelle aime les preuves d'amour et Élisabeth préfère les cadeaux discrets.
   c. Amelle adore les cadeaux de valeur et Élisabeth n'aime pas exhiber ses cadeaux.

Partie 2

Comprendre des documents radiophoniques portant sur le domaine éducationnel

... / 5 points

Exercice 2   *Lisez les questions. Écoutez l'enregistrement puis répondez.* ///////////// 🎧②

1 ● Que signifie le sigle DAEU ? À qui s'adresse-t-il ?   ... / 1,5 point
....

2 ● À quoi donne-t-il accès ?   ... / 1,5 point
....

3 ● Selon le document, dans quel cas la reprise d'études peut-elle s'avérer difficile ?   ... / 1 point
   a. Quand on est trop âgé.
   b. Quand on travaille en même temps.
   c. Quand on a toujours eu de mauvais résultats scolaires.

4 ● D'après ce que vous avez entendu, l'obtention du DAE :   ... / 1 point
   a. exige toujours beaucoup de sacrifices.
   b. demande beaucoup d'organisation.
   c. Permet de retrouver confiance en soi.

Compréhension écrite

Exercice 1 *Lisez le texte et répondez aux questions..*

Choc culturel et adaptation

Kalervo Oberg a été le premier anthropologue à utiliser l'expression « choc culturel ». Celui-ci se résume à une expérience de stress et de désorientation vécue par la personne qui doit apprendre à vivre dans une nouvelle culture. [...]

Le choc culturel peut être représenté par une courbe en « U » divisée en trois grandes étapes : la lune de miel, la crise et l'adaptation. Ces étapes se mélangent, s'entrecroisent et ont une durée différente selon les personnes.

Lune de miel

Dans les quelques jours ou semaines précédant et suivant votre arrivée au Québec, vous éprouvez des sentiments d'euphorie et d'excitation. Vous avez alors beaucoup d'attentes concernant votre séjour. À l'arrivée dans votre nouveau pays, tout est nouveau, exotique et tout semble parfait. Vous avez une attitude très positive, vous avez envie de tout voir, de tout goûter et de faire de nouvelles expériences.

Crise ou confrontation

Cette étape coïncide normalement avec le début de la routine, qui correspond souvent avec le début des cours à l'université. C'est à ce moment que vous passez de la phase « vie touristique » à la phase « séjour à l'étranger ». C'est une période de désillusion où les différences entre le Québec et votre pays d'origine vous sautent aux yeux. Vous idéalisez le pays que vous venez de quitter et vous posez un jugement systématiquement négatif sur le Québec. Vous vous sentez désorienté par la perte de vos repères habituels et éprouvez de la difficulté à agir efficacement dans la société. Vous pouvez être affecté par un ou plusieurs des symptômes suivants : confusion, frustration, impuissance, isolement, nostalgie et mal du pays, ennui, perte d'appétit, irritabilité, stress, hostilité envers le pays d'accueil et ses habitants, fatigue et mal de tête.

« On est habitué chez nous à certaines choses qui ne sont pas vraiment de mise ici. Moi, personnellement, j'avais une certaine routine de vie qu'il a fallu complètement changer ici du jour au lendemain. »

Judith, étudiante sénégalaise

« J'ai eu des difficultés plus par rapport au fait que je ne connaissais personne ici. Ce sont les relations d'amitié qui me manquaient le plus. »

Mershid, étudiante iranienne

Adaptation

L'adaptation est graduelle et exige du temps et de la patience. Peu à peu, vous apprenez à accepter, sans juger, la culture québécoise, les gens, leurs coutumes et leurs valeurs. De fil en aiguille, vous commencez à construire votre réseau social, vous vous sentez moins isolé et, comme vous commencez à comprendre les us et coutumes de la société, vous vous sentez moins impuissant, plus compétent. Vous trouvez un juste milieu entre les valeurs de la société d'origine et celles de la société d'accueil. Le nouveau devient petit à petit l'habituel. [...]

« J'aime bien ça aussi de me sentir un peu différente et de pouvoir choisir les valeurs qui me vont le mieux. Je cherche toujours ce que j'aime vraiment. Parce qu'on est différent quand on sort de son pays. Et de savoir ce que moi je suis, ce que j'attends des autres, c'est un défi. Ça prend beaucoup de temps. »
Mehrshid, étudiante iranienne

Surmonter le choc culturel

Il n'y a aucune solution magique pour surmonter le choc culturel. Chaque personne doit apprendre à trouver un équilibre personnel entre les valeurs de son pays d'origine et celles de son pays d'accueil. Mais déjà le fait de savoir ce qu'est le choc culturel et de pouvoir nommer ce qu'on ressent est soulageant. Les meilleures stratégies à adopter sont de se donner du temps, de résister à la tentation de se replier sur soi et d'avoir des attentes moins élevées par rapport à soi-même et au pays d'accueil.

https://www.bve.ulaval.ca/accompagnement_des_etudiants_etrangers/vivre_a_quebec/choc_culturel_et_adaptation/

1 • À qui s'adresse ce texte ? ... / 1 point
   a. Aux étudiants québécois.
   b. Aux professionnels du tourisme.
   c. Aux futurs étudiants étrangers au Québec.

2 • D'après Kalervo Oberg, le choc culturel est une expérience : ... / 1 point
   a. positive. **b.** pénible. **c.** insurmontable.

3 • Remplissez le tableau avec le nom des « grandes étapes » qui correspondent : ... / 1,5 point

a. Phase de joie et de découverte	lune de miel
b. Phase de déception	crise
c. Phase de compréhension et d'acclimatation	adaptation

4 • Associez ces mots du texte à leur définition. ... / 1,5 point

a. nostalgie	**1.** ne pas être entouré par d'autres personnes
b. isolement	**2.** s'énerver facilement
c. irritabilité	**3.** regretter son pays natal

5 • Pour Mehrshid, voyager c'est souvent : ... / 1 point
   a. apprendre à mieux se connaître. **b.** perdre tous ses repères. **c.** imposer aux autres ses valeurs.

Partie 2

Lire pour s'informer

... / 4 points

Exercice 2 *Lisez le document puis répondez aux questions.* ///

L'amitié est-elle indispensable au bonheur ?

Il suffit d'avoir déjà été seul au restaurant ou à une soirée où personne ne vous adresse la parole pour s'en rendre compte : il est difficile d'être heureux sans amis.

L'homme est un animal social et le besoin d'appartenance est fortement ancré dans notre biologie : pour la chasse au mammouth, quatre paires de bras valent mieux qu'une… Ainsi, les recherches montrent que comme les relations amoureuses, les relations d'amitié sont un ingrédient primordial du bonheur. Le professeur Oswald a calculé à titre théorique combien d'argent il faudrait gagner en plus par mois pour compenser le fait de ne pas avoir d'amis. La réponse : 6 000 euros.

Mais existe-t-il un nombre optimal d'amis pour être heureux ?

Le docteur Richard Tunney de l'université de Nottingham a tenté de mettre à l'épreuve des faits le vieil adage « Plus on est de fous plus on rit ». Plus de 1 760 Anglais ont répondu à une enquête portant sur leurs relations d'amitié (nombre, ancienneté, qualité, etc.) et leur satisfaction dans la vie en général. Richard Tunney a découvert que les participants qui avaient moins de cinq amis n'étaient que 40 % à se déclarer très heureux. Avoir entre cinq et dix amis augmentait cette proportion à 50 %. Enfin, les personnes ayant plus de dix amis avaient plus d'une chance sur deux (55 %) de se déclarer très heureux. D'une manière générale, les gens qui se disaient « extrêmement satisfaits » de leur vie avaient deux fois plus d'amis que ceux qui se déclaraient « extrêmement insatisfaits ». En revanche, les résultats de l'étude ont montré qu'au-delà de dix, le nombre d'amis supplémentaires n'a plus d'influence sur le bonheur. Par ailleurs, l'amitié n'est évidemment pas seulement une question de quantité : la qualité des relations compte également. À ce niveau, il semble qu'il vaille mieux entretenir ses anciennes relations que d'en créer de nouvelles : pour les participants, les vieux amis proches avaient plus de poids dans la balance du bonheur que les nouvelles relations.

http://www.futura-sciences.com/magazines/sante/infos/dossiers/d/biologie-quete-bonheur-vivre-heureux-1092/page/12/

1 ● Pourquoi avons-nous besoin d'être entourés, d'après l'auteur ?   ... / 1 point

....

2 ● Qu'ont prouvé les recherches sur ce sujet ?   ... / 1 point
   a. L'amitié rend plus heureux que l'amour.
   b. L'amour et l'amitié sont indissociables.
   c. L'amitié et l'amour sont deux éléments propices au bonheur.

4 ● Combien d'amis faut-il avoir pour être très heureux, d'après les études de Richard Tunney ?   ... / 1 point
   a. Moins de 5.   **b.** Entre 5 et 10.   **c.** Plus de 10.

5 ● Dans l'étude de Richard Tunney, quel type d'amitié a été le plus valorisé ?   ... / 1 point

....

Production écrite

Participer à un débat

... / 10 points

Vous lisez cet article dans le journal *Jeunes de France et de Navarre* :

> Depuis plusieurs années en France, de nombreux jeunes diplômés ne trouvent pas d'emploi malgré leurs diplômes. Pire : on leur reproche parfois d'être « trop diplômés » ! Par conséquent, trop qualifiés mais aussi trop débutants, ces jeunes connaissent des périodes de chômage de plus en plus longues qui leur font parfois regretter leurs choix d'études. Faut-il songer à une réforme pour rendre les études plus concrètes et plus courtes ? Le débat est ouvert...

Vous décidez d'écrire un courrier pour participer au débat. Votre article devra faire 250 mots minimum.

....
....
....
....
....
....
....
....
....
....
....
....
....
....
....
....
....

Autoévaluation

Production orale

... / 10 points

Vous dégagez le problème soulevé par le document que vous avez choisi. Vous présenterez votre opinion sur le sujet de manière claire et argumentée.

Interdiction de fumer sur les plages : qu'en pensez-vous ?

Jusqu'à aujourd'hui, le débat plage/cigarettes n'avait pas vraiment lieu. Bien sûr, certains se montraient exaspérés à la vue d'un touriste en train de fumer sur sa serviette, tandis que d'autres prenaient plaisir à déguster un cocktail/clope[1], les pieds au bord de l'eau. [...] Mais depuis quelques jours comme chaque été, la question « Faut-il interdire la cigarette sur les plages » est au cœur de tous les débats, depuis la parution d'un sondage dans le quotidien *Ouest-France*, qui indique qu'environ 75 % des Français seraient favorables à l'interdiction de fumer sur les plages françaises. La cigarette est nocive pour la santé, tout le monde le sait, mais elle est aussi nocive pour l'environnement. [...] La mode a été un moment aux cendriers de plages, très pratiques pour ne pas polluer les plages de mégots. Mais l'initiative a perdu de son dynamisme et maintenant, les fumeurs n'hésitent plus à enfouir leurs mégots dans le sable, à l'abri de leur regard... Le problème est qu'en plus d'être un lieu de détente, la plage est aussi un lieu de vie, un lieu de jeu pour les enfants qui n'hésitent pas à ramasser des mégots sales et odorants... L'image glamour de la plage blanche immaculée est bien loin !

1. Cigarette en argot.

http://www.consoglobe.com/interdiction-de-fumer-sur-les-plages-quen-pensez-vous-cg

La mode comme facteur d'intégration

Il ressort d'une enquête réalisée par *l'Union des Familles* en Europe que « certains collégiens sont rejetés par leurs camarades parce qu'ils ne sont manifestement pas dans le coup ». La mode est donc perçue comme un facteur d'intégration chez les jeunes. Si cette affirmation doit être nuancée pour les lycéens, elle est assez flagrante[1] chez les collégiens comme l'a confirmée à Lexpress.fr le 29 août dernier le sociologue Michel Fize, coauteur de l'ouvrage *Le Bonheur d'être adolescent* : « *Le conformisme vestimentaire atteint son paroxysme[2] au collège. Le jeune se précipite pour revêtir les attributs qui vont faire de lui un adolescent accompli : la parure opère comme un signe de reconnaissance. Une pression telle s'exerce pour avoir le bon look, les bonnes marques, que le jeune n'a pas le choix d'être différent, d'autant plus que, entre 11 et 15 ans, les capacités personnelles sont trop peu affirmées pour se dégager de l'emprise du groupe.* » Ces deux auteurs expliquent encore dans leur livre que « *plus l'adolescent vieillit, moins il semble sensible aux marques* ». Les ados peuvent donc, en usant d'habiles arguments liés à leur bonne intégration au groupe, inciter leurs parents à acheter des vêtements de marque. [...]

1. Facilement visible. - 2. Plus haut degré.

http://www.journaldesfemmes.com/mode/0601mode-ado/tendance.shtml

Compréhension orale

L'épreuve de compréhension orale

Conseils pratiques

La compréhension orale, qu'est-ce que c'est ?

Il s'agit de la première des quatre épreuves collectives du DELF. Vous devez écouter des documents audio et répondre à des questions de compréhension globale et détaillée.

Combien de temps dure la compréhension orale ?

L'épreuve dure environ 30 minutes.

Comment dois-je répondre ?

Le surveillant de la salle d'examen distribue un livret à tous les candidats. Vous devez écrire vos réponses dans ce livret. Les questions de compréhension orale se trouvent dans les premières pages.

Combien y a-t-il d'exercices ?

Il y a 2 exercices.

Qu'est-ce que je dois faire ?

Vous allez entendre **2 documents** sonores correspondant à des situations différentes.

Pour le premier document, vous aurez :
- 1 minute pour **lire les questions** ;
- Une **première écoute**, puis **une pause de 3 minutes** pour commencer à répondre aux questions ;
- Une **deuxième écoute**, puis **5 minutes** pour compléter vos réponses.

Pour le deuxième document, vous aurez :
- 1 minute pour **lire les questions** ;
- Une **seule** écoute ;
- **3 minutes** pour répondre aux questions.

Les instructions sont écrites dans le livret.

Exercices	Types d'exercice	Questions	Durée maximale des documents	Nombre de points
Exercice 1	Exposé, conférence, discours, documentaire, débat, etc.	Questionnaires à choix multiples et questions ouvertes (entre 10 et 15 questions).	8 minutes maximum	25 points
Exercice 2	Reportage court, bulletin d'information, interview, etc.	Questionnaires à choix multiples et quelques questions ouvertes (entre 5 et 10 questions).		

Conseils du coach

1. Essayez de faire abstraction de ce qui se passe autour de vous, ne pensez pas au contexte de l'examen et tâchez d'être **calme** : vous vous êtes déjà entraîné, vous savez en quoi consiste l'épreuve, vous devez vous sentir **confiant**. Concentrez-vous uniquement sur les informations que vous allez devoir identifier et comprendre. Détachez-vous des bruits parasites qui pourraient vous troubler.

2. Le temps de la lecture des questions est une étape fondamentale pour réussir l'épreuve : c'est une façon d'**anticiper** et de **se préparer** à entendre tel ou tel type d'information. **Lisez** intégralement les questions et assurez-vous de les avoir bien **comprises** (attention aux formulations utilisées dans les **consignes**) !

3. Pendant l'écoute du document, vous devez être **concentré** et ne pas vous bloquer quand vous ne comprenez pas un mot. Dès le début de cette première écoute, vous devez déjà avoir une **idée** de ce que vous allez entendre et surtout des **informations** que vous devez trouver.

4. Faites particulièrement attention aux **intonations** des locuteurs car certains propos peuvent être **ironiques**, par exemple. La façon de parler donne souvent de précieux indices sur l'**opinion** réelle du locuteur.

5. Il est préférable (mais pas obligatoire) de prendre des **notes** pendant l'écoute des documents, surtout quand ils sont longs : vous ne pourrez pas mémoriser toutes les informations ! Prenez des notes **brèves** et **claires** qui résument ce que vous avez compris.

6. Lorsque vous répondez aux questions, commencez par celles qui vous semblent **les plus simples**, cela vous mettra en confiance. Si vous n'êtes pas sûr de votre réponse, attendez la deuxième écoute pour répondre.

7. Lors de la deuxième écoute, vous allez **compléter** vos réponses et vous assurer d'avoir répondu juste. Apportez les dernières modifications à votre travail : celui-ci doit être **clair** et **lisible** !

8. Gardez un temps pour la **relecture** (en particulier pour les phrases que vous rédigez) !

Comprendre des documents radiophoniques

I **Mode de vie, choix de vie**

Exercice 1 *Lisez les questions. Écoutez le document puis répondez.* 🎧 3

1 ● Anaïs Florent est :
   a. une jeune actrice française.
   b. une actrice faisant ses premiers pas.
   c. une star internationale du cinéma.

> Dès la lecture des questions et avant l'écoute du document, vous devez savoir quelles informations vous allez chercher.

2 ● Comment s'appelle son tout nouveau film ?
   .... *Nuits Noires* ....

3 ● Sa vie de jeune étudiante, Anaïs Florent :
   a. refuse d'en parler.   **b.** en a honte.   **c.** en est assez fière.

> N'oubliez pas de vous appuyer sur les intonations du locuteur.

4 ● Qui est Jean Rivière ?
   .... *réalisateur* ....

5 ● Anaïs Florent :
   a. préfère incarner des personnages qui lui ressemblent.
   b. préfère jouer le rôle de personnages qui ne lui ressemblent pas.
   c. préfère avoir le rôle de personnages célèbres.

6 ● Comment est-ce qu'Anaïs Florent s'est préparée pour le rôle de *Jeanne d'Arc* ?
   a. Elle a vu plusieurs documentaires qui lui étaient consacrés.
   b. Elle a lu plusieurs ouvrages qui lui étaient consacrés.
   c. Elle a lu tous les ouvrages qui lui étaient consacrés.

> Attention à bien lire les questions et les différentes propositions données ! Faites notamment attention aux formulations utilisées et aux faux amis.

7 ● Pourquoi Anaïs Florent a-t-elle refusé certains rôles ?
   .... *Pas b'coup de temps* ....

8 ● Pendant le tournage de *Marie-Antoinette*, Anaïs Florent craignait :
   a. de donner la réplique à de grands acteurs.   **b.** de ne pas être à la hauteur.   **c.** d'oublier son texte.

9 ● Comment se décrit Anaïs Florent ? Entourez la phrase qui résume le mieux son caractère.
   a. Elle aime le travail bien fait et se montre très exigeante avec l'équipe de tournage.
   b. Elle travaille beaucoup et se donne à fond.
   c. Elle est plutôt instinctive et se montre parfois approximative.

10 ● Qu'est-ce qu'Anaïs Florent a fait pour remercier Émilie Morin ?
   a. Elle lui a donné son César.
   b. Elle lui a dédié son César.
   c. Elle lui a remis un César.

> Soyez attentif ! Les phrases se ressemblent mais n'ont pas le même sens.

11 ● Pourquoi le tournage de *Nuits noires* était compliqué ?
   .... *femmes troubles psch* ....

> Ici, on attend une réponse élaborée.

12 ● Qui est l'héroïne de *Nuits noires* ? Que sait-on d'elle ?
   .... *perd la raison après avoir perdu l'amour* ....

Exercice 2 *Lisez les questions. Écoutez le document puis répondez.* 🎧 4

1 ● Lequel de ces tatouages n'est pas porté par Sabrina ?
   a. Des ailes d'ange.   **b.** Un papillon.   **c.** Un scorpion.

> Assurez-vous d'avoir bien lu et bien compris la question...

2 ● Qu'est-ce qui justifie le choix du premier tatouage de Sabrina ?
   ....

3 ● Sabrina :
   a. compare son corps à une œuvre d'art.
   b. considère les tatouages comme une forme d'art.
   c. collectionne les œuvres d'art.

4 ● Selon Sabrina, quelles sont les différentes fonctions d'un tatouage ?

....

5 ● Que reproche Sabrina à la chanteuse Claudia ?
   a. D'avoir des tatouages choquants.   **b.** D'avoir trop de tatouages.   **c.** D'avoir les mêmes tatouages qu'elle.

6 ● En quoi l'ancienne prof de Sabrina était originale ?

....

7 ● Selon Sabrina, qu'est-ce qui peut expliquer la réaction de ses parents ?
   a. Ils sont très âgés.   **b.** Ils n'ont pas des goûts modernes.   **c.** Ils sont très religieux.

8 ● Qu'est-ce qui a rassuré les parents de Sabrina ?

....

9 ● Qu'est-ce qui a permis à Sabrina de ne pas avoir d'infection ?
   a. Elle a toujours respecté les consignes des professionnels.
   b. Elle s'est toujours fait tatouer chez des professionnels.
   c. Elle consulte des sites tenus par des professionnels.

10 ● Pourquoi les tatouages éphémères n'ont pas d'intérêt pour Sabrina ?

....

11 ● Pour Sabrina, qu'est-ce qui explique que les gens trouvent les tatouages vulgaires ?
   a. Les gens manquent d'ouverture d'esprit.
   b. Les gens sont facilement choqués.
   c. Les gens ne connaissent qu'un style de tatouage.

> La réponse est dans le document (on ne vous demande pas votre opinion !).

12 ● D'après Sabrina, quelles précautions faut-il prendre quand on est tatoué ?

....

Exercice 3 *Lisez les questions. Écoutez le document puis répondez.* ///////////////////////// 🎧 5

1 ● Quel est le sujet principal qui est abordé ?
   a. La gestion du budget chez les familles les plus démunies.
   b. La relation entre les jeunes et l'argent.
   c. Comment financer ses études ?

2 ● Selon l'enquête, les jeunes Français :
   a. sont de gros consommateurs que visent de plus en plus les marques.
   b. n'ont jamais touché d'argent mais ont envie d'acheter des marques.
   c. sont les plus gros consommateurs de France et n'achètent que des marques.

3 ● Quels sont les 3 sources de revenus de la plupart des jeunes Français ?

....

4 ● Quel est le pouvoir d'achat des jeunes Français ?
   a. 5,5 millions d'euros.   **b.** 47 millions d'euros.   **c.** 2 à 3 milliards d'euros.

5 ● Quelles sont leurs 3 principales dépenses ?

....

6 ● Pour certains de ces jeunes qui témoignent, faire de petits boulots pour gagner de l'argent est :
   a. amusant.   **b.** humiliant.   **c.** pratique.

7 ● En général, ceux qui travaillent pour gagner de l'argent :
   a. ne dépensent pas leur argent.   **b.** font attention à leurs dépenses.   **c.** ne font pas attention à leurs dépenses.

8 • D'après la spécialiste, que désigne le « bon groupe » pour les adolescents ?

....

9 • « La norme vestimentaire peut avoir un certain prix » signifie :
   a. s'habiller avec des vêtements ordinaires coûte cher.
   b. la norme vestimentaire est établie par les adolescents riches.
   c. Il peut être difficile financièrement de respecter le diktat de la mode adolescente.

10 • Selon la spécialiste, pourquoi les lycéens attachent-ils autant d'importance à leur style ?
   a. Parce que c'est une période où ils ont besoin de s'affirmer.
   b. Parce que c'est une période où ils ont besoin de plaire.
   c. Parce que c'est une période où ils ont besoin de repères.

11 • Pourquoi Mathias considère-t-il que les filles sont des *fashion-victims* ?

....

12 • Malgré les différences de points de vue, quelle est l'opinion que semblent partager tous ces adolescents ?

> Vous devez DÉDUIRE l'information d'après ce que vous avez entendu.

....

Exercice 4 *Lisez les questions. Écoutez le document puis répondez.* //////////////// 🎧6

1 • Benoît et Sabrina :
   a. sont tous les deux parisiens.   **b.** sont tous les deux cinéphiles.   **c.** sont tous les deux en terminale.

2 • Benoît a :
   a. 1 316 DVD.   **b.** 1 366 DVD.   **c.** 1 376 DVD.

3 • Que reproche Benoît aux sous-titres ?

....

4 • Sabrina pense que :
   a. Les films doublés manquent de crédibilité.
   b. Les films doublés manquent d'authenticité.
   c. Les films doublés manquent de personnalité.

5 • Quel paradoxe relève Sabrina dans le fait que Benoît accorde de l'importance au jeu des acteurs et aime les films en VF ?

> Soyez attentif aux nuances des opinions et aux paradoxes que soulignent parfois les locuteurs.

6 • Benoît considère que :
   a. les acteurs et les doubleurs ont souvent autant de talent.
   b. les doubleurs ont moins de talent que les acteurs.
   c. certains acteurs ont moins de talent que les doubleurs.

7 • Pourquoi Benoît n'aime pas voir des films en anglais ?

....

8 • Pour Sabrina, voir un film en VO sous-titrée :
   a. demande un certain temps d'adaptation.   **b.** est très accessible immédiatement.   **c.** exige un sérieux entraînement.

9 • Selon Benoît, quels spectateurs peuvent se sentir exclus par le recours à la VO ?

....

10 • Quels avantages est-ce que Sabrina reconnaît aux films doublés ?

....

11 • Benoît pense que les gens qui aiment les films en VO :
   a. suivent une mode.   **b.** sont très intelligents.   **c.** sont rares.

12 • Selon Sabrina, qu'est-ce qu'on ne peut pas traduire dans la version française d'un film étranger ?

> Prenez des notes pendant l'écoute : on attend une liste de réponses ici.

....

Comprendre des documents radiophoniques

II | **Le logement**

Exercice 5 *Lisez les questions. Écoutez le document puis répondez.* 🎧 7

1 ● Selon le journaliste, la question du logement est :
  a. une priorité nationale.
  b. un problème pour beaucoup d'étudiants.
  c. un thème dont on parle souvent à la radio.

2 ● Que fait Marina dans la vie ?
  a. Elle étudie l'anthropologie. **b.** Elle enseigne à Nanterre. **c.** Elle est anthropologue en Île de France.

3 ● Que veut dire Marina quand elle dit que son dossier n'est pas assez « rassurant » ?
  ....

4 ● Auxquels des critères de Marina répondent les logements intergénérationnels ?
  ....

5 ● Marina :
  a. paye un loyer normal. **b.** paye un faible loyer. **c.** ne paye aucun loyer.

6 ● Grâce à ces conditions de vie, Marina peut :
  a. étudier à son rythme. **b.** se reposer régulièrement. **c.** avoir un job à temps partiel.

7 ● Avant de se lancer dans l'aventure, Marina :
  a. n'avait aucun a priori. **b.** était très angoissée. **c.** avait quelques craintes.

8 ● Pourquoi Marina refuse de « jouer les infirmières » ?
  ....

9 ● Que doit faire Marina en échange de son hébergement ?
  ....

10 ● Quand Marina a rencontré Madeleine :
  a. elle l'a trouvée déprimée. **b.** elle l'a trouvée moderne. **c.** elle l'a trouvée stricte.

11 ● Selon Marina, quelles qualités faut-il avoir pour apprécier ce type de logement ?
  ....   On attend deux adjectifs ici.

12 ● Si on veut faire comme Marina, on doit :
  a. s'inscrire à une association. **b.** entrer en relation avec une personne âgée. **c.** contacter la mairie de sa ville.

13 ● Selon Marina, pour qu'une colocation se passe bien, il faut :
  a. éviter de fumer. **b.** être honnête. **c.** avoir un revenu minimum.

Exercice 6 *Lisez les questions. Écoutez le document puis répondez.* 🎧 8

1 ● Qu'est-ce qui a incité Aline à s'inscrire sur le site de *couchsurfing* Nantes ?
  ....

2 ● Lors des soirées organisées par le *couchsurfing*, Aline :
  a. y allait avec des amis. **b.** s'y est fait des amis. **c.** a rencontré son petit ami.

3 ● Les sorties avec le *couchsurfing* :
  a. avaient toujours lieu dans un bar.
  b. étaient systématiquement organisées par les mêmes personnes.
  c. pouvaient être proposées par tous les couchsurfeurs.

4 ● En général, que se passait-il lors de ces soirées quand les gens se trouvaient des points communs ?
  ....

5 ● Aline a rencontré :
   a. une couchsurfeuse qu'elle a hébergée et qui l'a ensuite accueillie.
   b. une couchsurfeuse américaine lors de son séjour au Mexique.
   c. une jeune Mexicaine de son âge lors de son voyage en Californie.

6 ● Pourquoi est-il important pour les couchsurfeurs de donner des informations dans leur profil ?

   ....

7 ● Selon Aline, qu'est-ce qui peut donner aux gens l'envie d'accueillir des couchsurfeurs chez eux ?
   a. Avoir bénéficié d'un accueil chaleureux de la part de couchsurfeurs.
   b. Avoir lu des témoignages positifs sur le *couchsurfing*.
   c. Avoir lu des commentaires élogieux sur le profil des couchsurfeurs.

8 ● Qu'est-ce qui peut nous empêcher de voyager, d'après Aline ?

   ....

9 ● Selon Aline, il peut être intéressant d'accueillir des couchsurfeurs car :
   a. on peut leur faire découvrir notre langue maternelle.
   b. on peut devenir rapidement polyglotte.
   c. on peut entretenir ses connaissances en langues étrangères.

10 ● D'après Aline, sur quel principe de base repose le *couchsurfing* ?

   ....

11 ● Selon Aline, dans quel cas est-il préférable d'aller dans une auberge ou à l'hôtel ?
   a. Quand on ne fait que dormir pendant tout le séjour.
   b. Quand on passe toutes ses vacances à l'extérieur.
   c. Quand on voyage avec un groupe d'amis.

12 ● Qu'est-ce qui fait dire à Aline que certains couchsurfeurs ne lisaient pas son profil ?

   ....

Exercice 7 *Lisez les questions. Écoutez le document puis répondez.* ///////////////////////// 🎧 19

1 ● D'après le document que vous venez d'entendre, il est difficile de se loger :
   a. pour les étudiants, sauf dans les grandes villes.
   b. pour les étudiants ayant de faibles revenus exclusivement.
   c. pour les étudiants, surtout ceux des grandes métropoles.

2 ● D'après le journaliste, pourquoi certaines personnes ont-elles recours à la colocation ?
   a. Pour éviter la solitude.   **b.** Pour payer un loyer moins élevé.
   c. Pour vivre avec d'autres étudiants.

3 ● La colocation consiste à :
   a. vivre avec d'autres personnes.   **b.** vivre avec des gens de son âge.   **c.** vivre entre étudiants.

4 ● Sandrine a vécu :
   a. en colocation pendant trois ans dans sept villes différentes.
   b. en colocation pendant sept ans dans trois appartements différents.
   c. en colocation pendant trois ans avec sept colocataires différents.

5 ● Sandrine a :
   a. toujours vécu avec ses amies du collège.
   b. renoncé à vivre avec ses amies du collège.
   c. eu l'occasion de vivre avec des amies du collège.

6 ● Pourquoi était-il parfois difficile pour Sandrine de vivre avec ses amies ?

   ....

7 • Finalement, Sandrine pense que vivre avec des amis :
  a. peut être une expérience formidable mais à certaines conditions.
  b. est une expérience très risquée puisqu'elle peut détruire une amitié.
  c. est la formule idéale car on vit avec des colocataires sûrs.

8 • Selon Sandrine, quels sont les deux grands avantages de la colocation ?

  ....

9 • Lors de sa première colocation, Ludovic :
  a. vivait chez un ami violoncelliste.
  b. habitait dans le salon d'un ami artiste.
  c. travaillait avec un ami pour payer le loyer.

10 • En quoi la colocation n'est pas uniquement une solution économique ?

  ....

11 • Quel film français traite de ce mode de vie ?

  ....

III | Changement de vie

Exercice 8 *Lisez les questions. Écoutez le document puis répondez.* 🎧10

1 • D'après l'animatrice :
  a. une personne sur trois est divorcée.
  b. un couple marié sur trois finit par divorcer.
  c. un divorcé sur trois se remarie.

2 • Selon elle, combien d'enfants vivent dans des familles recomposées ?
  a. Plus d'1 million d'enfants.   **b.** Un peu moins de 2 millions d'enfants.   **c.** Plus de 2 millions d'enfants.

3 • Avec qui vit Alex ?
  a. Son père, sa belle-mère et son frère.
  b. Son beau-père, sa mère, son frère et ses sœurs.
  c. Sa mère, son frère, son beau-père et ses enfants.

4 • Quelle conséquence a eu, pour Alex, le divorce de ses parents ?
  a. Il a commencé à avoir de mauvaises notes.   **b.** Il a commencé à fumer.   **c.** Il a commencé à déprimer.

5 • Quand sa mère a rencontré quelqu'un, qu'est-ce qui a été le plus douloureux pour Alex ?

  ....

6 • Qu'est-ce qui a permis à Alex de se rapprocher de Ludo et Julie ?
  a. Ils ont tous le même âge.
  b. Ils fréquentent le même établissement scolaire.
  c. Ils sont tous dans une situation difficile.

7 • Pourquoi Alex ne voit pas d'inconvénient à partager ses affaires avec Ludo et Julie ?
  a. Parce qu'il l'a déjà fait avec son petit frère.
  b. Parce qu'ils lui prêtent aussi leurs affaires.
  c. Parce qu'ils les lui rendent en bon état.

8 • Qu'est-ce qui plaît à Alex dans le fait de partager sa chambre avec son petit frère ?

  ....

9 • Est-ce que Ludo et Julie aident Alex pour ses devoirs ?
  a. Ludo l'aide beaucoup mais Julie n'a pas le temps.
  b. Ludo ne peut pas beaucoup l'aider mais Julie oui.
  c. Julie l'aide régulièrement mais Ludo n'aime pas trop le faire.

10 • Comment Alex décrit-il Jean-Luc ?
  a. Comme quelqu'un d'ouvert au dialogue.   **b.** Comme quelqu'un d'impatient.   **c.** Comme quelqu'un de discret.

11 • Selon Alex, qu'est-ce qui est le plus appréciable dans l'attitude de Jean-Luc ?

....

12 • Alex et son petit frère :
    a. voient leur père presque tous les jours.   **b.** appellent leur père un jour sur deux.   **c.** voient leur père un week-end sur deux.

13 • Pourquoi Alex pense-t-il que sa famille est atypique ?

....

Exercice 9   *Lisez les questions. Écoutez le document puis répondez.* // 🎧 11

1 • L'alimentation bio :
    a. met tout le monde d'accord.
    b. suscite de violents débats.
    c. n'intéresse pas grand monde.

> Essayez de rester concentré même si le sens de certains mots vous échappe.

2 • Comment Mélissa définit-elle un aliment bio ?
    a. C'est un aliment issu de l'agriculture locale.
    b. C'est un aliment qui ne contient pas de gras.
    c. C'est un aliment ne contenant aucun produit chimique.

3 • Les gens se trompent sur les intentions de Mélissa. Quel objectif cherche-t-elle à atteindre ?

....

4 • Qu'est-ce qui a poussé Mélissa à passer à la nourriture bio ?

....

5 • Mélissa reproche aux produits industriels de :
    a. contenir peu de vitamines.   **b.** manquer de saveur.   **c.** être trop gras et trop sucrés.

6 • Mélissa :
    a. croit que les produits industriels causent des maladies.
    b. sait que les produits industriels causent des maladies.
    c. nie que les produits industriels causent des maladies.

> Soyez particulièrement attentif quand les réponses proposées se ressemblent...

7 • Pour Mélissa :
    a. beaucoup d'aliments ne sont pas vraiment bio.
    b. certains aliments ne méritent pas le label bio.
    c. presque tous les aliments bio sont sûrs.

8 • Selon Mélissa, quels sont les avantages des produits vendus sur les sites créés par les producteurs locaux ?

....

> Prenez des notes pour éviter d'oublier des réponses !

9 • Mélissa estime que changer ses habitudes alimentaires est :
    a. obligatoire pour être en bonne santé.
    b. difficile, surtout pour des adeptes de la « mal bouffe ».
    c. contraignant au départ mais s'avère finalement bénéfique.

10 • Comment réagit l'entourage de Mélissa ?
    a. Tous ses amis se moquent un peu d'elle.
    b. Certains de ses amis se moquent beaucoup d'elle.
    c. Deux ou trois amis se moquent d'elle de temps en temps.

11 • Au quotidien, Mélissa essaie de :
    a. limiter sa consommation de graisse animale.
    b. consommer davantage de produits laitiers.
    c. réduire son apport en sucre et en graisse.

12 • Quel est le rêve de Mélissa ?

....

Exercice 10 *Lisez les questions. Écoutez le document puis répondez.* 🎧12

1 • D'après Laurine, à 12 ans :
   a. On ne sait pas que le tabac est dangereux.
   b. On a envie de fumer parce que c'est dangereux.
   c. On a trop peur de fumer parce que c'est dangereux.

2 • En quoi la première cigarette a une valeur symbolique pour Laurine ?
   ....

3 • Les adolescents plus âgés :
   a. ont influencé Laurine.   **b.** ont forcé Laurine à fumer.   **c.** ont conseillé à Laurine de ne pas fumer.

4 • Pourquoi Laurine estime-t-elle que les discours des adultes n'étaient pas très crédibles ?
   ....

5 • Les campagnes contre le tabac :
   a. ont incité Laurine à arrêter.   **b.** Laurine ne les a jamais vues.   **c.** n'ont eu aucun impact sur Laurine.

6 • Laurine :
   a. a tenté de cacher un certain temps à ses parents qu'elle fumait.
   b. a avoué très rapidement à ses parents qu'elle fumait.
   c. a caché pendant des années à ses parents qu'elle fumait.

7 • Qu'est-ce qui explique la réaction du père de Laurine ?
   ....

8 • Comment est-ce que Laurine a été punie ?
   ....

9 • Comment les amis de Laurine faisaient-ils pour se procurer des cigarettes ?
   a. Ils volaient des paquets chez des buralistes.
   b. Ils achetaient des paquets chez des buralistes.
   c. Ils mentaient aux buralistes sur leur âge.

10 • Qu'est-ce que l'oncle de Laurine lui donnait ?
   a. De l'argent.   **b.** Du tabac.   **c.** Du maquillage.

11 • À quel moment Laurine a-t-elle compris qu'elle était devenue dépendante ?
   ....

12 • Quel discours a choqué Laurine ?
   a. Celui d'une fumeuse souffrant de troubles cardiaques.
   b. Celui d'une lycéenne devenue dépendante à la cigarette.
   c. Celui d'une ancienne fumeuse venue témoigner à son lycée.

13 • Quel est l'objectif principal de Laurine maintenant ?
   ....

Partie 2   Domaine public

I   La vie des ados

Exercice 11 *Lisez les questions. Écoutez le document puis répondez.* 🎧13

1 • Selon la spécialiste, les perturbations que subit l'adolescent :
   a. durent plusieurs mois ou plusieurs années.
   b. durent plusieurs jours voire plusieurs semaines.
   c. durent parfois toute la vie.

2 ● Qui est Françoise Dolto ?

....

3 ● Véronique Lafforgue estime que la confrontation entre les parents et les adolescents :

    a. peut être utile.   **b.** est toujours utile.   **c.** est plutôt utile.

4 ● Quelle perturbation majeure subit un adolescent ?

....

5 ● Selon Véronique Lafforgue, qu'est-ce qui explique l'angoisse des adolescents ?

    a. Ils ne se sentent pas assez soutenus par leurs parents.

    b. Ils ont peur de ressembler à leurs parents.

    c. Ils ne savent pas encore qui ils sont.

6 ● Quelle attitude doivent avoir les parents des adolescents en crise ?

    a. Ils doivent communiquer avec eux.

    b. Ils doivent les punir quand ils vont trop loin.

    c. Ils doivent se montrer stricts.

7 ● Pourquoi, d'après la psychologue, les adolescents sont-ils souvent tristes ?

    a. Parce qu'ils se sentent incompris.

    b. Parce qu'ils quittent un monde d'insouciance.

    c. Parce qu'ils trouvent le monde des adultes trop agressif.

8 ● Comment explique-t-elle leur attitude parfois radicale ?

    a. Les adolescents sont souvent en colère contre la société.

    b. Les adolescents adorent la provocation, c'est de leur âge.

    c. Les adolescents fuient ce qui est ordinaire pour se sentir à part.

9 ● Quel paradoxe est soulevé par la spécialiste dans le comportement des adolescents ?

....

10 ● Véronique Lafforgue affirme que l'entourage de l'adolescent doit :

    a. préparer l'adolescent au monde extérieur.

    b. protéger l'adolescent du monde extérieur.

    c. Réconcilier l'adolescent avec le monde extérieur.

11 ● Quel est le véritable enjeu de la crise d'adolescence évoqué par Véronique Lafforgue ?

    a. Les adolescents doivent se détacher de leurs parents.

    b. Les adolescents doivent apprendre à obéir à des règles.

    c. Les adolescents doivent découvrir leur propre identité.

12 ● Pourquoi les psychanalystes comparent-ils les adolescents à des homards ?

....

Exercice 12 *Lisez les questions. Écoutez le document puis répondez.* ////////////////////////// **14**

1 ● Le sujet principal du document est :

    a. un internat français.   **b.** les collégiens de Picardie.   **c.** l'autorité dans les lycées privés.

2 ● Combien d'élèves fréquentent l'internat en Picardie ?

    a. 1 000   **b.** 3 000   **c.** 10 000

3 ● Quels traits de caractère doit avoir un bon surveillant à l'internat ?

    a. Calme et amical.   **b.** Studieux et strict.   **c.** Gentil et ferme.

4 ● Que doivent faire les internes aux horaires suivants ?

    18 h 30 : ....

    19 h 30 : ....

    20 h 30 : ....

5 ● Lequel de ces inconvénients reproche-t-on à l'internat ?

a. Il y a trop d'élèves. **b.** Les chambres ne sont pas très confortables. **c.** C'est trop bruyant.

6 ● Le soir, qu'est-ce qui est toléré dans les chambres ?

....

7 ● Pendant l'étude du soir, en général, les garçons sont :

a. plus concentrés que les filles. **b.** aussi concentrés que les filles. **c.** moins concentrés que les filles.

8 ● Quel problème rencontrent les internes au moment de la douche ?

....

9 ● Quel est l'avantage principal de cet établissement ?

a. Le confort des locaux. **b.** L'ambiance conviviale. **c.** La cuisine faite maison.

10 ● Pourquoi est-il pratique de se retrouver à plusieurs dans la même chambre ?

....

11 ● Quelle phrase résume le mieux le sentiment de ces lycéens ?

a. Malgré le règlement, l'internat permet de passer de vrais moments de convivialité.

b. Le règlement est un peu sévère mais on mange très bien à l'internat.

c. C'est le soir qu'on peut discuter et rigoler avec les autres internes.

12 ● Qu'est-ce qui a poussé le dernier élève à aller à l'internat ?

....

Exercice 13 *Lisez les questions. Écoutez le document puis répondez.* //////////////////////////////////// 🎧15

1 ● Qui sont les invités de l'émission ?

a. Nadir, 17 ans, lycéen à Nantes et Antoine, 18 ans, lycéen à Paris.

b. Nadir, 17 ans, lycéen à Paris et Antoine, 18 ans, lycéen à Nanterre.

c. Nadir, 17 ans, lycéen à Paris et Antoine, 18 ans, lycéen à Nanteuil-lès-Meaux.

2 ● Selon Nadir, quel est l'inconvénient d'une discussion avec une fille ?

a. Les garçons ne peuvent pas aborder tous les sujets avec les filles.

b. Les filles sont trop souvent superficielles.

c. Les garçons ont toujours tendance à draguer les filles.

3 ● Quel type de relation a Nadir avec sa sœur ?

a. Ils se font beaucoup de confidences. **b.** Ils se disputent souvent. **c.** Ils ont des centres d'intérêt en commun.

4 ● Selon Antoine :

a. on est ami avec les gens qui partagent nos goûts.

b. de véritables amis ont forcément les mêmes idées.

c. on peut s'entendre avec quelqu'un sans toujours être d'accord.

5 ● Antoine et sa meilleure amie :

a. ont exactement les mêmes goûts.

b. ont beaucoup de goûts en commun.

c. ont des goûts complètement opposés.

6 ● Pour Nadir, quel est l'élément fondateur d'une amitié ?

....

7 ● Selon Nadir, qu'est-ce qui est susceptible de gâcher une amitié entre un garçon et une fille ?

a. L'ennui. **b.** L'ambiguïté. **c.** La malhonnêteté.

8 ● Antoine ne pourrait pas séduire sa meilleure amie car :

a. elle n'arrive pas à contrôler son stress.

b. elle aime trop plaire aux garçons.

c. elle ne sait pas communiquer avec les gens.

9 ● D'après Antoine, pourquoi son ancienne petite amie ne supportait pas sa meilleure amie ?

....

10● Qu'est-ce qui permet à Antoine de dire que son amitié n'est pas ambiguë ?

    a. Antoine a une gentille petite amie depuis quelques mois.

    b. La meilleure amie d'Antoine doit se marier avec un garçon sympa.

    c. La meilleure amie d'Antoine espère qu'il se trouvera une copine.

11● Pour Antoine, rester ami avec un(e) ex lui semble :

    a. envisageable mais difficile.   **b.** complètement impossible.   **c.** tout à fait possible.

12● Pour Nadir, quelles sont les deux qualités d'une relation saine ?

....

13● Que pense Antoine de l'opinion de Nadir finalement ?

....

II   Phénomènes de société

Exercice 14   *Lisez les questions. Écoutez le document puis répondez.* 🎧 16

1 ● Que signifie le mot « adulescent » ?

....

> Repérez bien les informations importantes contenues dans l'introduction. Il faudra être capable de les comprendre et de les reformuler.

2 ● L'« adulescence » est :

    a. une mode.   **b.** une lubie passagère.   **c.** un phénomène de société.

3 ● La passion de Sébastien Gonthier pour les super-héros a commencé :

    a. pendant son enfance.   **b.** à l'adolescence.   **c.** il y a quelques années.

4 ● Quel âge a plus ou moins Sébastien Gonthier ?

....

5 ● Sébastien n'est pas le seul « adulescent », en France. Il y en a environ :

    a. des centaines.   **b.** des centaines de milliers.   **c.** des milliers.

6 ● Sébastien habite :

    a. chez ses parents.   **b.** chez un ami, passionné comme lui.   **c.** dans un appartement, avec un colocataire.

7 ● À quel personnage associe-t-on Sébastien ?

....

8 ● La bande dessinée française :

    a. s'adresse en majorité à des plus de 25 ans.   **b.** cible les adolescents.   **c.** n'est lue que par des « adulescents ».

9 ● Dans les magasins de bandes dessinées, on trouve :

    a. des gens de tous les âges.   **b.** plutôt des jeunes de 15 ans.   **c.** surtout des adultes qui peuvent avoir jusqu'à 50 ans.

10● Le sociologue considère que les « adulescents » :

    a. constituent une très grande catégorie sociale.

    b. ne sont pas une catégorie sociale.

    c. représentent une catégorie aussi importante que les retraités.

11● L'émission de Sébastien :

    a. c'est un passe-temps.   **b.** c'est son travail.   **c.** c'est une passion.

12● Pourquoi existe-t-il autant d'« adulescents » ?

....

13● D'après le sociologue, les Français sont plutôt :

    a. négatifs.   **b.** dépressifs.   **c.** en colère.

Exercice 15 *Lisez les questions. Écoutez le document puis répondez.* |||||||||||||||||||||||||||||| 🎧17

1 • Où a lieu ce débat ?

....

2 • De quoi Sandrine Perez a-t-elle peur ?
  a. Elle craint que ses enfants s'isolent et perdent conscience de la réalité.
  b. Elle a peur de l'impact de la violence de certains jeux sur ses enfants.
  c. Elle a peur que ses enfants s'abêtissent devant certains jeux toxiques.

3 • Michel Bassié considère que la violence des jeux :
  a. est liée à l'imagination de leurs créateurs. **b.** est exagérée par les médias. **c.** est utile pour ses patients.

4 • Selon le spécialiste, quel impact peuvent-ils avoir sur la santé des joueurs ?
  a. Les jeux peuvent influencer l'état de joueurs malades.
  b. Les jeux peuvent détruire le psychisme des joueurs très jeunes.
  c. Les jeux peuvent modifier la personnalité des joueurs.

5 • Dans quels cas les jeux vidéo peuvent-ils devenir des outils thérapeutiques ?

....

6 • Pourquoi Michel Bassié incite les parents à se renseigner avant d'acheter un jeu ?
  a. Parce que certains jeux sont interdits en France.
  b. Parce que les jeux ne sont pas tous de bonne qualité.
  c. Parce que les jeux ne sont pas tous adaptés au jeune public.

7 • Quels jeux sont les plus susceptibles de rendre les joueurs dépendants ?

....

8 • Pour bien encadrer l'enfant, Michel Bassié suggère que :
  a. les parents jouent avec les enfants.
  b. les parents surveillent davantage leurs enfants.
  c. les parents choisissent des jeux plus intelligents.

9 • Quel est le point commun entre les jeux vidéo et les jeux d'autrefois ?

....

10 • D'après les spécialistes, quel critère doit aider un parent à acheter un jeu vidéo ?
  a. Le goût de l'enfant. **b.** Le caractère de l'enfant. **c.** La créativité du jeu.

11 • Quelle conséquence peut avoir la condamnation d'un jeu par les médias ?

....

12 • Pourquoi est-il important d'imposer les conditions dans lesquelles un enfant peut jouer ?
  Attention, la réponse attendue doit être élaborée.

....

Exercice 16 *Lisez les questions. Écoutez le document puis répondez.* |||||||||||||||||||||||||||||| 🎧18

1 • L'*Escape Game* est :
  a. un jeu d'évasion individuel se déroulant dans un labyrinthe.
  b. un jeu d'évasion collectif consistant à retrouver un trésor.
  c. un jeu d'évasion dont le but est de sortir d'une salle.

2 • Chaque partie dure :
  a. systématiquement une heure. **b.** généralement une heure. **c.** toujours plus d'une heure.

3 • Selon la personne interviewée, qu'est-il important de mettre en place pour être efficace dans ce type de jeu ?

....

4 • Lorsque les joueurs viennent d'une grande entreprise :

    a. ils jouent en compétition, souvent dans différentes salles.

    b. ils sont souvent très nombreux et ne jouent pas en même temps.

    c. ils sont généralement en compétition avec une autre entreprise.

5 • D'après le document audio, ce type de jeu est né :

    a. en 2005, aux États-Unis.   **b.** il y a environ 30 ans, au Japon.   **c.** il y a plus de 50 ans, en Hongrie.

6 • Où se trouve la « Mecque » de l'*Escape Game* actuellement ?

....

7 • La première énigme de cet espace de jeu, « le bureau de James Murdock » :

    a. se déroule dans le bureau d'un détective, en Angleterre.

    b. commence par le meurtre de James Murdock.

    c. rappelle les aventures de Sherlock Holmes.

8 • Quel est l'objectif final de cette première énigme ?

....

9 • Quel est le point de départ de la deuxième énigme ?

    a. Un meurtre.   **b.** Un vol.   **c.** Une disparition.

10 • En général, le principe de l'*Escape Game* repose sur :

    a. la recherche d'informations permettant de résoudre une affaire.

    b. la recherche d'objets cachés menant progressivement à un trésor.

    c. la recherche d'indices en fouillant les témoins d'un meurtre.

11 • Pour jouer à un *Escape Game* :

    a. il faut être un intellectuel.   **b.** il est nécessaire d'être très nombreux.   **c.** il n'y a aucune condition requise.

12 • Quels types d'énigmes peut-on être amené à résoudre ?

....

Exercice 17   *Lisez les questions. Écoutez le document puis répondez.* //////////////////////////////// 🎧19

1 • Quels lieux culturels, qu'on peut trouver à Paris, sont cités dans le document ?

....

2 • Où se trouve exactement ce centre nautique parisien ?

....

3 • Ce centre nautique :

    a. est un club de plongée transformé en club de ski nautique.

    b. était d'abord exclusivement un club de plongée sous-marine.

    c. a toujours proposé un vaste choix d'activités nautiques.

4 • Où se déroulent les entraînements à la plongée ?

    a. En piscine.   **b.** En mer.   **c.** Dans la Seine.

5 • Que sont les « bases de vitesse » ?

....

6 • Pour faire du ski nautique, il faut naviguer :

    a. entre 15 et 25 km/h.   **b.** entre 25 et 50 km/h.   **c.** au moins à 50 km/h.

7 • Qui sont les personnes qui fréquentent le club le plus régulièrement ?

....

8 • Qui le responsable du club compte-t-il parmi les pratiquants occasionnels de cette activité ?

    a. Les jeunes qui fêtent leurs 18 ans.

    b. Les jeunes mariés, hommes ou femmes.

    c. Les jeunes qui vont se marier, hommes ou femmes.

9 • Selon lui, quel endroit offre le meilleur rapport qualité/prix pour pratiquer la plongée ?

....

10 • L'homme interviewé a découvert le ski nautique :

    a. en 2012.   **b.** à l'âge de 12 ans.   **c.** il y a une douzaine d'années.

11 • Quels adjectifs utilise-t-il pour qualifier la sensation de la glisse sur l'eau ?

....

Exercice 18 *Lisez les questions. Écoutez le document puis répondez.* ///////////////////// 🎧20

1 • L'objectif du reportage est de montrer que le slam :

    a. est un art urbain comme les autres.

    b. est plus que de la poésie urbaine.

    c. passionne les jeunes de banlieue avant tout.

2 • Où a été réalisé le reportage ?

....

3 • Pour Fred, slam et poésie :

    a. se ressemblent.   **b.** se complètent.   **c.** s'opposent.

4 • Quel poète a été une révélation pour Fred ?

....

5 • Quel est l'ancien travail de Pierrot ?

....

6 • Qui sont ces élèves « au bord de la rupture » ?

    a. Des élèves qui ont arrêté l'école.

    b. Des élèves très en retard scolairement.

    c. Des élèves qui ont souvent des problèmes de comportement.

7 • Qu'est-ce que l'atelier de slam apporte à ces élèves ?

    a. C'est le moment pour eux de se défouler et de crier leur colère.

    b. C'est un instant de réflexion sur leur attitude en classe.

    c. C'est l'occasion de mettre des mots sur ce qu'ils ressentent.

8 • Qu'est-ce que l'élève qui témoigne est contente d'avoir appris ?

....

9 • Qu'est-ce qui explique la colère et la violence de cette élève ?

    a. Son manque de confiance en elle.   **b.** Son dégoût du système scolaire.   **c.** Sa haine de l'autorité.

10 • Que regrette Pierrot ? Qu'est-ce qu'il aimerait mettre en place pour ces élèves ?

....

11 • Fred aime faire travailler les élèves :

    a. sur des supports très variés en même temps.

    b. sur des textes contemporains pour les amener progressivement aux textes classiques.

    c. sur des textes classiques pour les comparer ensuite à des paroles de rap.

> Lisez attentivement les propositions et soyez attentif pendant l'écoute !

12 • Le slam a tendance à :

    a. mettre tout le monde d'accord : c'est de la poésie urbaine.

    b. partager : certains trouvent que c'est un art urbain, d'autres que c'est universel.

    c. partager : certains trouvent que c'est sans intérêt, d'autres adorent cette forme d'art.

Exercice 19 *Lisez les questions. Écoutez le document puis répondez.* ///////////////////// 🎧21

1 • L'exposition « Clichés contre clichés » :

    a. se tient à Paris et à Ithaca.   **b.** est inspirée par une exposition américaine.   **c.** a lieu en Afrique.

2 ● Quels clichés sur l'Afrique sont cités ?

....

3 ● L'association à l'origine de l'exposition :
a. travaille uniquement avec des étudiants africains.
b. travaille principalement avec des étudiants afro-américains.
c. travaille avec des étudiants de tous les pays.

4 ● Qui sont les personnes qui ont participé à cette opération ?

....

5 ● Quel autre projet a été associé à cette exposition ?

....

6 ● Quelle question a été posée pendant les groupes de travail ?
a. « Quels sont les stéréotypes dont vous souffrez le plus ? »
b. « Quels sont les clichés les plus fréquents sur les Français ? »
c. « Quelle image a-t-on de votre pays en France ? »

7 ● Selon la personne interviewée, quelle est l'image fréquente mais erronée que les gens ont de l'Afrique ?

....

8 ● Elle affirme que :
a. tout le monde est un peu victime de racisme.
b. on a tous des préjugés sur les autres.
c. avoir des a priori sur les autres est condamnable.

9 ● Quelle solution préconise-t-elle pour lutter contre ces clichés ?

....

10 ● Expliquez le choix du nom de l'exposition « clichés contre clichés ».

....

Exercice 20 *Lisez les questions. Écoutez le document puis répondez.* //////////////////////// 🎧 22

1 ● L'extrait que vous venez d'entendre est :
a. une émission. **b.** un sketch. **c.** une chronique.

2 ● Nora pense que les adultes :
a. doivent montrer le bon exemple aux plus jeunes.
b. doivent expliquer aux jeunes comment trier les ordures.
c. doivent sensibiliser leurs enfants à l'écologie.

3 ● Quel événement récent a particulièrement énervé Nora ?

....

4 ● D'après Nora, pourquoi les gens ne jettent pas toujours leurs déchets dans les poubelles publiques ?
a. Parce qu'ils n'ont pas le temps de le faire.
b. Parce qu'ils pensent que les éboueurs vont nettoyer derrière eux.
c. Parce qu'ils sont étourdis.

5 ● Pourquoi les dernières campagnes de publicité en faveur de la propreté des rues de Paris choquent-elles Nora ?

....

6 ● D'après Nora, pourquoi la ville de Paris est de plus en plus polluée ?

....

7 ● Que pense Nora des amendes élevées que certains pays font payer aux gens qui polluent ?
a. C'est un modèle qu'il faut suivre.
b. C'est sévère mais ça peut être efficace.
c. C'est une loi qu'on doit appliquer dans les grandes villes uniquement.

8 • Selon Nora, que permettrait une grève des éboueurs à Paris ?

....

9 • Quel paradoxe souligne Nora dans l'attitude des Parisiens ?

a. Ils sont fiers de leur maison mais pas de leur ville.

b. Ils sont toujours propres sur eux mais jettent leurs mégots partout.

c. Ils respectent l'hygiène de leur intérieur mais pas celle des lieux publics.

10 • Nora rappelle que Paris est :

a. le symbole de la langue française mais pas des déchets.

b. la capitale des fumeurs et non plus celle des écrivains.

c. la ville des jeunes et de moins en moins celle de leurs parents.

11 • Nora invite les jeunes auditeurs à :

a. dénoncer leurs parents pollueurs.

b. respecter et faire respecter la propreté de leur ville.

c. témoigner à la radio.

12 • Nora dit souhaiter « ouvrir les yeux des jeunes et des moins jeunes » : qu'est-ce que cela signifie ?

....

Exercice 21 *Lisez les questions. Écoutez le document puis répondez.* ///////////////////////////////////// 🎧23

1 • Quelles sont les professions de Stéphane Bourgeois ?

Attention, le document risque d'être un peu « technique ». Ne vous découragez pas !

....

2 • Pourquoi la déscolarisation est-elle une conduite à risques ?

La lecture des questions avant l'écoute pourra vous aider à mieux comprendre le document audio.

....

3 • D'après le conférencier, dans laquelle de ces familles les jeunes sont-ils les plus exposés à ce type de comportement ?

a. Les familles monoparentales. **b.** Les familles violentes. **c.** Les familles pauvres.

4 • Qu'est-ce qu'une mère « castratrice » ?

....

5 • Pour Stéphane Bourgeois, la toxicomanie et les scarifications peuvent signifier :

a. que le jeune cherche à se détacher symboliquement de sa famille trop pesante.

b. que le jeune a souffert d'abus dans son enfance.

c. que le jeune cherche à faire culpabiliser ses parents.

6 • Que doit tout d'abord éviter de faire un intervenant social ?

a. Dramatiser. **b.** Juger. **c.** Donner des explications.

7 • Quel rôle doit jouer l'intervenant social auprès du jeune ? Pourquoi ?

....

8 • Le jeune a besoin qu'on reconnaisse que sa souffrance est :

a. destructrice. **b.** partagée. **c.** justifiée.

9 • Que veulent vérifier les jeunes qui provoquent les adultes ?

....

10 • Ces jeunes ont surtout besoin d'apprendre à :

a. supporter le jugement des autres.

b. respecter toute forme d'autorité.

c. faire preuve de bienveillance envers eux-mêmes.

11 • Finalement, pour Stéphane Bourgeois, les gens qui n'ont pas grandi dans les mêmes conditions que ces jeunes peuvent s'estimer :

a. chanceux. **b.** heureux. **c.** honteux.

12 • Comment est-ce qu'un adulte doit considérer ces jeunes en souffrance ?

....

############# III | **La santé** ##

Exercice 22 *Lisez les questions. Écoutez le document puis répondez.* ///////////////////////// 🎧24

1 • D'après la journaliste :
 a. les scientifiques sont tous d'accord : le sport est bon pour la santé.
 b. beaucoup de scientifiques pensent que le sport aide à rester en bonne santé.
 c. la plupart des scientifiques conseillent la pratique intense d'un sport.

2 • Quelle définition le professeur Salim donne-t-il de l'activité physique ?

....

> Prenez des notes, surtout pour les termes techniques !

3 • Qu'est-ce qui peut permettre de mesurer l'intensité d'une activité physique ?
 a. La transpiration. **b.** Les courbatures. **c.** L'essoufflement.

4 • Pour le professeur Salim, à quelle fréquence doit-on faire du sport ?

....

5 • Le professeur Salim affirme que :
 a. le sport diminue le risque de développer certaines maladies graves.
 b. le sport permet de soigner la dépression.
 c. le sport réduit les effets de l'asthme.

6 • Quels effets du stress sont cités par le professeur Salim ?

....

7 • D'après le professeur Salim, qu'est-ce qui met en danger l'« homme moderne » ?
 a. L'exposition à la pollution. **b.** Le manque d'activité. **c.** L'alimentation industrielle.

8 • Quel résultat inquiétant a été établi par une enquête scientifique sur les adolescents ?

....

9 • Quel doit être le premier critère dans le choix d'une activité physique ?

....

10 • Lequel de ces avantages de la marche à pied est cité par le professeur Salim ?
 a. C'est une activité accessible. **b.** C'est une activité saine. **c.** C'est une activité conviviale.

11 • À quelles conditions la natation peut-elle être bénéfique ?
 a. Si on nage sur le dos. **b.** Si on varie le type de nages. **c.** Si on nage à son rythme.

12 • Dans quel cas le sport peut-il être dangereux ? Pourquoi ?

....

13 • Quel bénéfice est-ce que les adolescents peuvent tirer de la pratique d'un sport ?

....

Exercice 23 *Lisez les questions. Écoutez le document puis répondez.* ///////////////////////// 🎧25

1 • D'après l'émission :
 a. un Français sur six est en surpoids.
 b. un adolescent sur six est obèse.
 c. un adolescent sur six est en surpoids en France.

> La compréhension des mots-clés ne suffit pas à ce niveau. Vous devez avoir compris l'ensemble des informations chiffrées.

2 • Comment se traduit scientifiquement le déséquilibre alimentaire à l'origine de la surcharge pondérale ?

....

3 • Au centre Joseph Bruno :
   a. on n'utilise pas le mot « régime ».
   b. on interdit aux gens de faire des régimes.
   c. on remplace le mot « régime » par le mot « privation ».

4 • Les activités physiques proposées au centre :
   a. ne sont difficiles que pour les personnes peu sportives.
   b. sont douces et essentiellement relaxantes.
   c. sont intenses, surtout pour les personnes peu sportives.

5 • Que veut dire Théo quand il dit « on est tous un peu dans le même bateau » ?

6 • Nico apprécie qu'au centre :
   a. les gens ne l'insultent pas.   **b.** les gens oublient leur différence.   **c.** les gens soient tous différents.

7 • Pourquoi Emma se sent-elle mal à l'aise ?

8 • Pourquoi le centre propose-t-il des activités déstressantes ?

9 • Quels sont les objectifs des ateliers culinaires ?
   a. Réapprendre à bien se nourrir.
   b. Pratiquer une activité conviviale.
   c. Ne plus associer l'alimentation et l'angoisse.

10 • Qu'est-ce que Sarah a découvert d'étonnant dans ces ateliers culinaires ?

11 • Quel est l'un des objectifs du suivi psychiatrique ?
   a. Oublier les critiques violentes causées par le surpoids.
   b. Prendre conscience de la gravité médicale du surpoids.
   c. Accepter son physique malgré le surpoids.

12 • Pendant les groupes de parole :
   a. on parle de traumatismes liés à l'enfance.
   b. on évoque l'influence dangereuse des médias.
   c. d'anciens obèses viennent témoigner.

13 • Pourquoi Nico se sent-il plus « fort » à la fin de sa cure ?

14 • Qu'est-ce qu'Emma a appris sur elle-même ?

Exercice 24 *Lisez les questions. Écoutez le document puis répondez.*

1 • Selon le spécialiste, on commence à aimer le sucre :
   a. dès l'enfance.   **b.** à l'adolescence.   **c.** à l'âge adulte.

2 • D'après lui, notre éducation alimentaire :
   a. explique complètement notre comportement alimentaire.
   b. explique en partie notre comportement alimentaire.
   c. n'explique pas notre comportement alimentaire.

3 • Pourquoi dit-il qu'il est « difficile d'échapper au sucre » ?

Il s'agit d'une expression imagée que vous devez essayer de comprendre d'après les informations données dans le document audio.

4 • Quel type de sucre consommons-nous le plus ?
   a. Nous consommons beaucoup plus de sucres simples que de sucres complexes.
   b. Nous consommons autant de sucres complexes que de sucres simples.
   c. Nous consommons largement plus de sucres complexes que de sucres simples.

5 ● Pourquoi compare-t-on le sucre à une drogue ?
    a. Parce que le sucre a la même saveur qu'une drogue dure.
    b. Parce que le sucre détruit autant le cerveau que la drogue.
    c. Parce que certaines personnes n'arrivent pas à s'arrêter de manger sucré.

6 ● Pourquoi, d'après le spécialiste, l'adolescence est une période « critique » ?

....

7 ● Que font les industriels et les publicitaires pour attirer les adolescents ?
    a. Ils utilisent des messages subliminaux dans leurs spots publicitaires.
    b. Ils utilisent des images séduisantes pour attirer le regard des jeunes spectateurs.
    c. Ils utilisent des stars pour faire de la publicité pour leurs produits.

8 ● Quels sont les facteurs qui favorisent la prise de poids ?

....

9 ● Dans quels cas les jeunes ont-ils tendance à grignoter ?

....

10 ● Le nombre de personnes obèses :
    a. a doublé dans le monde.
    b. a doublé dans beaucoup de pays.
    c. a doublé dans quelques pays uniquement.

11 ● D'après une enquête récente, la consommation de sucre pourrait :
    a. causer des troubles de la mémoire.   **b.** rendre les gens fous.   **c.** modifier la personnalité des gens.

12 ● Pour le spécialiste, un adolescent se nourrira mieux si :
    a. toute la famille se met à manger des produits allégés.
    b. toute la famille se met à préparer des repas « maison ».
    c. toute la famille se met au régime.

IV   Culture

Exercice 25   *Lisez les questions. Écoutez le document puis répondez.*   🎧 27

1 ● Ce document est :
    a. une publicité.   **b.** un reportage.   **c.** un extrait de film.

2 ● Le sujet principal du document est :
    a. les techniques d'écriture de roman.
    b. la remise d'un prix littéraire par un jury de lycéens.
    c. une rencontre entre écrivains d'Île-de-France.

3 ● L'auteur de *Décal'âges* s'appelle :
    a. Nicolas Fournier.   **b.** Samia Hemdane.   **c.** Vincent Dupuis.

> Attention à bien repérer qui est qui : plusieurs personnes sont citées !

4 ● Quelle est l'ancienne profession de cet auteur ?

....

5 ● L'auteur a obtenu :
    a. 75 voix.   **b.** 165 voix.   **c.** 175 voix.

6 ● Comment s'appelle ce prix littéraire ?
    a. Prix des lycéens et apprentis d'Île-de-France.   **b.** Prix des lycéens de France.   **c.** Prix Libre comme l'air.

7 ● En quoi ce prix est-il différent des autres, selon ses organisateurs ?

....

8 ● Pourquoi les lecteurs ont-ils aimé ce roman ?
    a. Ils l'ont trouvé plus facile à lire que les autres romans.
    b. Ils ont pu s'identifier aux personnages.
    c. Ils l'ont étudié en cours de français.

9 ● Les élèves ont apprécié la rencontre avec les auteurs parce que :

    a. ils sont passés à la télévision.   **b.** ce sont des auteurs importants.   **c.** leurs opinions ont été prises au sérieux.

10 ● Selon l'un des lecteurs, *Décal'âges* va devenir :

    a. un grand classique.   **b.** un bon thriller.   **c.** une série sympa.

11 ● Quel projet a la région organisatrice de cet événement ?

    a. Organiser un concours d'écriture de lycéens.

    b. Faire se rencontrer les lycéens et les auteurs d'autres pays.

    c. Permettre à d'autres lycées de participer à cet événement.

12 ● Pourquoi ce prix a-t-il une « saveur particulière » pour le lauréat ?

....

Exercice 26 *Lisez les questions. Écoutez le document puis répondez.* ////////////////////////////////////// 🎧28

1 ● Comment s'appelle le roman de Benoît Maréchal ?

....

2 ● Cet auteur se décrit comme :

    a. réservé.   **b.** secret.   **c.** populaire.

3 ● À quoi est dû son succès auprès des jeunes ?

....

4 ● Dans son roman, il traite d'un sujet :

    a. grave et tabou.   **b.** sérieux et polémique.   **c.** connu et complexe.

5 ● Malgré le sujet, les gens :

    a. sont choqués par son livre.   **b.** boycottent son livre.   **c.** se précipitent pour acheter son livre.

6 ● La 1ère personne qui interroge l'auteur :

    a. a lu tous ses romans sans exception.

    b. a lu seulement son dernier roman.

    c. a lu tous ses romans sauf le dernier.

7 ● Pourquoi avait-on une toute autre image de l'alcool quand l'auteur était enfant ?

....

8 ● Pourquoi est-il difficile, selon l'auteur, de boire modérément, en particulier pour les jeunes ?

    a. Parce qu'en France, on a l'habitude de beaucoup boire.

    b. Parce qu'ils associent depuis toujours l'alcool à la fête.

    c. Parce que boire un verre ou deux, c'est bon pour la santé.

9 ● Qu'a appris l'auteur sur la consommation actuelle d'alcool, lors de son enquête ?

    a. Les adolescents commencent à boire de l'alcool de plus en plus jeunes.

    b. Les jeunes consomment moins d'alcool en vieillissant.

    c. La consommation d'alcool chez les jeunes est plus précoce et plus importante.

10 ● Comment a réagi l'auteur quand ses fils se sont enivrés ?

....

11 ● Que dit l'auteur de ces jeunes qui boivent trop ?

    a. Ils ont envie de se sentir puissants tout en attirant l'attention des adultes.

    b. Ils veulent rester éternellement jeunes et insouciants.

    c. Ils ont tendance à passer par l'alcool pour communiquer avec les adultes.

12 ● La semaine dernière :

    a. l'auteur a été voir un réalisateur de cinéma.

    b. l'auteur a parlé de son livre avec un réalisateur de cinéma.

    c. l'auteur a signé un contrat avec un réalisateur de cinéma.

13 • Pourquoi l'auteur est-il en colère ?

....

Exercice 27 *Lisez les questions. Écoutez le document puis répondez.* |||||||||||||| 🎧29

1 • Qu'est-ce que la *Francophonuit* ?
   a. Un festival de musique de cinq jours.
   b. Un spectacle de plusieurs heures de différents artistes.
   c. Un concert nocturne de chanteurs français.

2 • Qui a créé la *Francophonuit* ?

....

3 • Qu'est-ce que cette soirée a de particulier cette année ?
   a. L'événement tombe en même temps que la journée de la femme.
   b. On fête le 20ème anniversaire de la journée de la femme.
   c. On célèbre l'anniversaire de la *Francophonuit* et les femmes.

4 • Où a lieu cet événement ?

....

5 • Léo Boyer, Sabrina Sirara et Sido ont vendu :
   a. 2 à 3 millions de disques l'année dernière.
   b. plus de 2 millions d'albums l'année dernière.
   c. chacun 2 millions d'albums l'année dernière.

6 • Quelle île ne sera pas représentée ce soir ?
   a. Madagascar .   b. Mayotte.   c. La Martinique.

7 • Des artistes d'outre-mer participeront à l'événement :
   a. cette année, comme l'année dernière.   b. cette année, comme tous les ans.   c. cette année, pour la première fois.

8 • Pourquoi les artistes venues de l'étranger ont besoin d'un soutien particulier ?

....

9 • L'association « École pour toutes » :
   a. lutte contre la scolarisation des filles trop jeunes.
   b. lutte pour la scolarisation des fillettes dans près de 15 pays.
   c. lutte pour que davantage de petites filles aillent à l'école.

10 • Magali Cadet est :
   a. une chanteuse belge.
   b. une artiste marocaine très engagée.
   c. la présidente de l'association l' « École pour toutes ».

11 • Que se passera-t-il au cours de la soirée et en fin de soirée ?

....

12 • Quels sont les grands objectifs de cet événement ?

....

Exercice 28 *Lisez les questions. Écoutez le document puis répondez.* |||||||||||||| 🎧30

1 • De quel événement s'agit-il ?
   a. Du plus grand concours mondial de photographie.
   b. Du sixième plus grand concours de photographie.
   c. De la sixième édition d'un grand concours de photographie.

2 • Combien de personnes ont participé au concours ?

....

3 • Quelles conditions fallait-il remplir pour participer au concours ?

....

4 • Qui est Robert Landeau ?
   a. Le directeur d'un département photographie.   **b.** Un directeur d'éditions.   **c.** Le lauréat d'un autre concours.

5 • Le jury a été impressionné par :
   a. la quantité du travail fourni par les candidats.
   b. la qualité du travail réalisé par les candidats.
   c. l'originalité du travail effectué par les candidats.

6 • Les travaux :
   a. devaient concerner un sujet d'actualité.
   b. devaient porter sur une liste de sujets imposés.
   c. devaient concerner un sujet choisi par le candidat.

7 • Qu'est-ce qui prouve que la sélection des meilleurs travaux a été difficile ?

....

8 • Les travaux de Raphaël Delanoix portent sur :
   a. les animaux et les insectes en Corse.   **b.** les oiseaux de la ville de Bordeaux.   **c.** les insectes dangereux dans les îles.

9 • Où étudie Virginie Sandro ?
   a. À Paris.   **b.** À Londres.   **c.** À Nanterre.

10 • L'un des cadeaux de Cédric Maillol a été :
   a. un appareil photo coûtant 300 euros.   **b.** un chèque cadeau de 300 euros.   **c.** un abonnement d'une valeur de 300 euros.

11 • Quel est le sujet des travaux de Samuel Grandjean ?

....

12 • Quel est le thème du prochain concours de photo ?

....

Partie 3
Domaine éducationnel

I Au lycée

Exercice 29 *Lisez les questions. Écoutez le document puis répondez.* 🎧 31

1 • Le stress scolaire :
   a. touche peu d'élèves alors qu'on en parle tout le temps.
   b. touche peu d'élèves, c'est pourquoi on en parle peu.
   c. touche beaucoup d'élèves mais on n'en parle pas beaucoup.

2 • À quoi la spécialiste compare-t-elle l'école ?

....

3 • On peut commencer à stresser :
   a. à l'école.   **b.** au collège.   **c.** au lycée.

4 • Pourquoi les relations entre élèves peuvent-elles être source de stress ?

....

5 • Quels problèmes de santé peuvent être des signes de stress, selon Michèle Lebrun ?
   a. Les problèmes articulatoires.   **b.** Les troubles gastriques.   **c.** Les soucis musculaires.

6 • Pourquoi le stress peut-il provoquer des problèmes de santé ?

....

7 ● **En quoi le stress affecte-t-il les capacités d'apprentissage des enfants ?**
   a. Les enfants stressés n'arrivent pas à travailler rapidement.
   b. Les enfants stressés ne s'intéressent pas à ce qu'ils apprennent.
   c. Les enfants stressés bégaient quand ils lisent à haute voix.

8 ● **D'après Michèle Lebrun, que consomment parfois les jeunes qui veulent déstresser ?**
   ....

9 ● **Qu'est-ce qui peut accentuer le stress scolaire dans la relation entre le professeur et l'élève ?**
   a. Le mépris du professeur.   **b.** Le manque de patience du professeur.   **c.** L'exigence du professeur.

10 ● **En quoi les résultats scolaires peuvent affecter les relations de certains élèves avec leurs parents ?**
   ....

11 ● **Pourquoi est-il difficile pour les parents de stimuler leurs enfants ?**
   a. Parce qu'ils doivent trouver l'équilibre entre stimulation et dédramatisation.
   b. Parce que les enfants confondent souvent stimulation et exigence.
   c. Parce que les adolescents sont susceptibles en général.

12 ● **Quelle est l'une des causes principales de stress, selon la pédopsychiatre ?**
   ....

Exercice 30 *Lisez les questions. Écoutez le document puis répondez.* // 🎧32

1 ● **D'après le journaliste :**
   a. tout le monde est stressé.
   b. on est souvent stressé pendant les examens.
   c. on est uniquement stressé quand on passe son bac.

2 ● **En quoi le stress peut-il être positif ?**
   ....

3 ● **Anna Ludwig affirme que :**
   a. il est essentiel de bien dormir avant un examen.
   b. il est conseillé de bien dormir avant un examen.
   c. il est impossible de bien dormir avant un examen.

4 ● **Selon Anna Ludwig, pour éviter de réviser trop tard, que peut-on faire ?**
   ....

5 ● **D'après Anna Ludwig, une alimentation déséquilibrée :**
   a. peut provoquer des troubles du sommeil.
   b. fait grossir, surtout pendant les périodes de stress.
   c. occasionne des problèmes digestifs accentués par le stress.

6 ● **Qu'est-ce qu'Anna Ludwig conseille de consommer ?**
   ....

7 ● **Pendant une séance de relaxation, il faut :**
   a. admirer un paysage agréable.   **b.** s'allonger sur le ventre.   **c.** éteindre son téléphone.

8 ● **Quel type de sport conseille Anna Ludwig ?**
   a. Un sport intense.   **b.** Un sport plaisant.   **c.** Un sport doux.

9 ● **Qu'est-il proposé aux personnes anxieuses qui doivent passer des examens à l'extérieur de leur établissement ?**
   ....

10 ● **Anna Ludwig conseille aux personnes très anxieuses de :**
   a. prendre conscience du réel enjeu.
   b. tout faire pour oublier l'examen.
   c. ne pas attacher une importance excessive à l'examen.

11 ● Que veut dire Anna Ludwig quand elle dit « vous n'êtes pas votre copie ! » ?

....

12 ● Selon Anna Ludwig, avoir une attitude positive :

    a. peut être bénéfique.   **b.** est déconseillé pendant les examens.   **c.** est inutile, il faut surtout travailler.

13 ● Quelle est la position d'Anna Ludwig sur la prise de médicaments en cas de stress ?

....

Exercice 31   *Lisez les questions. Écoutez le document puis répondez.* //////////////////////// 🎧33

1 ● Pourquoi Hélène n'a-t-elle pas été ennuyée de perdre une année scolaire ?

    a. Parce qu'elle avait un an d'avance.

    b. Parce qu'elle avait de bonnes notes.

    c. Parce qu'elle veut faire ses études à l'étranger.

2 ● Qu'est-ce qui a poussé Hélène à partir ?

....

3 ● Qu'est-ce qui a incité Hélène à choisir ce programme ?

    a. Elle avait déjà participé à un programme *Colombus*.

    b. Elle a vu un reportage sur le programme à la télé.

    c. Le programme avait une bonne réputation.

4 ● Pourquoi la mère d'Hélène n'a pas bien réagi à l'annonce de son départ ?

....

5 ● Les auditeurs de l'émission :

    a. peuvent envoyer des SMS.

    b. peuvent envoyer des questions sur le site.

    c. peuvent appeler pour interroger Hélène.

6 ● Comment a-t-on vérifié le niveau d'anglais d'Hélène ?

....

7 ● Lors des premiers échanges avec sa famille d'accueil, Hélène en a profité pour :

    a. travailler son niveau en anglais.

    b. envoyer des photos de sa famille.

    c. obtenir des informations sur leur vie aux États-Unis.

8 ● À quoi ont servi les jeux de rôle auxquels Hélène a participé lors de sa semaine de préparation ?

....

9 ● Combien d'élèves ont participé à ce programme ?

    a. Bien plus de 20.   **b.** Environ 20.   **c.** 20 très exactement.

10 ● À son arrivée, Hélène :

    a. a eu d'abord quelques difficultés à communiquer.

    b. a échangé très facilement avec les gens.

    c. ne comprenait strictement rien.

11 ● Selon Hélène, en quoi les cours aux États-Unis sont-ils différents des cours donnés en France ?

....

12 ● Hélène a trouvé les spécialités locales :

    a. immangeables.   **b.** délicieuses.   **c.** exotiques.

13 ● Qu'est-ce qui a permis à Hélène de supporter le temps passé loin de sa famille ?

Exercice 32 *Lisez les questions. Écoutez le document puis répondez.* //////////////// 🎧34

1 • Que devaient être les lycées professionnels, à l'origine ?
    a. Des lycées réservés aux meilleurs collégiens.
    b. Des établissements prestigieux préparant aux professions techniques.
    c. Des écoles où travaillent les meilleurs enseignants.

2 • Combien d'élèves ont intégré un lycée professionnel cette année ?
    a. Environ 700 000.   **b.** Exactement 700 000.   **c.** Plus de 700 000.

3 • Qu'est-ce que le « bac professionnel » ?
    a. Un diplôme national délivré après 3 ans de collège.
    b. Un diplôme que préparent les élèves des lycées professionnels.
    c. Un diplôme national que doivent avoir les jeunes pour intégrer un lycée professionnel.

4 • Pourquoi Mickaël a-t-il choisi d'intégrer un lycée professionnel ?
....

5 • Maeva a choisi la voie professionnelle parce qu'elle :
    a. avait des résultats un peu justes.
    b. aime rester assise à écrire pendant des heures.
    c. voulait travailler rapidement.

6 • Qu'est-ce qui incite la majorité des élèves à suivre la voie professionnelle ?
....

7 • Quelle différence importante a notée Mickaël depuis qu'il est au lycée ?
    a. Il a plus confiance en lui.   **b.** Il a de meilleures notes.   **c.** Il n'a plus de devoirs.

8 • Les élèves en difficultés scolaires qui ont choisi la voie professionnelle sont :
    a. majoritaires.   **b.** nombreux.   **c.** minoritaires.

9 • Que ressent Anthony en raison de son orientation forcée ?
....

10 • Quelle est la « double tâche » des enseignants des lycées professionnels ?
....

11 • Que vont faire ces élèves après leur « Bac pro » ?
    a. Ils vont tous entrer dans le monde du travail.
    b. Certains vont faire des études supérieures.
    c. Ils iront presque tous à l'université.

12 • De quel privilège bénéficieront les élèves ayant obtenu la mention bien ou très bien au bac professionnel ?
....

13 • D'après les élèves interrogés, quelle est l'une des conditions à remplir pour intégrer un lycée professionnel ?
    a. Avoir de la force physique.   **b.** Avoir une moyenne suffisante.   **c.** Être motivé.

Exercice 33 *Lisez les questions. Écoutez le document puis répondez.* //////////////// 🎧35

1 • En quoi la pension peut-elle rimer avec « libération » ?
....

2 • Aujourd'hui, l'internat a du succès auprès :
    a. des familles rétrogrades exclusivement.
    b. des lycéens actuels en général.
    c. des élèves vivant dans des coins reculés.

3 • Quel est l'avantage principal de l'internat, selon Charlie ?
    a. L'internat permet aux élèves de devenir plus indépendants.
    b. L'internat permet aux élèves d'acquérir plus de liberté.
    c. L'internat permet aux élèves d'associer travail et plaisir.

4 ● Quels désavantages l'internat présente-t-il pour Charlie ?

....

5 ● Charlie estime qu'étudier à l'internat :
   a. favorise la concentration des élèves.
   b. permet aux élèves de travailler en groupes.
   c. incite les élèves à travailler dans un temps limité.

6 ● Que reproche Adrien aux gens de sa classe ?

....

7 ● La solidarité entre les élèves internes :
   a. est souvent inévitable.   **b.** est parfois trop exclusive.   **c.** est toujours positive.

8 ● D'après la journaliste, qu'ont en commun tous les lycéens ?

....

9 ● D'après la journaliste, que ne faut-il pas confondre ?
   a. Solidarité et dépendance.   **b.** Aide et exploitation.   **c.** Indépendance et solitude.

Exercice 34 *Lisez les questions. Écoutez le document puis répondez.* ///////////////////////////////////// 🎧36

1 ● Qui doit passer le bac de français ?
   a. Tous les élèves de terminale.   **b.** Tous les élèves de première.   **c.** Les élèves de la section littéraire.

2 ● Quel est l'objectif général de cette épreuve ?

....

3 ● L'épreuve écrite :
   a. comporte deux parties et se déroule en 4 heures.
   b. comporte quatre parties et se déroule en 4 heures.
   c. comporte deux parties et se déroule en 2 heures.

4 ● Les élèves doivent choisir entre quels travaux d'écriture ?

....

5 ● Lors de l'épreuve orale, l'entretien dure en général :
   a. 20 minutes.   **b.** 30 minutes.   **c.** 40 minutes.

6 ● Lors des révisions, pourquoi est-il conseillé de relire ses copies ?

....

7 ● Qu'est-ce que « Le lycéen » dont parle la personne interrogée ?
   a. Le nom d'un documentaire.   **b.** Le nom d'un magazine.   **c.** Le nom d'un site.

8 ● Que veut dire Florent Chemtob quand il affirme qu'il faut « se préparer à toute éventualité » ?

....

9 ● Que faut-il lire pour préparer le bac de français ?
   a. Uniquement les œuvres au programme.
   b. Pas seulement les œuvres au programme.
   c. Une partie des œuvres au programme.

10 ● À quoi doit-on consacrer les dernières minutes de l'épreuve écrite ?

....

11 ● Une bonne copie :
   a. contient de nombreuses citations littéraires.
   b. est rempli de connaissances acquises en cours.
   c. comporte des références justement choisies par l'élève.

12 ● Que doit éviter de faire un élève lors de sa présentation orale ?

....

13 • En quoi l'élève doit-il être un véritable acteur lors de l'épreuve orale ?

....

Exercice 35 *Lisez les questions. Écoutez le document puis répondez.* ///////////////////////////////// 🎧37

1 • La personne qui parle s'adresse :
   a. aux élèves du lycée, aux enseignants, à tout le personnel de l'établissement et aux familles des élèves.
   b. au chef d'établissement du lycée, à ses collègues, aux élèves, aux parents des élèves.
   c. aux élèves du lycée, à ses collègues, aux parents, aux membres de sa famille.

2 • Il associe l'obtention du baccalauréat :
   a. au fait de devenir majeur.   **b.** au fait d'entrer dans la vie active.   **c.** au fait de pouvoir poursuivre des études.

3 • Quel taux de réussite a atteint le lycée Paul Eluard ?
   a. 96,4 %   **b.** 97,5 %   **c.** 98,7 %

> Vous risquez d'entendre plusieurs chiffres. Repérez uniquement l'information qui vous est demandée.

4 • Les discours concernant le niveau général des lycéens :
   a. sont négatifs : on dit que le niveau ne cesse de baisser.
   b. sont positifs : on enregistre des scores records dans plusieurs établissements.
   c. sont partagés : les chiffres changent sans arrêt d'une année à l'autre.

5 • Monsieur Boyer ne donnera plus cours au lycée l'année prochaine mais il continuera une activité. Laquelle ?

....

6 • Pourquoi remercie-t-on monsieur Boyer ?
   a. Pour son amour de la sagesse.
   b. Pour sa grande culture littéraire.
   c. Pour sa transmission des connaissances.

7 • Les agents travaillant dans le lycée :
   a. travaillent trop et devraient se reposer.
   b. travaillent beaucoup et devraient être mieux payés.
   c. travaillent bien et devraient être davantage félicités.

8 • Selon l'orateur, qu'est-ce qui permet à une équipe d'être victorieuse ?

....

9 • Quand il voit les jeunes bacheliers, l'orateur :
   a. pense à sa jeunesse avec regret.   **b.** se sent très ému.   **c.** a l'impression de voir ses propres enfants.

10 • En tant que chef d'établissement :
   a. il souhaite prendre une retraite bien méritée.
   b. il regrette que son travail ne soit pas assez reconnu.
   c. il est amené régulièrement à prendre la parole en public.

11 • De quoi aime-t-il parler, en général ?

....

12 • Selon lui, quelles sont les tâches que doivent remplir les parents ?

....

II   Après le bac //

Exercice 36 *Lisez les questions. Écoutez le document puis répondez.* ///////////////////////////////// 🎧38

1 • Quelle difficulté rencontrent de nombreux élèves de terminale au moment de la période d'orientation ?

....

2 • D'après Joséphine Tala, pourquoi certains élèves s'y prennent à la dernière minute ?
- **a.** Parce qu'ils oublient les inscriptions.
- **b.** Parce que les inscriptions sont complexes.
- **c.** Parce que les inscriptions les stressent.

3 • Quelle erreur est fréquemment commise lors de ces périodes d'orientation ?
- **a.** On s'inscrit au hasard.   **b.** On se fie uniquement à ses notes.   **c.** On fait comme ses copains.

4 • Un test d'orientation :
- **a.** peut aider à prendre conscience de ce qu'on préfère.
- **b.** indique très clairement pour quelle profession on est fait.
- **c.** est un test obligatoire qu'on doit passer dans un centre d'orientation.

5 • Pourquoi, selon Joséphine Tala, est-il important de « mener l'enquête sur le terrain » ?

....

6 • Joséphine Tala explique que discuter avec des professionnels peut être :
- **a.** flatteur pour les lycéens.   **b.** formateur pour les lycéens.   **c.** intimidant pour les lycéens.

7 • Quels sont les « deux grands rendez-vous à ne pas manquer » ?

....

8 • Pour les inscriptions, la lettre de motivation :
- **a.** doit être rédigée avec soin par un professeur ou un responsable de stage.
- **b.** est obligatoire et doit être jointe systématiquement aux dossiers.
- **c.** n'est pas toujours demandée mais peut être déterminante.

9 • Que désignent les « vœux » formulés par les élèves de terminale ?

....

10 • Comme la procédure peut être complexe et stressante, Joséphine Tala conseille de :
- **a.** s'y prendre suffisamment tôt.
- **b.** demander de l'aide à ses professeurs pour compléter les dossiers.
- **c.** suivre scrupuleusement les modèles des conseillers d'orientation.

11 • Quel paradoxe concernant le choix d'aller à l'université est souligné par Joséphine Tala ?

....

12 • Que veut dire la spécialiste quand elle affirme que « les BTS ont de plus en plus la cote » ?

....

Exercice 37 *Lisez les questions. Écoutez le document puis répondez.* //////////////////////// 39

1 • Que signifie l'expression « classe préparatoire » ?

....

> Vous devez être capable de donner une définition à partir des informations que vous allez entendre ou de la reformuler. Vous devez prouver que vous avez compris.

2 • D'après le document que vous venez d'entendre, quelle image se fait-on de l'élève de prépa ?
- **a.** On imagine un élève qui a d'excellents résultats.
- **b.** On imagine un élève qui ne cesse de travailler.
- **c.** On imagine un élève qui adore la compétition.

3 • Quel « décalage » évoque Samuel quand il parle de la différence entre la terminale et la prépa ?

....

4 • Dans son discours de bienvenue, Jean-Marc Bourgeois présente les années de prépa comme :
- **a.** fatigantes et chères.   **b.** longues mais décisives.   **c.** intenses mais intéressantes.

5 • D'après ce que vous avez entendu, pourquoi les élèves appellent-ils parfois la prépa « le bagne » ?
- **a.** C'est une façon provocante de parler de l'intensité du travail en prépa.
- **b.** C'est une expression qui désigne le type d'humour pratiqué en prépa.
- **c.** C'est une référence historique à la naissance de la prépa.

6 ● Selon Jean-Marc Bourgeois, qu'est-ce qui explique les notes très basses en prépa ?

....

7 ● Comment Samuel a-t-il vécu les « khôlles » ?
   a. Il a été traumatisé.   **b.** Il s'y est habitué.   **c.** Il les a détestées.

8 ● Quelle est la particularité des « Khôlles » des classes préparatoires économiques ?

....

9 ● On trouve souvent des enfants de professeurs dans les prépas :
   a. littéraires.   **b.** scientifiques.   **c.** économiques.

10 ● Dans quel cas les inscriptions en prépa peuvent-elles être chères ?
   a. Quand l'élève s'inscrit dans un établissement prestigieux.
   b. Quand l'élève s'inscrit dans un établissement éloigné.
   c. Quand l'élève s'inscrit dans un établissement privé.

11 ● Pourquoi Émilie Grondin parle-t-elle d'un « schéma élitiste et sclérosé » à propos des classes préparatoires ?

....

12 ● Selon Samuel, quel type d'attitude avaient les gens de sa classe en prépa ?

....

Exercice 38 *Lisez les questions. Écoutez le document puis répondez.* /// 🎧40

1 ● À quelle occasion est tenu ce discours ?
   a. Lors de la 3ème édition du salon des Lycéens et des Étudiants de Toulouse.
   b. Lors de la 9ème édition du salon des Lycéens et des Étudiants de Tours.
   c. Lors de la nouvelle édition du salon des Lycéens et des Étudiants de Toulon.

2 ● Qui a participé à l'organisation de cet événement ?
   a. Le Conseil Régional du Centre.   **b.** Le Conseil Général du Centre.   **c.** Le Conseil Local du Centre.

3 ● Quelles sont les priorités des actions mises en place pour contribuer au rayonnement économique de la ville ?

....

4 ● Combien y a-t-il de stands et d'exposants ?
   a. Environ 350 stands et 550 exposants.
   b. Plus de 500 stands et plus de 500 exposants.
   c. Plus de 350 stands et 500 exposants.

5 ● Quelles filières professionnelles sont représentées ?

....

6 ● Quel est le rôle des ateliers ?
   a. Donner aux jeunes des informations sur les diplômes et les débouchés.
   b. Préparer les jeunes concrètement au monde du travail.
   c. Faire passer aux jeunes leurs premiers véritables entretiens d'embauche.

7 ● Où se trouvent les stands des bourses étudiantes ?

....

8 ● Combien de conférences sont prévues ?
   a. 20.   **b.** Environ 20.   **c.** Plus de 20.

9 ● Qui est Rosine Flori ?

....

10 ● Que se passe-t-il à la fin de chaque conférence ?
   a. Les étudiants peuvent témoigner.
   b. Les intervenants signent des autographes.
   c. Le public peut poser des questions.

11 • Quelle condition faut-il remplir pour assister aux conférences ?
    a. Avoir une invitation.
    b. Avoir sa carte étudiant.
    c. Être muni d'un badge donné à l'entrée du salon.

12 • Quels sujets principaux seront abordés lors de la rencontre entre les jeunes et le maire ?
....

Exercice 39 *Lisez les questions. Écoutez le document puis répondez.* ///////////// 🎧41

1 • En quel honneur est tenu ce discours ?
....

2 • Comment s'appelle le Ministre de l'enseignement supérieur et de la recherche ?
    a. Bernard Riehl.   **b.** Didier Fontaine.   **c.** Christian Sautron.

3 • Qui est Alfred Guillet ?
....

4 • Pourquoi parle-t-on d'un « endroit aussi majestueux, là où se rencontrent nature et culture » ?
....

5 • Dans la bibliothèque, on trouve :
    a. 55 000 livres dans 7 langues différentes.
    b. 550 000 livres dans 16 langues différentes.
    c. 550 000 livres dans 7 langues différentes.

6 • Quel professeur a reçu un prix pour ses travaux sur l'histoire de la politique française ?
    a. Delphine Vitry.   **b.** François Benito.   **c.** Agnès Blard.

7 • Quelle matière ne sera pas enseignée dans cet établissement ?
    a. Les langues étrangères.   **b.** Le droit.   **c.** L'art.

8 • Quel choix architectural a été fait pour construire une faculté « verte » ?
....

9 • Quels sont les objectifs de l'université ?
    a. Accueillir le plus grand nombre d'étudiants possible.
    b. Favoriser l'accès à l'emploi de ses étudiants.
    c. Préparer le mieux possible ses étudiants à des concours prestigieux.

10 • Avoir un public d'étudiants très différents serait :
    a. un atout pour l'université.
    b. une source de difficulté pour les enseignants.
    c. attractif pour les futurs employeurs.

11 • Avec quel pays est-ce que la faculté n'a aucun partenariat ?
    a. L'Italie.   **b.** L'Espagne.   **c.** Le Maroc.

12 • Quel est l'objectif final de ces partenariats ?
....

Exercice 40 *Lisez les questions. Écoutez le document puis répondez.* ///////////// 🎧42

1 • Qui sont les jeunes qui témoignent ?
....

2 • La première personne qui témoigne :
    a. sait exactement quelle fac choisir.
    b. hésite entre plusieurs facs.
    c. n'a aucune idée de la fac où elle va aller.

3 • D'après le document, qu'est-ce que le « bac » au Québec ?

....

4 • Quel est l'objectif professionnel de la deuxième personne ?

....

5 • Que craint l'une des personnes ?
  a. De devoir payer des frais.   **b.** De devoir faire des prêts.   **c.** De devoir faire des travaux dans l'appartement.

6 • Expliquez l'expression « on est un peu sceptique sur la suite des événements ».

....

7 • L'autre personne qui témoigne trouve que :
  a. la vie d'adolescent et celle des adultes se ressemblent.
  b. le passage de la vie d'adolescent à celle d'adulte est trop rapide.
  c. la vie des jeunes consiste à préparer des examens et des concours.

8 • Pour cette même personne, être autonome :
  a. est totalement positif.   **b.** est trop stressant.   **c.** est parfois contraignant.

9 • La dernière personne qui témoigne trouve :
  a. que la fac est trop loin de chez elle.   **b.** que la fac est un passage obligé.   **c.** que la fac est un monde inconnu.

Partie 4
Domaine professionnel

I **Le travail et les jeunes**

Exercice 41 *Lisez les questions. Écoutez le document puis répondez.*

1 • Selon la journaliste, pourquoi le stage est une étape « fondamentale » dans le parcours scolaire ?

....

2 • Le stage dont Coralie parle :
  a. est son stage obligatoire de 3ème.   **b.** est un stage facultatif de la fac.   **c.** est un stage qu'elle a fait après la fac.

3 • Où se situe le jardin botanique du Lautaret ?

....

4 • Quelle était sa fonction pendant son stage ?
  a. Accueillir les gens qui dormaient sur place.
  b. Former les futurs botanistes du jardin.
  c. Guider les gens pendant leur visite du jardin.

5 • Quel exercice a permis à Coralie de particulièrement « progresser » ?

....

6 • Qui étaient les personnes qui occupaient le chalet ?

....

7 • Lors des soirées :
  a. ils étaient parfois 25 personnes ou plus.
  b. ils étaient toujours à plus de 25 personnes.
  c. ils étaient rarement à plus de 25 personnes.

8 • Qu'est-ce qui incitait Coralie à cuisiner ?
  a. La récompense financière perçue.
  b. L'ambiance conviviale des préparatifs.
  c. Le défi que représentaient ces préparations.

9 ● Quel adjectif utilise Coralie pour désigner la façon de vivre dans ce chalet ?

....

10 ● Quelle autre tâche devait faire Coralie ?

....

11 ● Coralie :
   a. a été peu payée pendant son stage.
   b. a dû payer pour le logement et la nourriture.
   c. a uniquement gagné de l'argent grâce aux pourboires.

12 ● Expliquez l'expression de la journaliste « l'apprentissage ne se fait pas que dans les livres ».

....

Exercice 42 *Lisez les questions. Écoutez le document puis répondez.* //////////////////////////////////// 🎧44

1 ● Qu'est-ce qui peut pousser un jeune à entrer dans la vie active très tôt ?

....

2 ● Le premier jeune qui témoigne :
   a. prépare un diplôme pour devenir animateur avec les enfants.
   b. est titulaire d'un diplôme lui permettant de travailler avec les enfants.
   c. souhaiterait plus tard travailler en tant qu'animateur avec les enfants.

3 ● Selon lui, les jeunes sans diplôme :
   a. peuvent malgré tout avoir de petits boulots avec la mairie.
   b. ne peuvent que devenir afficheurs pour la mairie.
   c. peuvent éventuellement travailler à la mairie pendant l'été.

4 ● Quelle a été sa première expérience professionnelle ?
   a. Il a travaillé six semaines avec des enfants de 3 à 8 ans.
   b. Il a travaillé trois semaines avec des enfants de 6 à 8 ans.
   c. Il a travaillé huit semaines avec des enfants de 3 à 6 ans.

5 ● Le deuxième jeune qui témoigne a eu une première expérience très positive : pourquoi ?

....

6 ● Quel est l'aspect du monde professionnel qu'il préfère ?
   a. Travailler en famille.   **b.** Travailler la terre.   **c.** Être en contact avec des gens.

7 ● La dernière personne à témoigner, Marine, affirme qu'elle a toujours :
   a. voulu devenir boulangère.   **b.** aidé ses parents dans leur travail.   **c.** trouvé embêtant le travail de boulanger.

8 ● Marine trouve que :
   a. son père est plus strict avec elle qu'avec ses employés.
   b. son père est moins strict avec elle qu'avec ses employés.
   c. son père est aussi strict avec elle qu'avec ses employés.

9 ● Selon Marine, quelle pression particulière subit-on quand on travaille en caisse ?

....

10 ● Quelles sont les contraintes que Marine ne supporte pas dans le métier de boulanger ?

....

11 ● D'après le document :
   a. les jeunes commencent à aider leurs parents très tôt en général.
   b. les jeunes aiment souvent suivre la même voie que leurs parents.
   c. les jeunes commencent parfois à travailler tôt avec leurs parents.

12 ● En quoi travailler en famille peut être formateur ?

....

Exercice 43 *Lisez les questions. Écoutez le document puis répondez.* //////////// 45

1 • D'après Aurélie Maurice, quels sont les chiffres du chômage chez les jeunes ?
   a. 15 % chez les 15-30 ans.   **b.** 20 % chez les 20-25 ans.   **c.** 25 % chez les 18-25 ans.

2 • Quelle est la catégorie de jeunes la plus touchée par le chômage ?

   ....

3 • Quelle est la situation actuelle des jeunes très diplômés ?
   a. Les jeunes très diplômés se retrouvent rarement au chômage.
   b. Les jeunes très diplômés sont inégalement touchés par le chômage.
   c. Les jeunes très diplômés sont tout autant touchés par le chômage.

4 • Quels chiffres avancés par Aurélie Maurice prouvent que « l'origine sociale pèse sur le devenir professionnel des jeunes » ?

   ....

5 • La situation des jeunes femmes :
   a. s'est améliorée.   **b.** a empiré.   **c.** n'a guère évolué.

6 • D'après Aurélie Maurice, ce qui constitue un frein à l'insertion des jeunes, c'est :
   a. leur manque de confiance en eux.   **b.** leur manque de formation.   **c.** leur manque de maturité.

7 • Quelle situation absurde est dénoncée par Aurélie Maurice ?

   ....

8 • D'après cette spécialiste :
   a. le chômage des jeunes n'a aucun rapport avec la crise.
   b. le chômage des jeunes a pour véritable cause la crise.
   c. le chômage des jeunes est aussi lié à la crise.

9 • Qu'est-ce que la « génération perdue » ?

   ....

10• Pour lutter contre le chômage des jeunes, Aurélie Maurice voudrait d'abord :
   a. redonner aux jeunes de l'intérêt pour l'école.
   b. former davantage de professeurs spécialisés.
   c. modifier les diplômes délivrés dans le second cycle du secondaire.

11• Quel serait l'objectif d'une participation plus active des entreprises à l'apprentissage professionnel des jeunes ?

   ....

12• Finalement, pour Aurélie Maurice :
   a. l'apprentissage théorique doit être supprimé.
   b. l'apprentissage théorique doit être évité.
   c. l'apprentissage théorique doit être limité.

13• Pourquoi Aurélie Maurice considère qu'en France les savoirs techniques ont particulièrement besoin d'être valorisés ?

   ....

Exercice 44 *Lisez les questions. Écoutez le document puis répondez.* //////////// 46

1 • Qu'est-ce qui a poussé Nico à apprendre à jouer d'un instrument de musique ?

   ....

2 • Nico a appris à jouer :
   a. de la clarinette, puis de la batterie, ensuite de la basse et enfin de la guitare.
   b. de la clarinette, puis de la guitare, ensuite de la batterie et enfin de la basse.
   c. de la clarinette, puis de la basse, ensuite de la guitare et enfin de la batterie.

3 • De quel instrument joue-t-il dans son groupe ?

....

4 • Qu'est-ce que Nico aime dans le nom de son groupe ?
   a. Le décalage entre le fond et la forme du nom.
   b. La provocation très rock contenue dans ce nom.
   c. L'hommage rendu à ses groupes de rock préférés.

5 • Comment le père de Nico a-t-il influencé son goût pour la musique ?
   a. Il lui a fait écouter la musique de son groupe.
   b. Il lui a fait écouter de la musique très tôt.
   c. Il l'a emmené à un concert de *Genesis*.

6 • En quoi, selon Nico, gagner sa vie comme musicien est un manque de respect pour la musique ?

....

7 • Comment Léa a-t-elle découvert le théâtre ?
   a. En voyant une pièce jouée dans son collège.
   b. En jouant dans *Roméo et Juliette*, au collège.
   c. En intégrant un club de théâtre de son collège.

8 • Quels bénéfices a-t-elle pu tirer de la pratique du théâtre ?

....

9 • Pourquoi Léa a-t-elle arrêté le théâtre au lycée ?
   a. Parce qu'elle n'a pas trouvé de club.
   b. Parce qu'elle était devenue trop timide.
   c. Parce qu'elle n'avait plus d'ami pour l'accompagner.

10 • Pourquoi Léa craignait-elle de ne pas être acceptée dans le nouveau club de théâtre ?

....

11 • Léa estime que ces expériences théâtrales :
   a. l'ont rendue plus passionnée.   **b.** l'ont rendue plus extravertie.   **c.** l'ont rendue plus expérimentée.

12 • Quel verbe est utilisé par l'animateur pour évoquer l'impact que peut avoir la passion sur un passionné ?

....

Exercice 45 *Lisez les questions. Écoutez le document puis répondez.* // 🎧47

1 • Pourquoi, selon Ariane Benattar, le 1er job est une « expérience importante » ?

....

2 • Étudier et travailler en même temps peut être fatigant, c'est pourquoi la spécialiste conseille de :
   a. chercher un travail facile.
   b. chercher un travail peu éloigné de l'endroit où l'on vit.
   c. chercher un travail à domicile.

3 • Qu'est-ce qu'on doit savoir sur soi-même quand on cherche un emploi ?

....

4 • Ariane Benattar affirme qu'il faut :
   a. envoyer le maximum de candidatures.   **b.** aller à la rencontre des recruteurs.   **c.** viser des domaines stratégiques.

5 • La spécialiste explique qu'aujourd'hui, les recruteurs cherchent surtout :
   a. des candidats qui ont de la personnalité.   **b.** des candidats hautement qualifiés.   **c.** des candidats issus de grandes écoles.

6 • Pour Ariane Benattar, quel est le premier réflexe à avoir quand on cherche du travail ?

....

7 • Selon elle, les réseaux sociaux sont :
   a. utiles mais parfois chers pour les chercheurs d'emploi.
   b. incontournables dans le monde professionnel.
   c. déconseillés pour la recherche d'emploi.

8 ● Pourquoi doit-on chercher à « se démarquer » quand on envoie un CV ?

....

9 ● Les informations qui figurent dans la rubrique « centres d'intérêt » :
    a. sont aujourd'hui obligatoires.   **b.** peuvent s'avérer utiles.   **c.** sont souvent superflues.

10 ● Que suggère Ariane Benattar pour préparer un entretien d'embauche ?

....

11 ● En général, sur quoi portent les premières questions posées lors d'un entretien d'embauche ?

....

12 ● Répondre à la question « quels sont vos qualités et vos défauts » permet :
    a. de prouver qu'on se connaît bien.   **b.** d'impressionner le recruteur.   **c.** de montrer qu'on a de l'expérience.

13 ● Quelle tenue et quelle attitude Ariane Benattar conseille-t-elle aux candidats d'adopter le jour d'un entretien d'embauche ?

....

Épreuve blanche de compréhension orale   ... / 25 points

Vous allez entendre deux documents sonores, correspondant à deux exercices.
  ● Pour le premier document :
Vous allez entendre deux fois un enregistrement sonore de 5 minutes environ. Vous aurez tout d'abord une minute pour lire les questions. Puis, vous écouterez une première fois l'enregistrement. Vous aurez ensuite 3 minutes pour commencer à répondre aux questions. Vous écouterez une seconde fois l'enregistrement. Vous aurez encore 5 minutes pour compléter vos réponses.
  ● Pour le deuxième document :
Vous allez entendre une seule fois un enregistrement sonore de 1 minute 30 à 2 minutes. Vous aurez tout d'abord 1 minute pour lire les questions. Après l'enregistrement, vous aurez 3 minutes pour répondre aux questions.

Exercice 1   *Répondez en cochant (✓) la bonne réponse ou en écrivant l'information demandée.* 48

... / 18 points

1 ● Ce documentaire porte sur :   ... / 1 point
    a. les jeunes et les réseaux sociaux.
    b. la cybercriminalité chez les jeunes.
    c. les risques liés à l'utilisation des réseaux sociaux.

2 ● À quoi est comparé Facebook ?   ... / 2 points

....

3 ● Quelle erreur technique a commise la jeune Française qui voulait fêter ses 16 ans ?   ... / 2 points

....

4 ● Pourquoi est-il risqué de diffuser des photos personnelles sur Facebook ?   ... / 1 point
    a. On peut choquer les gens.
    b. Quelqu'un peut en faire mauvais usage.
    c. On risque de perdre des photos précieuses.

5 ● L'un des dangers du partage de données sur des réseaux sociaux, c'est que :   ... / 1 point
    a. on ne sait pas vraiment à qui on peut faire confiance.
    b. tout devient virtuel et on perd ses véritables amis.
    c. tout va trop vite et il est parfois difficile d'être réactif.

6 • D'après le documentaire, qui commet des erreurs sur les réseaux sociaux ? ... / 1 point

    a. Surtout les adolescents.   **b.** Uniquement les adolescents.   **c.** N'importe qui.

7 • Que peut faire un pirate informatique une fois qu'il a volé l'identité de sa victime ? ... / 2 points

....

8 • D'après le documentaire, Facebook est : ... / 1 point

    a. principalement un outil de partage d'informations.

    b. une véritable entreprise qui exploite ses utilisateurs et leurs données.

    c. un genre de support de la mémoire sociale.

9 • Pourquoi est-ce une erreur de la part d'un voleur de publier un selfie, pris sur les lieux du crime, sur la page de sa victime ? ... / 2 points

....

10 • Quel est l'autre inconvénient des réseaux sociaux, comme Facebook ? ... / 1 point

    a. Ils peuvent créer une dépendance.

    b. Ils finissent par détruire les liens familiaux.

    c. Ils nous rendent primitifs.

11 • Finalement, selon le documentaire, on peut dire qu'avec le développement des réseaux sociaux virtuels : ... / 1 point

    a. nos relations sont devenues exclusivement virtuelles.

    b. nos propos et nos données sont systématiquement déformés.

    c. nos échanges avec les autres sont plus faciles mais aussi plus risqués.

12 • Pourquoi peut-on considérer que, d'une certaine façon, un réseau social n'est pas entièrement gratuit ? ... / 3 points

....

Exercice 2   *Répondez en cochant (✓) la bonne réponse ou en écrivant l'information demandée.* 🎧49

... / 7 points

1 • Le sportif Damien Cadet : ... / 1 point

    a. est soupçonné de s'être dopé.   **b.** a avoué s'être dopé.   **c.** ne s'est jamais dopé.

2 • D'après le document audio : ... / 1 point

    a. tous les sports sont touchés par le dopage.

    b. tous les grands sportifs se dopent.

    c. quelques sports échappent à ce fléau.

3 • La consommation de ces produits : ... / 1 point

    a. entraîne systématiquement des troubles hormonaux.

    b. rend les gens hyperactifs.

    c. peut tuer.

4 • Beaucoup de gens consomment des produits dopants : ... / 1 point

    a. alors que les médecins tiennent des discours préoccupants.

    b. prescrits par des médecins du sport.

    c. sans que les médecins ne tirent la sonnette d'alarme.

5 • Quel est le « nouveau phénomène » cité dans le document audio ? ... / 1 point

....

6 • Aujourd'hui, dans les salles de musculation, se doper est : ... / 1 point

    a. une pratique interdite.   **b.** une pratique courante.   **c.** une pratique rare.

7 • De quoi les experts et les autorités ont-ils peur aujourd'hui ? ... / 1 point

....

Compréhension écrite

L'épreuve de compréhension écrite

Conseils pratiques

La compréhension écrite, qu'est-ce que c'est ?

La compréhension écrite est le deuxième exercice des épreuves collectives. Vous devez lire deux textes de 500 à 800 mots et répondre à des questions de compréhension.

- Partie 1 : Comprendre un texte informatif concernant la France ou l'espace francophone.
- Partie 2 : Comprendre un texte argumentatif.

Combien de temps dure la compréhension écrite ?

La compréhension écrite dure une heure. Comptez trente minutes par exercice. Il est important de ne pas dépasser le temps prévu car cette épreuve est suivie de la production écrite.

Comment dois-je répondre ?

Le surveillant distribue la copie d'examen à tous les candidats. Vous devez écrire vos réponses sur cette copie dans la partie prévue pour cet exercice.

Combien y a-t-il d'exercices ?

Il y a deux exercices.

Exercices	Types d'exercice	Questions	Nombre de points
Exercice 1	Comprendre un texte informatif concernant la France ou l'espace francophone et répondre à des questions de compréhension générale et détaillée.	Il y a entre 8 et 9 questions dans chaque exercice. **Types de questions :** • des questions à choix multiples (choix entre plusieurs réponses) • des questions ouvertes : il est nécessaire de rédiger une réponse ou de citer le texte. • des vrai/faux avec justification (dire si l'affirmation est vraie ou fausse puis justifier en recopiant une phrase du texte.)	13 points
Exercice 2	Comprendre un texte argumentatif et répondre à des questions de compréhension générale et détaillée.	**Particularités :** La première question porte toujours sur le thème ou le ton de l'article. Certaines questions demandent d'identifier une information puis de la citer. Certaines questions portent sur la signification d'un mot ou d'une expression. Vous devez répondre en vous aidant du contexte.	12 points

Conseils du coach

1. Attention aux **pièges** ! Vous retrouverez dans les QCM des mots présents dans le texte. **Ne vous précipitez pas et relisez** une deuxième fois le passage pour répondre correctement.

2. Dans les questions à choix multiples, **cochez une seule réponse** sauf s'il est précisé que plusieurs réponses sont correctes ou que la consigne indique clairement que plusieurs réponses sont demandées.

3. Pour les questions *vrai/faux/justification,* vous devrez justifier avec une phrase du texte. À savoir : vous obtenez la totalité des points si le choix *vrai/faux* **ET** la justification sont corrects, sinon vous n'aurez aucun point.

4. Aidez-vous des annotations pour comprendre la signification des mots difficiles. S'il y a un mot que vous ne comprenez pas, **pas de panique** ! L'important est de comprendre correctement le sens de la phrase ou du paragraphe.

5. Pour les questions où l'on vous demande d'expliquer le sens d'un mot ou d'une expression, **aidez-vous du contexte et de votre compréhension globale** du document pour répondre.

6. **Attention à l'orthographe et à l'écriture.** Bien que le correcteur ne puisse vous pénaliser à ce niveau, vos réponses doivent être lisibles et bien formulées.

7. Lorsque vous recopiez une phrase du texte, utilisez les **guillemets (« »)**. Si vous devez faire des coupes pour citer le texte, utilisez le **signe [...]**.

Comprendre un texte informatif

I. **Études et travail**

Exercice 1 — *Lisez le document puis répondez aux questions.*

Rendez-vous au Salon de l'Étudiant et à l'Aventure des métiers !

Organisés dans le cadre du Salon européen de l'éducation porte de Versailles, ces deux événements sont l'occasion de découvrir tous les cursus et diplômes envisageables mais aussi de rencontrer et d'échanger avec des professionnels sur des centaines de métiers.

Le Salon de l'Étudiant

Premiers rassemblements de jeunes en France, les salons de l'Étudiant aident des millions de visiteurs à construire leur projet d'orientation, à choisir études et métiers, mais aussi à bâtir leur parcours professionnel en envisageant leur premier emploi.

Un événement à Paris

Moment phare dans le parcours éducatif des jeunes, le Salon de l'Étudiant regroupera, cette année encore, la globalité de l'offre en matière d'enseignement supérieur dans un même espace et dans le cadre du Salon européen de l'éducation, porte de Versailles. Les jeunes et leur famille pourront s'informer sur toutes les spécialités de l'enseignement supérieur et leurs différentes filières : universités, alternance, DUT[1], BTS[2], classes prépas, admissions parallèles, formations spécialisées dans les lycées, grandes écoles...

Quelque six cents exposants

Le Salon de l'Étudiant met en scène cette multitude d'exposants par secteurs. On citera les universités, bien sûr, mais aussi les écoles de commerce et de gestion, les écoles d'ingénieurs, les formations internationales, les formations en alternance, les formations artistiques comme médicales, sociales et paramédicales, les form ations en communication, en digital, dans les domaines du sport et de l'animation, sans oublier le village des 15-24 ans.

Les conférences

Pour compléter leurs échanges, les jeunes peuvent aussi participer au cycle continu de conférences. Professeurs, responsables de formation et professionnels de tous secteurs se réunissent autour d'un journaliste de *l'Étudiant* pour aider à identifier, définir et consolider les projets d'orientation.

Partez à l'Aventure des métiers !

Toujours dans le cadre du Salon européen de l'éducation, les jeunes auront quatre jours pour découvrir plusieurs centaines de métiers et échanger avec des professionnels grâce à l'Aventure des métiers. Il s'agit d'un espace d'information original et pédagogique, conçu comme un ensemble de villages thématiques. Branches professionnelles, ministères et entreprises feront découvrir la richesse de leurs secteurs d'activité et tenteront de sensibiliser les jeunes à la grande diversité des métiers et des carrières qu'ils offrent. Cette année, seront ainsi représentés : l'artisanat ; l'agriculture ; les professions libérales ; le bâtiment et les travaux publics ; le cuir ; les armées ; les industries technologiques ; l'automobile ; les transports ; la radio et l'information ; la sécurité ; les services ; la culture et la communication ; la fonction publique.

Et si vous trouviez un « Beau travail » ?

C'est une des nouveautés de cette édition 2014. Les clips « Beau travail » présentent des témoignages de salariés sur le métier qu'ils exercent. 115 épisodes mettent en lumière des métiers en tension, c'est-à-dire des métiers qui embauchent mais qui peinent à trouver des candidats. En visionnant « Beau travail » sur le stand ADM 8, vous y découvrirez les qualités requises pour exercer le métier qui vous intéresse. Il vous reste ensuite à échanger avec les professionnels et à identifier les formations dont vous aurez besoin.

L'enseignement professionnel encouragé

Autre nouveauté, autour d'une consultation nationale en ligne sur les évolutions envisageables de l'enseignement professionnel lancée par l'AGEFA PME. Les jeunes, professeurs et responsables d'entreprises sont conviés à venir donner leur avis. Sur le salon *l'Aventure des métiers*, chacun pourra commenter les propositions disponibles sur la plateforme qui sera mise à disposition.

Trois espaces, un parcours

Le salon *L'Aventure des métiers* propose également un « Parcours des métiers » qui centralise toutes les informations utiles aux projets d'orientation. Chacune de ses zones représente une étape dans la recherche que l'on peut faire sur une école, une filière, un diplôme ou un métier. On peut commencer par l'espace « Découverte » : on y découvrira plusieurs centaines de métiers grâce, entre autres, à des vidéos témoignages de l'etudiant.tv ou à des fiches didactiques sur « La Promenade des métiers ». On poursuivra avec l'espace « Rencontres-Débats », une agora des métiers où pas moins de 17 conférences auront lieu autour de professionnels, animées par un journaliste spécialisé de *l'Étudiant*. Pour aller encore plus loin, il restera à explorer l'espace « Discussion-Coaching », où sont présentés, en un même lieu, tous les supports et outils indispensables à la construction d'un projet d'orientation cohérent et adapté à chacun.

1. Diplôme Universitaire de Technologie (DUT). 2. Brevet de Technicien Supérieur (BTS).

« Rendez-vous au salon de l'Étudiant et à l'Aventure des métiers », *À nous Paris* N° 668, du 24 au 30 novembre 2014, p. 42 (**anous.fr**)

Comprendre un texte informatif

1. • Entre ces trois salons, lequel englobe les deux autres ?

   a. Le salon de l'Étudiant. **b.** L'aventure des métiers. **c.** Le salon Européen de l'éducation.

2. • Vrai ou faux ?

   Cochez la case correspondante et justifiez votre réponse en citant un passage du texte.

	VRAI	FAUX
Le salon de l'Étudiant connaît un succès important auprès des jeunes Français. *Justification :*		

> Le jour de l'examen, vous gagnez 1,5 point par affirmation si le choix Vrai/Faux ET la justification sont corrects, sinon aucun point. Faites donc bien attention au moment de choisir votre justification dans le texte. Ne reformulez pas.

3. • Quel est l'objectif premier du salon de l'Étudiant ?

   a. Lutter contre la déscolarisation.

   b. Faciliter l'orientation professionnelle des jeunes.

   c. Faire de la publicité pour les grandes écoles.

> Repérez ce genre de mot dans les questions : « principal », « premier », etc. Si plusieurs réponses sont potentiellement justes, on vous demande ici de cocher l'information la plus importante.

4. • Comment les exposants se sont-ils regroupés ?

   a. Par niveau d'études. **b.** Par secteur d'activité. **c.** Par échelle de rémunération.

5. • Citez les deux adjectifs qui caractérisent l'Aventure des métiers.

   ....

6. • Quel est l'objectif des intervenants de l'Aventure des métiers ?

   a. Convaincre les jeunes de rejoindre leurs secteurs d'activité.

   b. Recruter immédiatement de nouveaux employés.

   c. Valoriser le monde de l'entreprise en général.

7. • Les épisodes de « Beau travail » mettent en valeur :

   a. les métiers les plus appréciés des étudiants.

   b. les métiers peu connus ou peu valorisés.

   c. les métiers qui offrent les meilleures perspectives d'avenir.

8. • Complétez le tableau. Où peut-on faire les choses suivantes ?

a. Assister à des conférences.	....
b. Découvrir de nouveaux métiers.	....
c. Obtenir une aide personnalisée.	....
d. Réagir et donner son avis sur Internet.	....

> Le jour de l'examen, chaque bonne réponse vous donne 0,5 point. Pour obtenir des points, répondez partiellement si vous ne trouvez pas toutes les réponses.

9. • Quel moyen de promotion des métiers est cité deux fois dans le texte ?

   ....

Exercice 2 *Lisez le document puis répondez aux questions.* //

Quand étudier en France rime avec « galérer »

Depuis l'émoi suscité par le non renouvellement du logement d'un étudiant mauritanien par le Crous[1] la semaine dernière, DijOnscOpe a voulu en savoir plus sur les conditions pour venir en France et les difficultés auxquelles sont confrontés les étudiants étrangers. Plongée au sein du campus dijonnais...

Un parcours du combattant

Chacun le sait, l'administration française est d'une féroce complexité. L'étudiant étranger s'en rend compte très rapidement lorsqu'il souhaite venir étudier au pays des Lumières. Selon Vincent Corneloup, avocat à Dijon, la première difficulté est d'ordre administrative et relève du casse-tête[2] : « *pour venir étudier en France, il faut avoir un visa et donc être inscrit à l'université. Donc il faut des papiers et donc être inscrit à l'université...* ». Faisons le point, première étape : déposer un dossier et passer un test de langue. Cela engendre bien évidemment d'importants frais pour l'étudiant étranger. Yan, jeune étudiante chinoise en master de communication à Dijon, témoigne de son parcours administratif : « *d'abord, on doit apprendre le français pour passer l'examen. Après l'examen, on attend un mois, puis il y a un entretien, ensuite une nouvelle attente d'un mois pour obtenir le visa. J'ai payé une agence pour m'aider à venir en France, plus les frais de l'entretien, de l'examen, du visa, du billet d'avion, de tous les documents... bref, c'est cher* ». Effectivement, le test de langue n'est pas suffisant : une fois que son dossier est accepté, l'étudiant doit s'inscrire à l'agence « Campus France ». Mise en place en 2007, son objectif officiel est de mieux organiser l'accueil des étrangers. Le candidat est soumis à un « entretien personnalisé d'évaluation », conduit par un expert de l'agence. Des résultats, dépend la délivrance du visa. Ils sont transférés de l'agence à l'Ambassade.

[...] se loger est encore un problème

Ouf ! Le jeune étudiant est arrivé en France, oui mais voila, les difficultés ne sont pas terminées : il lui faut trouver un logement. Et là encore, les choses se révèlent parfois d'une complexité redoutable. Olga, jeune biélorusse en master de commerce, témoigne des difficultés rencontrées : « *trouver un logement est ce qui a été le plus difficile. Pour avoir une aide financière de la banque je devais prouver que je pouvais payer le loyer. Heureusement, j'ai trouvé une solution : je garde des enfants en échange d'une chambre, sinon je ne sais pas comment j'aurais fait* ». Les boursiers et les étudiants ayant des conventions entre leur université et celle de France obtiennent facilement une chambre, mais si ces critères ne sont pas remplis, les choses se compliquent. Selon Réseau Université Sans Frontières 21 (Rusf 21) et la FSE : « *l'étudiant non européen bénéficie d'une chambre uniquement s'il est en Master de deuxième année (soit en cinquième année) et s'il s'agit de sa première année en France, de plus il doit répondre à de nombreux critères. Un étudiant étranger qui se loge au Crous doit payer deux mois de loyer en liquide. En outre, l'université et la préfecture veulent une preuve papier (compte) pour être sûres qu'il peut payer ; l'étudiant français, lui, ne donne qu'un mois de caution[3]* ». Attention donc à celui qui redoublerait[4] ou voudrait changer de voie : le logement n'est pas renouvelé.

[...]

De difficultés en problèmes : le renouvellement du titre de séjour

Selon maître Corneloup, le renouvellement du titre de séjour de l'étudiant demeure le problème le plus important : « *parfois certains étudiants n'ont pas le niveau de langue suffisant, donc ils ne valident pas leur année. Du coup, la préfecture ne renouvelle pas leur titre de séjour en pointant du doigt[5] le manque de sérieux de l'étudiant. Ce qu'on pardonne à un étudiant français, on ne le pardonne pas à un étranger. En cas de changement de filière, par exemple, on pointe la non cohérence du parcours* ». Et ce renouvellement du titre de séjour, RUSF 21 est le témoin direct des difficultés pour l'obtenir : « *pour avoir un renouvellement du titre de séjour, l'étudiant étranger doit avoir fait preuve d'assiduité, de sérieux et de réussite. S'il n'a pas réussi à ses examens dans les deux ans, il reçoit une obligation de quitter le territoire.* »

1. CROUS : Centre Régional des Œuvres Universitaires et Scolaires. Il s'agit de l'organisme qui gère les aides aux logements pour les étudiants. – 2. Jeu de logique difficile à résoudre. – 3. La caution est une somme versée d'avance qui sert de garantie pour le propriétaire. – 4. Ne pas valider son année universitaire. – 5. Expression signifiant mettre en avant une chose en particulier.

http://blogs.mediapart.fr/edition/dijon-bourgogne/article/031109/quand-etudier-en-france-rime-avec-galerer

---

1 • D'après votre compréhension globale de l'article, donnez la signification de l'expression « galérer » dans le titre.

> Essayez toujours de répondre à la question même si vous ne connaissez pas le mot. Aidez-vous du contexte et de votre compréhension globale du document.

....

2 • L'administration française est :

    a. polie.   **b.** compliquée.   **c.** sophistiquée.

3 • Citez une métaphore de « la France » présente dans le texte.

....

Comprendre un texte informatif

4 • Complétez la phrase suivante.

Pour étudier en France il faut .... et pour obtenir ce document il faut .... Maître Corneloup appelle cela un ....

5 • Quels résultats finaux valident la délivrance du visa ?

a. Ceux du test initial de français.

b. Ceux de l'entretien de Campus France.

c. Ceux du diplôme de l'Université d'origine.

> Faites particulièrement attention à la chronologie du document pour répondre à cette question.

6 • Quelle solution Olga a-t-elle trouvée pour se loger ?

a. Une aide financière.   **b.** Un échange de services.   **c.** Une colocation entre étudiants.

7 • Quels étudiants bénéficient de facilités d'accès aux logements ?

....

8 • Vrai ou faux ?

Cochez la case correspondante et justifiez votre réponse en citant un passage du texte.

	VRAI	FAUX
a. Un étudiant non européen peut bénéficier d'une chambre s'il commence sa première année d'étude en France. *Justification :*		
b. La caution des étudiants étrangers est plus importante que celle des Français. *Justification :*		

9 • Quelles sont les deux raisons évoquées par Maître Corneloup du non renouvellement du titre de séjour ?

....

Exercice 3   *Lisez le document puis répondez aux questions.* ///

On a testé *Qwant Junior*, le premier moteur de recherche pour enfants

Qwant Junior devrait être expérimenté dans certaines écoles françaises à partir de janvier. Le service, encore en version bêta[1], n'est pas tout à fait au point.

Il n'y a pas d'âge pour commencer à surfer sur Internet. C'est du moins l'avis de *Qwant*, moteur de recherche franco-français, qui va lancer à la mi-janvier une version destinée aux enfants de 3 à 12 ans. Le dispositif doit fournir à nos chères têtes blondes un accès sécurisé à la culture, en se basant sur les sites recommandés par l'Éducation nationale.

Fin novembre, au salon Educatec - Educatice, Najat Vallaud-Belkacem a annoncé que le système serait mis à disposition des établissements français « *à partir de la rentrée 2015 de façon expérimentale pour ensuite se généraliser* ». [...]

Blacklist et whitelist[2]

Pour mettre au point *Qwant Junior*, les équipes de la start-up se sont appuyées sur les travaux menés par l'université de Toulouse qui a établi une « *blacklist* » de sites inappropriés, parce que violents ou pornographiques. *Qwant* ne s'est pas arrêté là : le site a aussi voulu intégrer une « *whitelist* » de sites institutionnels et de ressources éducatives reconnues. Par ailleurs, la plateforme assure avoir retiré toute forme de publicité et de produits marchands. « *Les enfants auront des difficultés à trouver des sites de shopping à moins de les chercher franchement : en tapant "jouet + Amazon" par exemple* », indique Éric Léandri, cofondateur de *Qwant* et spécialiste de la sécurité informatique.

Ce dernier s'est associé en 2011 à Jean Manuel Rozan, financier depuis plus de 30 ans et Patrick Constant, PDG de la société *Pertimm* pour créer *Qwant*, un moteur de recherche *made in France.* Leur première version est sortie en février 2013, remportant un certain succès : le groupe allemand *Axel Springer*, tête de pont dans la lutte européenne anti-Google, vient d'entrer dans le capital à hauteur de 20 %.

Qwant, qui emploie une quarantaine de personnes à Paris et à Nice, lutte pour le respect de la vie privée des internautes. Le site assure ne pas les tracer et rester neutres. « *On montre les mêmes résultats de recherche à tout le monde* », déclare Jean Manuel Rozan. *Qwant* revendique aujourd'hui entre 8 et 10 millions de requêtes par jour.

Alors que *Google for Kids* vient d'être annoncé, *Qwant Junior* trace son petit bonhomme de chemin[3]. Le site est développé à titre gracieux[4]. Que gagne l'entreprise à travailler sur un modèle garanti sans pubs ? Tout simplement de futurs clients, qu'il espère bien habituer à ne pas être fliqué[5] sur Internet et à troquer la version Junior pour la version adulte une fois l'adolescence passée.

L'Obs a pu tester en avant-première la plateforme qui sera utilisée par les écoliers. Si elle ne s'est pas toujours révélée efficace, il faut garder à l'esprit qu'elle est, à ce jour, encore en version bêta. Mais plusieurs résultats paraissent étonnants.

[...] Le premier contact avec *Qwant Junior* est plutôt agréable : un arrière-plan à faire pâlir le moindre *Google Doodle*, avec des planètes, une fusée et des dinosaures. *Qwant* a bien étudié sa cible. Les résultats de recherche se décomposent en cinq onglets : Web (l'Internet purgé[6] de tout « *ce qui n'a pas lieu d'être* » dixit Éric Léandri), Éducation (programmes scolaires et autres ressources), Actualités (garanties « sans violence grâce aux infos sémantiques »), Images et Vidéos. [...]

« *C'est un projet très ambitieux et très compliqué. Qwant Junior est encore à l'état de prototype. Pour l'instant, les recherches ne sont pas pertinentes en terme de qualité et on peut avoir de mauvaises surprises quand on fait une recherche très explicite* », explique François Bocquet, chargé de la prospective à la Direction du numérique pour l'éducation.

« *On s'intéresse au résultat, mais le projet est sous leur entière et complète responsabilité* », assure-t-il. « *Nous leur avons donné rendez-vous en janvier. C'est seulement à ce moment-là, si les tests sont concluants, que nous proposerons à des enseignants de 3 ou 4 circonscriptions de l'essayer en situation réelle. Si cette étape est réussie, alors seulement on le mettra en observation sur un échantillon d'écoles* ».

1. En version de test. – 2. Liste noire et liste blanche. – 3. Expression signifiant que quelque chose ou quelqu'un évolue de son côté avec constance. – 4. Gratuitement. – 5. Expression familière signifiant « être surveillé », provenant de l'argot « flic » : policier. – 6. Vidé.

http://tempsreel.nouvelobs.com/vu-sur-le-web/20141219.OBS8398/on-a-teste-qwant-junior-le-premier-moteur-de-recherche-pour-enfants.html

---

1 • Dans cet article, le journaliste :

    a. reste neutre.   **b.** donne son avis.   **c.** déconseille l'outil.

> La première question porte généralement sur le thème de l'article ou le ton du journaliste. Entraînez-vous pour chaque texte à répondre à ces questions : *L'auteur donne-t-il son point de vue ? Quel ton est utilisé ?* Pour répondre, aidez-vous des expressions et de la ponctuation.

2 • Remplissez le tableau avec ces informations essentielles :

a. Quoi ?	....
b. Pour qui ?	....
c. Pour quoi faire ?	....

> Ce type de tableau n'apparaît pas sous cette forme le jour de l'examen, mais y répondre lors de votre entraînement vous aide à comprendre les informations essentielles : *Qui, quoi, où, quand, comment et pourquoi ?*

3 • Citez deux expressions du texte qui soulignent que *Qwant* est un moteur de recherche bien français.

....

> N'oubliez pas les guillemets (« ») lorsque vous citez le texte. Ajoutez le signe [...] si vous faites des coupes.

4 • Retrouvez une expression dans le texte qui se réfère aux enfants français.

....

5 • Qui profitera en premier de cet outil ?

    a. Les enfants à l'école.   **b.** Les enfants chez eux.   **c.** L'Université de Toulouse.

6 • Citez les trois types de sites qui ont été bloqués.

....

Comprendre un texte informatif

7 • Quelle est la signification du terme souligné dans l'extrait « [...] *Axel Springer*, tête de pont dans la lutte européenne anti-*Google* [...] ».

    a. Il est le premier défenseur de *Google* en Europe.

    b. Il est le leader européen de la lutte anti-*Google*.

    c. Il crée un lien entre les pro-*Google* et les anti-*Google*.

8 • Avec le moteur de recherche *Qwant*, les internautes sont assurés de : *(plusieurs réponses possibles)*

    a. ne pas être espionnés.

    b. ne pas recevoir de publicité.

    c. trouver tout ce qu'ils recherchent.

    d. ne trouver que des informations utiles.

    e. obtenir des informations toujours actualisées.

> Lorsque plusieurs réponses sont possibles, cela est indiqué dans la consigne.

9 • Que gagne cette entreprise à développer *Qwant Junior* ?

....

10 • Comment se présentent les résultats de la recherche ?

    a. Sous la forme d'une liste.   **b.** De façon purement imagée.   **c.** Sous la forme de catégories.

11 • Quelle est la condition pour que ce moteur de recherche soit mis à disposition des écoliers ?

....

Exercice 4   *Lisez le document puis répondez aux questions.* ///

Les maths sont indispensables

Les petits Français n'ont pas la bosse des maths. Quelque 40 000 élèves sont touchés chaque année par l'innumérisme (équivalent de l'illettrisme pour le calcul), selon l'enquête Pisa de l'Organisation de coopération et de développement économique (OCDE) de décembre 2013. La ministre de l'Éducation, Najat Vallaud-Belkacem, dévoile en avant-première à 20 Minutes sa stratégie « mathématiques » pour redresser la barre[1].

La France se situe au 25e rang (sur 65) du classement de l'OCDE sur les acquis des élèves en maths. Comment l'expliquez-vous ?

À la fin du collège, 45 % des élèves ont des compétences fragiles dans ce domaine. Avec, en outre, un fort déterminisme social, car ce sont les élèves issus des milieux les plus défavorisés qui présentent les moins bons résultats en maths. C'est pour cela que nous avons travaillé sur cette stratégie globale, qui s'appuiera sur de nouveaux programmes de mathématiques à l'école et au collège, une meilleure formation des enseignants et un travail sur l'image de cette matière. Il faut donner le goût des maths aux élèves.

Comment rendre l'enseignement des maths plus ludique ?

Dans le cadre des nouveaux programmes, nous allons développer des approches nouvelles des maths. L'introduction de l'algorithmique[2] permettra, par exemple, de mieux former les élèves au raisonnement déductif. Le numérique sera aussi mis à profit pour permettre aux élèves d'effectuer davantage d'exercices avec des niveaux différenciés et d'avancer aussi chacun à leur rythme.

Vous voulez aussi rendre l'approche des maths plus concrète...

Il faut proposer aux élèves des questions qui font sens pour eux dans leur approche des mathématiques, en utilisant des problèmes ancrés dans le réel. Nous allons aussi développer plus d'actions éducatives, en lien avec des associations scientifiques telles que les *Petits débrouillards*, mais également dans le cadre de la semaine des mathématiques. Aujourd'hui, près de 10 % des Français de 17 ans rencontrent des difficultés pour conduire un calcul dans des situations simples. Les outils mathématiques sont indispensables au quotidien. Il faut permettre aux élèves d'en prendre conscience.

Comment comptez-vous susciter davantage de vocation d'enseignants dans cette discipline ?

Nous allons actionner trois leviers : le nombre de postes ouverts aux concours de mathématiques (1 897 postes au Capes[3] et à l'agrégation externes pour 2015), qui sera maintenu à un niveau élevé ; la création d'une option « informatique » au Capes de mathématiques pour attirer de nouveaux candidats, et un appui aux enseignants contractuels pour leur préparation aux concours.

Comment attirer plus de femmes vers les filières scientifiques ?
Nous allons nous appuyer sur le nouveau service public régional de l'orientation et sur les associations pour promouvoir les filières scientifiques et techniques auprès des filles. Un effort particulier sera porté sur l'identification des stéréotypes sexués dans l'écriture des exercices et sur l'accompagnement des enseignants sur ce sujet. En mathématiques, les filles peuvent réussir aussi bien que les garçons. Les 10 mesures de la stratégie « mathématiques » y contribueront.

1. Retrouver une situation normale après avoir fait face à des difficultés. – 2. L'algorithmique est un processus de résolution d'un problème en un nombre défini d'étapes. – 3. Le Capes, Certificat d'aptitude au professorat du second degré, est le diplôme nécessaire pour devenir professeur au collège ou au lycée, en France.

Propos recueillis par Delphine Bancaud
« Les maths sont indispensables » dans le *20 Minutes* du 4 décembre 2014, page 8.

1 • Que signifie avoir « la bosse des maths » ?

    a. Être doué en mathématiques.   **b.** Ne pas aimer les mathématiques.   **c.** Ne pas être fort en mathématiques.

2 • Combien de jeunes Français ne savent pas compter ?

....

3 • Vrai ou faux ?
Cochez la case correspondante et justifiez votre réponse en citant un passage du texte.

Pour répondre à cette question, observez bien les chiffres du texte.

	VRAI	FAUX
Près de la moitié des collégiens ne sont pas à l'aise avec cette matière. *Justification :*		

4 • Quels sont les élèves les plus touchés par ce phénomène ?

....

5 • Citez trois objectifs de la stratégie globale du ministère.

....

6 • Quel est l'avantage du numérique pour la Ministre ?

....

7 • Comment la Ministre souhaite-t-elle rendre l'approche des mathématiques plus concrète ?

....

8 • Pourquoi la Ministre a ouvert 1 897 postes ?

....

Exercice 5   *Lisez le document puis répondez aux questions.* //

Six applications pour réussir au lycée

Le bac[1] vous semble encore loin ? Tant mieux ! C'est le signe qu'il est temps de commencer votre préparation à l'examen. Planifier, s'exercer, réviser… on vous le répète à longueur de journée et ça ne vous donne absolument pas envie de s'y mettre. Pour inverser la tendance, voici quelques applications pour smartphone qui pourraient bien rendre votre travail plus agréable et amusant.

iStudiez : ne jamais oublier ses examens

Réussir ses études est, en premier lieu, une question d'organisation. Et quoi de mieux qu'une application sur mesure destinée aux étudiants et aux professeurs pour atteindre les résultats escomptés[2] ? iStudiez sert de calendrier qui vous rappellera vos horaires, vos salles de cours et affichera le contact complet de vos professeurs, si vous avez une question à leur poser. Une section de l'application est consacrée aux tâches à compléter et au suivi des devoirs. Vous entrez la date de reddition du travail et l'application organisera votre agenda en fonction de l'ordre de priorité ou de l'échéance. Un système d'alarme vous rappellera régulièrement les dates limites afin de ne plus vous laisser engloutir par le temps. L'application a remporté le *Best College Student App 2011*.

Ma moyenne : suivre son évolution toute l'année

Si l'organisation est primordiale, la réussite est aussi une affaire de points. Et tant que le système des notes sera en vigueur, il y aura toujours des élèves qui auront la manie de viser la moyenne, pile-poil[3], en la calculant avec une grande méticulosité. Désormais, plus besoin de sortir les calculettes, cette application le fait pour vous, en pondérant vos moyennes par matière, par trimestre ou semestre. Il suffit de renseigner ses notes, les coefficients des matières et l'application vous présente une vue statistique pour suivre votre évolution tout au long de l'année. L'app a été créée par un développeur français, elle est donc parfaitement adaptée au système de notation sur 20.

SnapSchool : une plate-forme d'entraide au devoir

Selon la dernière étude Pisa, 73 % des élèves demandent régulièrement de l'aide pour leurs devoirs. Sur ce constat, *digiSchool*, spécialiste de l'éducation numérique en France (partenaire de *Campus*), a décidé de lancer une application : *SnapSchool*, qui sert de plate-forme d'entraide aux devoirs. Si un exercice s'avère trop compliqué à résoudre, l'application permet de prendre en photo celui-ci avec son smartphone, d'envoyer l'image de l'exercice à la communauté accompagné d'une description du problème rencontré. Les autres élèves du réseau peuvent ensuite l'aider en temps réel et reçoivent en contrepartie des jetons.

Avec 20 jetons, un élève peut demander l'aide d'un professeur qui lui répondra dans les vingt-quatre heures.

TPE : un guide pratique pour y arriver

De septembre à mars, on sait qu'il est la plus grande source de stress des premières années : le TPE (pour Travaux personnels encadrés), épreuve anticipée du baccalauréat. Sa préparation exige de former un groupe de travail et de bien se répartir les tâches. Un premier aperçu de l'exigence d'organisation des travaux communs que vous devrez effectuer tout au long de vos études supérieures. Il s'agit donc de ne pas le bâcler. Créée par le magazine *Phosphore*, cette application vous aide étape par étape, de la formation du groupe à la réussite de l'oral, en passant par l'élaboration du plan. Vous avez aussi accès à un calendrier qui vous alerte à chacune des six principales échéances du calendrier et des tutoriels vidéo de professeurs vous expliquent comment tenir votre carnet de bord ou effectuer un rendu sur Power Point.

Andie Graph : une calculatrice scientifique dans votre smartphone

Vous avez perdu votre précieuse calculatrice scientifique TI-83 ou TI-84 ? En solution de secours, un émulateur pourrait sauver votre devoir de math. C'est ce que propose *Andie Graph*, qui transforme votre smartphone en une véritable calculatrice capable de réaliser graphiques et fonctions trigonométriques. Il faudra au préalable télécharger un programme ROM gratuit puis installer l'application sur votre appareil Android. Mais attention à ne pas oublier votre vraie calculatrice le jour de l'examen !

Mathway : la bosse des math en un clic

Une calculatrice ne résout pas tous les problèmes mathématiques. Au lycée, mieux vaut parier sur une bonne compréhension des théorèmes et pratiquer un entraînement régulier. *Mathway* remplacera votre professeur durant vos révisions à la maison en vous aidant à résoudre, étape par étape, les différents problèmes mathématiques auxquels vous serez confrontés au bac. Algèbre, trigonométrie, statistiques, chimie... les domaines sont variés et les explications sont claires et visuelles.

1. Le bac est le diminutif de *baccalauréat*, l'examen marquant la fin du lycée en France. – 2. Les résultats souhaités. – 3. Exactement.

http://campus.lemonde.fr/campus/article/2014/12/22/six-applications-pour-reussir-au-lycee_4543391_4401467.html

1 • **Quel est le genre de l'article ?**

    a. Explicatif. **b.** Comparatif. **c.** Argumentatif.

2 • **D'après le journaliste, quand faut-il commencer à se préparer au baccalauréat ?**

....

3 • **Dans le contexte du premier paragraphe, que signifie « pour inverser la tendance » ?**

    a. Pour se motiver. **b.** Pour s'améliorer. **c.** Pour se changer les idées.

4 • Citez trois outils de *IStudiez*.

....

5 • Que faut-il indiquer dans l'application *Ma moyenne* pour calculer ses moyennes.

....

6 • Que faut-il faire pour obtenir de l'aide sur *SnapSchool* ?

....

7 • Vrai ou faux ?
Cochez la case correspondante et justifiez votre réponse en citant un passage du texte.

	VRAI	FAUX
a. Avec *SnapSchool* ce sont les élèves qui s'entraident. *Justification :*		
b. Il est possible de gagner de l'argent avec *SnapSchool*. *Justification :*		
c. Le TPE se prépare seul. *Justification :*		

8 • Que signifie « le bâcler » d'après le contexte du paragraphe sur le TPE ?
  a. Le faire bien.   **b.** Le faire mal.   **c.** Le faire seul.

9 • L'application TPE possède un outil d'organisation similaire à une autre application de la liste. Laquelle ?

....

10 • Vrai ou faux ?
Cochez la case correspondante et justifiez votre réponse en citant un passage du texte.

	VRAI	FAUX
Il est recommandé de remplacer sa calculette scientifique par l'application *Andie Graph* lors du baccalauréat. *Justification :*		

11 • *Mathway* permet :
  a. de s'entraîner chez soi.
  b. d'obtenir des solutions lors de l'examen.
  c. de remplacer les professeurs de mathématiques.

Exercice 6 *Lisez le document puis répondez aux questions.* //

Grandes écoles : « En France, le bizutage est l'ultime étape de sélection »

Quatre jeunes hommes comparaissaient lundi devant le tribunal correctionnel de Paris pour un bizutage commis en 2011 à l'université Paris Dauphine. Trois mois de prison avec sursis et 1 000 euros d'amende ont été requis contre eux. Retour sur cette pratique, punie par la loi mais répandue, avec Marie-France Henry, présidente du Comité national contre le bizutage.

Qu'est-ce qu'un bizutage ?
Le bizutage est une manière, pour un groupe d'anciens, de prendre le pouvoir sur un groupe de nouveaux. Dans les établissements d'enseignement, il repose sur la soumission que les étudiants déjà intégrés souhaitent imposer aux « petits nouveaux ». La méthode est connue : on leur crie dessus, on leur dit de baisser la tête, on les embarque dans des autobus sans leur donner la destination, on leur confisque leur portable...

C'est la phase d'intimidation. Une fois que le jeune bizuté a accepté d'entrer dans ce jeu de pouvoir, il lui devient très difficile de refuser de se plier à tous les délires des bizuteurs. Sachant que l'alcool, qui altère le jugement, est souvent une des composantes du bizutage. C'est pourquoi la loi est très claire : il peut y avoir bizutage même si le jeune a accepté de se plier[1] à la volonté des bizuteurs.

C'est souvent la ligne de défense des organisateurs de bizutage : « Il n'a pas dit "non", on ne l'a pas forcé à boire »...

Sauf que la pression exercée sur les étudiants victimes de bizutage est telle qu'ils préfèrent accepter de se soumettre à des rituels humiliants plutôt que de prendre le risque d'être ostracisé tout le restant de leur année scolaire !

Y a-t-il des établissements d'enseignement supérieur où le bizutage est plus répandu ?

Il y a des écoles très prestigieuses comme Polytechnique, Saint-Cyr, l'ENSAM, qui continuent de laisser ces pratiques perdurer. Mais nous avons aussi connaissance de cas de bizutage dans des clubs sportifs, dans certaines écoles de gendarmerie, chez les pompiers... C'est pourquoi le Comité national contre le bizutage demande que le champ de la loi sur le bizutage de 1998 soit étendu au-delà du secteur éducatif et socio-éducatif.

Il faudrait aussi imposer aux écoles de faire figurer dans leur règlement intérieur l'interdiction du bizutage et les sanctions encourues en interne, en plus de celles prévues par la loi. Enfin, il faut que les magistrats prennent conscience du problème et sanctionnent les coupables à la hauteur du délit. Dans l'affaire de cet étudiant de Centrale décédé d'un coma éthylique lors d'un bizutage en 2005, le coupable n'a eu que du sursis, même pour l'amende. C'est scandaleux !

Que dit la loi ?

Le bizutage est un délit, clairement défini par la loi du 18 juin 1998 comme « le fait pour une personne d'amener autrui, contre son gré ou non, à subir ou à commettre des actes humiliants ou dégradants lors de manifestations ou de réunions liées aux milieux scolaire et socio-éducatif ». Il est puni de 6 mois d'emprisonnement et de 7 500 euros d'amende.

En cas de bizutage, vous l'avez dit, la pression exercée sur le ou la bizuté(e) est très forte. Comment réussir à dire « non » ?

C'est compliqué, mais c'est toujours possible. Dans le cas des week-ends d'intégration organisés en début d'année scolaire, il faut se renseigner auprès des organisateurs sur le lieu et les activités prévues, quitte à ne pas y aller s'il y a trop de flou. On peut aussi essayer de se regrouper avec d'autres étudiants pour dire « non » collectivement. Beaucoup de parents nous appellent pour connaître les réputations des écoles dans ce domaine - malheureusement, nous ne les connaissons pas toutes. Je leur conseille de se rapprocher des responsables d'établissements, pour les mettre face à leurs responsabilités.

Dans certaines écoles, les directeurs eux-mêmes ou leurs représentants participent aux fêtes ou aux week-ends d'intégration pour éviter les dérapages[2]. D'autres pratiquent la politique de l'autruche[3]. Est-ce donc tant demander que d'attendre des responsables d'établissements qui forment nos jeunes qu'ils s'opposent à des comportements punis par la loi ?

1. Se soumettre (à la volonté des bizuteurs). - 2. Dérive imprévue ou incontrôlée d'une situation. - 3. Le fait d'ignorer volontairement le danger.

http://www.lexpress.fr/education/en-france-le-bizutage-est-l-ultime-etape-de-selection_1548198.html

1 • Qui sont les personnes « bizutées » ?

....

2 • Que font les « bizuteurs » ?

    a. Ils défendent.   **b.** Ils intimident.   **c.** Ils se soumettent.

3 • Vrai ou faux ?

Cochez la case correspondante et justifiez votre réponse en citant un passage du texte.

	VRAI	FAUX
Légalement un bizutage n'a lieu que si la personne est forcée de faire quelque chose qu'elle ne souhaite pas. *Justification :*		

4 • D'après le contexte, que signifie « être ostracisé » ?

    a. Être exclu.   **b.** Être admis.   **c.** Être emprisonné.

5 • Vrai ou faux ?

Cochez la case correspondante et justifiez votre réponse en citant un passage du texte.

	VRAI	FAUX
Le bizutage ne s'applique qu'aux secteurs éducatifs et socio-éducatifs à la date de parution de l'article. *Justification :*		

6 • Que critique le Comité national contre le bizutage ?

a. L'incompétence des magistrats.

b. Les règles contre le bizutage dans les écoles.

c. Les sanctions non appropriées des tribunaux.

7 • Vrai ou faux ?

Cochez la case correspondante et justifiez votre réponse en citant un passage du texte.

	VRAI	FAUX
a. Encourager un élève à humilier un autre élève est également considéré comme du bizutage. *Justification :*		
b. Les bizuteurs risquent la prison. *Justification :*		

8 • Retrouvez les trois conseils de Marie-France Henry pour éviter un bizutage.

....

Exercice 7 *Lisez le document puis répondez aux questions.* //

CHEF D'ENTREPRISE À 17 ANS

Ils sont encore au lycée, à l'université ou en école de commerce, et déjà à la tête de leur propre société. Les jeunes de la génération Z ont l'esprit d'entreprise affûté[1], et entendent bien le développer à leur idée.

Un observateur des réseaux sociaux, Éric Delcroix, est un brin[2] admiratif. Sa fille Clara, 17 ans, a créé une version numérique pour tablettes tactiles d'un livre de recettes de cuisine pour enfants. Elle s'est même débrouillée pour la faire traduire en anglais et en allemand, et pour la rendre disponible en version papier, grâce à l'auto-édition !

« *Beaucoup de jeunes se lancent dans de telles initiatives. Mais bien souvent, leurs parents l'ignorent, car ils sont peu attentifs aux projets que leurs enfants développent sur les réseaux sociaux* », assure Éric Delcroix. C'est aussi à 17 ans, alors qu'il était encore lycéen, que Vincent Touboul Flachaire a décidé de créer, avec deux amis, *Goodeed*. Ce lecteur assidu des ouvrages de Muhammad Yunus, l'inventeur de la microfinance, a eu une idée originale : inciter les internautes souhaitant agir en faveur d'une association caritative à visionner un spot publicitaire, pour que leur « like » génère de l'argent et que celui-ci soit versé à une structure chargée de générer des dons. Ce système permet de choisir l'association destinataire de la somme. Un projet ingénieux, lauréat du concours *100 jours pour entreprendre*, porté par le club *Esprits d'entreprises* en partenariat avec l'association *100 000 entrepreneurs* et *Croissance Plus*, qui veut transmettre aux jeunes l'envie de créer. Un coup de pouce salutaire, car beaucoup de très jeunes porteurs de projets ont du mal à être pris au sérieux par les banques et partenaires potentiels. La reconnaissance de 100 jours pour entreprendre leur apporte donc une vraie crédibilité.

Les incubateurs des écoles de commerce ou d'ingénieurs fourmillent[3] de projets plus uniquement initiés par des jeunes ayant fini leurs études - comme c'était le cas il y a quelques années - mais par les étudiants eux-mêmes. Et rien ne les arrête. Les écoles l'ont bien compris, et sont de plus en plus nombreuses à proposer des formations à l'entreprenariat. « *Il fait désormais partie de leur modèle. Et pour cause : première entreprise dans laquelle ils ont confiance, c'est eux-mêmes* » affirme Didier Pitelet, auteur du *Prix de la confiance : une*

Comprendre un texte informatif

révolution humaine au cœur de l'entreprise, essai publié chez Eyrolles, en 2013. Et les jeunes entrepreneurs sont nombreux : 28 % des créateurs d'entreprises français ont entre 20 et 28 ans (chiffres APCE). L'ambition des jeunes Français est proche de celle des jeunes Américains. *« La notion d'entreprenariat est inscrite dans leur ADN »* assure l'enquête américaine sur la génération Z, menée par le cabinet *Sparksandhoney*. En effet, 72 % des lycéens américains projettent un jour de créer leur propre entreprise, et 62 % d'entre eux envisagent de monter une structure pour ne pas avoir à être salariés. Intégrer un grand groupe au management pyramidal ? Très peu pour eux. Une PME[4] ? À la rigueur, si possible non cotée[5] et familiale, dans laquelle ils seront reconnus. *« Les entreprises qui leur diront : "rejoignez-nous, nous nous occuperons de votre carrière et de votre bonheur" auront tout faux. Ils estiment pouvoir gérer tout seuls leurs parcours »* ajoute Didier Pitelet. Quitte à prendre la poudre d'escampette[6] pour se réaliser ailleurs.

1. « affûté » est un qualificatif positif. Cela signifie qu'ils ont un « très bon » esprit d'entreprise. - 2. Un peu. - 3. Ont énormément (de projets). - 4. Sigle pour « Petites et Moyennes Entreprises ». - 5. Non côtée en bourse. - 6. Expression ayant pour signification « partir ».

Source : « Chef d'entreprise à 17 ans » *Paris Worldwide* n° 3, septembre/octobre 2014, pages 66-68.

1 • **Quelle est la création de Clara ?**

    a. Un livre de cuisine pour enfants.

    b. Une version pour tablette d'un ouvrage pour enfants.

    c. Un nouveau mode de lecture pour les ouvrages culinaires.

2 • **Pourquoi les parents ignorent les initiatives de leurs enfants, d'après Éric Delcroix ?**

    a. Car ils n'y prêtent pas beaucoup d'attention.

    b. Car ils rejettent généralement les réseaux sociaux.

    c. Car ils sont dépassés par les technologies numériques.

3 • **Vrai ou faux ?**

Cochez la case correspondante et justifiez votre réponse en citant un passage du texte.

	VRAI	FAUX
Vincent Touboul Flachaire est l'unique créateur de *Goodeed*. *Justification :*		

4 • **Quel est le but final de *Goodeed* ?**

    a. Reverser de l'argent à des associations caritatives.

    b. Faire de la publicité sur Internet.

    c. Être le plus populaire possible.

> Attention, ici, au mot « final » dans la consigne.

5 • **Quel est le but du club *Esprits d'entreprises* ?**

....

6 • **Quel est le sens de l'expression « un coup de pouce salutaire » ?**

    a. Une aide bénéfique.

    b. Une extraordinaire opportunité.

    c. Un appui sans grande conséquence.

> Pour ce type de question, cherchez des synonymes ou mots proches pour vous aider à trouver la bonne définition.

7 • **De quoi bénéficient les lauréats du concours *100 jours pour entreprendre* ?**

....

8 • **Vrai ou faux ?**

Cochez la case correspondante et justifiez votre réponse en citant un passage du texte.

	VRAI	FAUX
Dans le passé, les initiateurs de projets étaient uniquement des personnes déjà diplômées. *Justification :*		

9 • De quoi parle Didier Pitelet lorsqu'il dit « Il fait désormais partie de leur modèle » ?

....

10 • **Vrai ou faux ?**
Cochez la case correspondante et justifiez votre réponse
en citant un passage du texte.

> Soyez vigilant avec les chiffres lorsque vous trouvez des expressions telles que « le quart », « la moitié », « la majorité », etc.

	VRAI	FAUX
Plus d'un quart des créateurs d'entreprises en France ont moins de 28 ans. *Justification :*		

11 • **Qu'espèrent les jeunes de la génération Z ?** *(2 bonnes réponses)*

a. Être leur propre patron.

b. Ne pas travailler en famille.

c. Obtenir de la reconnaissance.

d. Évoluer dans une grande entreprise.

Exercice 8   *Lisez le document puis répondez aux questions.* //

Jeunes entrepreneurs pleins d'avenir

Ils ont 23, 26 ou 31 ans, sont à peine sortis de leurs études, mais ils sont déjà patrons. Nous avons suivi plusieurs jeunes ingénieurs qui, plutôt que de travailler dans un grand groupe, ont décidé de se lancer dans l'aventure de la création d'entreprise.

« On a eu envie d'aller plus loin »

Connecter toute l'humanité à Internet pour cent millions de dollars - quand *Google* compte investir entre un et trois milliards de dollars -, c'est le pari qu'espèrent relever la société lyonnaise *NovaNano* et son directeur général, Spas Balinov, grâce à des satellites gros comme… une valise cabine.

Âgé de 31 ans, Spas Balinov quitte son pays natal, la Bulgarie, en 2002. À l'Institut national des sciences appliquées (INSA) de Lyon, il rencontre Stanislaw Ostoja, l'autre ingénieur à l'origine de *NovaNano*. « *On était membres d'un club de fusées expérimentales à l'INSA. C'était de petites fusées. On a eu envie d'aller plus loin* », se souvient-il. En 2008, durant leur dernière année à l'INSA, ils intègrent Crealys, l'incubateur[1] de l'école. « *On voyait émerger un nouveau concept, celui de petits satellites. On s'est alors demandé : ne peut-on combiner notre passion et des opportunités de marché ?* » En 2009, *NovaNano* voit le jour et se lance dans la production de satellites dix fois plus petits, dix fois plus légers (dix kilogrammes) et dix fois moins chers que les satellites classiques.

En 2013, le premier satellite de fabrication *NovaNano* est lancé. Un aboutissement après quatre ans de travail et d'épreuves. « *Rien n'a été facile*, concède Spas Balinov. *Il faut être tenace, persévérant, croire dans ce qu'on fait. Être basé en France a été un avantage*, estime-t-il. *Le système est très bien adapté quand vous créez une boîte. Il y a les incubateurs où l'on structure la démarche, beaucoup d'aides publiques… Il n'y a pas beaucoup de pays où l'on trouve des outils comme ça.* » Après avoir remporté plusieurs prix internationaux récompensant les sociétés innovantes, *NovaNano* cherche des fonds pour développer son activité et s'agrandir. L'objectif, d'ici trois ans, est de créer une constellation de petits satellites. Il faut convaincre les investisseurs. « *Et ce n'est pas notre métier !* », sourit Spas Balinov.

Dans le marché des nanosatellites, les perspectives sont exceptionnelles. « *Des entreprises comme Facebook ou Google s'intéressent à l'Internet pour tout le monde et investissent massivement dans ce secteur. La technologie que l'on a brevetée peut permettre, à terme, de les aider à y parvenir à moindre coût…* » Spas Balinov espère ainsi vivre encore de nombreuses fois le lancement de l'un de ses nanosatellites. « *C'est une expérience unique. Celui qui n'a jamais lancé de fusée, tout comme celui qui n'a jamais monté son entreprise, ne sait pas ce que c'est !* »

[…]

Comprendre un texte informatif

Petits comptes, très bons amis

« *Plus d'excuses pour ne pas rembourser ses amis, que ce soit pour l'addition au bar ou pour les cadeaux groupés* », prévient Victor Lennel. À 23 ans, il a rejoint Constantin Wolfrom et Hugo Sallé de Chou, 24 et 26 ans, pour développer *Pumpkin*, un porte-monnaie virtuel utilisable sur téléphone. Les trois entrepreneurs lillois visent les 18-35 ans à la vie sociale active. L'application a déjà séduit 3 000 personnes. « *Nous prévoyons 15 000 utilisateurs d'ici la fin du mois*, assure Constantin. *Et dix fois plus l'année prochaine. Il ne faut pas avoir peur d'être ambitieux.* »

Les trois hommes se complètent. Constantin et Hugo sont diplômés de l'École des hautes études commerciales *(Edhec Business School)*. Le premier est spécialisé en finance et le second en marketing digital. Victor, lui, a achevé son cursus à *Infocom*. « *Ses compétences d'ingénieur sont essentielles*, assure Hugo. *Il gère notamment les soucis de programmation et de sécurité en ligne.* » Victor est le seul de sa promo à s'être tourné vers la création d'entreprise. Sans regret. Il juge l'aventure *Pumpkin* passionnante : « *C'est un défi permanent*, dit-il, *le développement sur mobile évolue constamment. J'apprends tous les jours.* »

Les premiers mois de *Pumpkin* ont été difficiles, sans rentrée d'argent. Mais les trois associés ne se sont pas laissé abattre et ont fait mûrir leur projet. Victor est optimiste : « *Pumpkin* veut dire "citrouille" en anglais, explique-t-il. Apple, Blackberry, Orange... *Il faut se rendre à l'évidence : les fruits et les légumes ont la cote[2] !* »

1. Structure qui accompagne le lancement et favorise la croissance de projets d'entreprise. – 2. Être très populaire.

http://campus.lemonde.fr/campus/article/2014/12/09/etre-tenace-perseverant-croire-en-ce-qu-on-fait_4537369_4401467.html

---

1 • Quelle est la particularité de ces créateurs d'entreprise ?

....

2 • Où les deux créateurs de *NovaNano* se sont-ils rencontrés ?

....

3 • Quelles sont les trois particularités de leurs satellites ?

....

4 • Citez les trois qualités nécessaires pour monter une entreprise, d'après Spas Balinov ?

....

5 • Vrai ou faux ?

Cochez la case correspondante et justifiez votre réponse en citant un passage du texte.

	VRAI	FAUX
a. D'après Spas Balinov, ouvrir une société quand on habite en France est encore plus difficile. *Justification :*		
b. La société *NovaNano* a été plusieurs fois récompensée pour son innovation. *Justification :*		
c. Spas Balinov et Stanislaw Ostoja disent avoir les compétences pour convaincre les investisseurs. *Justification :*		

6 • D'après Spas Balinov, leur invention permettrait aux géants du web d'arriver à leurs fins :

a. plus vite.   **b.** avec plus de garanties.   **c.** en dépensant moins d'argent.

7 • À quoi Spas Balinov compare-t-il le démarrage d'une société ?

....

8 • Quelle est l'invention de Victor, Constantin et Hugo ?

a. Une banque entre amis.   **b.** Une calculette multifonctions.   **c.** Une nouvelle application pour envoyer de l'argent.

9 • Remplissez le tableau avec les spécialités des trois associés.

Associés	Spécialités
Constantin	....
Hugo	....
Victor	....

II   Thèmes de société

Exercice 9 *Lisez le document puis répondez aux questions.*

La conduite accompagnée : quels avantages pour les jeunes ?

30 % des candidats au permis de conduire l'obtiennent grâce à la conduite accompagnée. Mais pourquoi préférer cette formule ?

Aussi appelé Apprentissage Anticipé de la Conduite (AAC), la conduite accompagnée est un dispositif qui permet aux jeunes de mieux se préparer à l'examen du permis de conduire grâce à davantage de pratique au volant. La conduite accompagnée permet également aux jeunes de bénéficier d'autres avantages notamment au niveau de l'assurance auto.

Qui est concerné par la conduite accompagnée ?

Alors que ce dispositif d'apprentissage permet un taux de réussite du premier coup[1] de 70 % au permis de conduire (contre seulement 1 chance sur 2 via l'apprentissage classique), chaque année, 200 000 jeunes obtiennent leur permis grâce à l'AAC, soit 30 % des candidats selon les chiffres de l'association prévention routière. Cette formation est accessible à partir de 16 ans mais l'élève ne peut passer l'examen du permis de conduire qu'à partir de ses 18 ans. Il faut bien sûr s'être inscrit dans une auto-école. En ce qui concerne le ou les accompagnateur(s), ce dernier doit être titulaire du permis de conduire depuis au moins 5 ans, être vierge de tout délit routier (pas d'alcool au volant ou pas d'excès de vitesse, par exemple) et doit avoir obtenu l'accord de son assureur pour jouer ce rôle. Durant cette période, l'accompagnateur doit ajouter une extension de garantie pour son véhicule utilisé par l'apprenti conducteur.

La conduite accompagnée, par étape

Avant de sauter le pas[2] avec un accompagnateur expérimenté, l'élève doit passer par une formation initiale en auto-école, mêlant au moins 20 heures de cours de conduite ainsi que l'obtention du code de la route. Lors de la conduite accompagnée, l'élève doit parcourir au moins 3 000 kilomètres sur 1 an. L'accompagnateur comme l'élève ne sont pas abandonnés à leur sort, l'auto-école restant en contact tout au long du dispositif. Trois rendez-vous d'une durée totale de 8 heures sont organisés :
- Rendez-vous 1 : préparation du ou des accompagnateurs, durant la formation initiale
- Rendez-vous 2 : entre 4 et 6 mois après la formation initiale (et donc le début de l'AAC)
- Rendez-vous 3 : quand les 3 000 kilomètres ont été parcourus

Permis en poche : pourquoi préférer la conduite accompagnée ?

La conduite accompagnée est « tout bénef[3] » pour le jeune qui apprend à conduire.

Avantages sur la route

Une fois le permis en poche, le jeune conducteur ayant effectué la conduite accompagnée aura une période probatoire[4] plus courte qu'un jeune ayant obtenu son permis par voie classique : respectivement, 2 ans contre 3. Cette période sera concrétisée par l'apposition d'un disque A visible à l'arrière de son véhicule. Pour le cumul des points du permis, là encore les jeunes conducteurs qui sont passés par l'AAC sont favorisés. Ils partent à 6 points mais pour atteindre les 12 points complets, ils cumuleront 3 points chaque année pendant 2 ans (la filière classique cumulera 2 points chaque année pendant 3 ans). Autre avantage non négligeable : les conducteurs qui ont fait la conduite accompagnée ont 4 fois moins d'accidents que les autres. Des résultats liés à l'évidence par une pratique bien plus intensive du volant que la filière classique.

Comprendre un texte informatif

Avantages en termes d'assurance auto

Mais les avantages ne s'arrêtent pas qu'à la pratique sur la route. Les jeunes conducteurs ayant obtenu leur permis via l'AAC se voient également récompensés par la confiance de leur assureur. Les compagnies d'assurance témoignent de leur confiance par une surprime[5] moins importante que celle imposée aux autres jeunes conducteurs. Cette dernière est réduite à 50 % la première année de conduite, puis à 25 % la seconde. Sans aucun accident durant la période probatoire, la surprime disparaît dès la troisième année. Avis aux parents : n'ayez crainte car votre propre prime d'assurance n'augmentera pas, même si votre enfant qui a fait l'AAC est déclaré sur votre véhicule. Face au succès de ce dispositif, le gouvernement projette de toucher la moitié des candidats au permis.

1. Dès la première fois. – 2. Avant de prendre la décision de… – 3. Entièrement bénéfique. – 4. La « période probatoire » correspond à la durée du permis spécial « jeune conducteur ». – 5. Ce qu'on paie en plus de la prime normale dans les assurances pour se garantir contre certains risques.

http://www.latribune.fr/vos-finances/assurance/auto-moto/20130723trib000777309/la-conduite-accompagnee-quels-avantages-pour-les-jeunes.html

1 • Le journaliste traite le sujet de façon :

   a. neutre. **b.** positive. **c.** négative.

2 • **Quel est le pourcentage des candidats qui réussissent le permis de conduire en choisissant la conduite accompagnée ?**

   a. 30 %. **b.** 50 %. **c.** 70 %.

3 • **Vrai ou faux ?**
Cochez la case correspondante et justifiez votre réponse en citant un passage du texte.

> Répondez partiellement si vous ne connaissez pas toutes les réponses. Dans ce type de question, chaque solution trouvée vaut ½ point le jour de l'examen.

	VRAI	FAUX
Grâce à l'AAC, il est possible de passer son permis de conduire à 16 ans. *Justification :*		

4 • **Quelles sont les quatre conditions pour être accompagnateur ?**

....
....
....
....

5 • **Vrai ou faux ?**
Cochez la case correspondante et justifiez votre réponse en citant un passage du texte.

	VRAI	FAUX
a. Une formation est nécessaire avant de conduire en présence de l'accompagnateur. *Justification :*		
b. Le candidat et l'accompagnateur ont une distance minimum à parcourir. *Justification :*		
c. L'accompagnateur n'a pas besoin de suivre une formation. *Justification :*		

6 • Remplissez le tableau avec les informations de l'article :

	Avec la conduite accompagnée	Avec le permis normal
Période probatoire	....	....
Cumul des points	....	....
Coût d'assurance	....	....

7 • Pourquoi les jeunes qui ont fait la conduite accompagnée ont moins d'accidents que les autres ?

....

Le jeu vidéo dans la fleur de l'âge

Loisir : Alors que s'ouvre mercredi le salon Paris *Games Week,* une étude montre que les éditeurs recrutent de plus en plus chez les adultes et les séniors.

Jamais les Français n'ont autant joué aux jeux vidéo. Enfants, ados, jeunes parents et même séniors, 75 % d'entre eux s'y adonnent au moins occasionnellement et 53 % régulièrement. C'est ce que révèle l'étude réalisée par GfK pour le Sell, le Syndicat des éditeurs de logiciels de loisirs, à l'occasion du salon Paris *Games Week,* qui s'ouvre mercredi et se poursuit jusqu'au dimanche 2 novembre. À titre de comparaison, seulement 20 % de la population jouaient aux jeux vidéo en 1999. *« Cette évolution s'explique d'abord par la multiplication des supports de jeu,* observe David Neichel, *président du Sell. En plus du PC et des consoles de jeu, on joue de plus en plus sur son smartphone, sur sa tablette et même sur une box ADSL avec les nouveaux services de jeu à la demande. »*

Cette liberté de choix explique également que le profil des joueurs a changé : aujourd'hui, leur moyenne se situe autour de... 38 ans, contre 21 ans il y a quinze ans. *« C'est vrai, l'arrivée des jeux sur smartphone et tablette a élargi le cercle des joueurs, particulièrement chez les adultes »,* confirme David Neichel. Un petit *Angry birds* avant de se coucher, une bonne bataille de *Clash of Clans* dans le bus, une partie de *Candy Crush Saga* pour patienter chez le médecin : l'offre de jeu pour Iphone, Ipad et mobiles Android s'est multipliée, du simple puzzle au jeu de stratégie, en passant par les jeux d'adresse et de réflexion, surtout prisés[1] par les moins jeunes.

Une habitude chez les plus de 55 ans

À quoi s'ajoute le développement des jeux « sociaux », qui permettent d'affronter des adversaires sur facebook (*Farmville, Dragon City, Pet Rescue,* etc.) ou sur des sites spécialisés (*World of Tanks, KingRoad, Travian,* etc.) : ils attirent les joueurs de tous les âges. Sans oublier les jeux [...] sur Internet, dont les incontournables classiques, bridge, réussite ou *Scrabble,* séduisent une bonne partie des plus de 50 ans. Bilan, selon l'enquête de GfK que ce soit sur tablette, sur des sites Web ou sur PC, plus de 50 % des plus de 55 ans jouent régulièrement à des jeux vidéo. Et ils sont 75 % parmi les 35-44 ans et 69 % dans la tranche des 45-54 ans.

Un autre phénomène explique également l'augmentation de la moyenne d'âge des joueurs, souligne David Neichel : *« Beaucoup de parents jouent avec leurs enfants. 62 % des adultes interrogés indiquent qu'ils partagent volontiers cette activité avec leur progéniture*[2]*. »* Logique : depuis une quarantaine d'année que les jeux vidéo sont apparus sur ordinateur et console, les enfants d'hier bercés à *Donkey Kong, Tetris, Warcraft* ou *Street Fighter* sont les parents d'aujourd'hui. Loin d'être dépaysés par les titres récents, ils se les approprient rapidement et n'hésitent pas à se mesurer à leurs enfants. Pour le meilleur et pour le pire...

[...] On constate [...] que les jeux vidéos se pratiquent de plus en plus jeune, avec une proportion de 90 % chez les 6-10 ans ! Les plus assidus sont les 10-14 ans (98 %) et les 19/24 ans (90 %), stimulés par l'arrivée des nouveaux titres qui ont suivi le lancement des consoles dernière génération l'an dernier. [...] Entre janvier et septembre 2014, 1 million de ces machines ont été vendues en France.

[...] Pour David Neichel, *« ces tendances prouvent que le jeu vidéo est devenu une pratique populaire.*

Comprendre un texte informatif

> *D'ailleurs, il attire de plus en plus de femmes, qui forment presque la moitié de la communauté des joueurs et qui montrent des goûts et des pratiques assez proches de celles des hommes ».* Échappant à son image caricaturale, s'adressant de plus en plus au grand public et recrutant chez les adultes et séniors, le jeu vidéo confirme son statut de divertissement universel.
>
> 1. Appréciés. – 2. Leurs enfants.
>
> **« Le jeu vidéo dans la fleur de l'âge »** *LE FIGARO*, **lundi 27 octobre 2014, n° 21 841, cahier n° 3, page 37, rubrique high-tech.**

1 • Expliquez le titre avec vos propres mots en vous aidant de votre compréhension générale du texte.

....

2 • D'après David Neichel, quelle est la cause de l'évolution du jeu vidéo en France ?

....

3 • Quelle est la moyenne d'âge des utilisateurs de jeux vidéo ?

....

....

> Ici, vous devez rechercher un chiffre.

4 • Qui aime les jeux d'adresse et de réflexion ?

....

5 • Vrai ou faux ?
Cochez la case correspondante et justifiez votre réponse en citant un passage du texte.

> Attention au piège sur une des affirmations ! Lisez toujours attentivement les propositions avant de répondre.

	VRAI	FAUX
a. Les jeux traditionnels séduisent les personnes âgées. *Justification :*		
b. Presque la moitié des plus de 55 ans joue fréquemment aux jeux vidéo. *Justification :*		
c. Les parents se sentent dépassés par les nouveaux jeux vidéo. *Justification :*		

6 • Qui joue le plus fréquemment aux jeux vidéo ?

    a. Les enfants.   **b.** Les adolescents.   **c.** Les jeunes adultes.

7 • Les 9 premiers mois de 2014, il s'est vendu en France 1 million :

    a. de jeux vidéo.   **b.** de nouvelles consoles de jeu.   **c.** de Smartphones de nouvelle génération.

8 • Vrai ou faux ?
Cochez la case correspondante et justifiez votre réponse en citant un passage du texte.

	VRAI	FAUX
a. La moitié des joueurs sont des femmes. *Justification :*		
b. Les hommes et les femmes ne jouent pas aux mêmes jeux. *Justification :*		

Exercice 11 *Lisez le document puis répondez aux questions.* ///

La « gameuse » qui défend la France s'appelle « aLx »

L'Electronic Sports World Cup se tient à Paris à partir de mercredi. Alexia Mengus défendra les couleurs de la France pour la Coupe du monde de Counter Strike

Ni boutons ni verres de lunettes épais. Loin des clichés geeks[1], Alexia Mengus, 24 ans, évolue dans l'univers des jeux vidéo depuis l'âge de 11 ans, sont le pseudonyme de « aLx ». « *Les gens sont souvent étonnés que je ne sois ni illettrée ni asociale* » s'amuse-t-elle. Dès jeudi, cette hôtesse de l'air dans le civil affrontera avec ses quatre coéquipières, NSTY, Ceriizz, Cla et aME, les sept autres meilleures équipes mondiales de *Counter Strike*, un jeu de réseau multijoueurs où elle endosse le rôle tantôt d'une terroriste, tantôt d'une antiterroriste. Habituée des tournois depuis sept ans, la « gameuse » semble hermétique à tout stress. « *J'angoisse avant de commencer, confie-t-elle, mais une fois la partie lancée, je suis dans ma bulle et je ne fais plus attention à ce qui m'entoure.* »

Deuxième industrie française du divertissement

De mercredi à dimanche, et pour la cinquième année consécutive, la Paris *Games Week* (PGW) prendra ses quartiers au parc des expositions de la porte de Versailles, à Paris. Sur 50 000 m² dédiés à l'univers du jeu vidéo, les plus grands éditeurs et constructeurs du secteur s'y sont donné rendez-vous. L'occasion pour ce marché qui représente la deuxième industrie française du divertissement après le livre, de faire le bilan de l'année écoulée et de faire découvrir les nouveautés au grand public avant les fêtes de fin d'année. C'est aussi l'opportunité d'accueillir de grands tournois internationaux : pour la quatrième fois, la PGW hébergera l'*Electronic Sports World Cup* (ESWC), un concours mondial qui voit s'affronter des équipes venues du monde entier dans des jeux vidéo aussi divers que *Fifa*, *Just Dance* et *Counter Strike*. Les épreuves de qualification ont eu lieu dans 75 pays afin de sélectionner les 400 meilleurs « gamers[2] ».

Quelque 24 0000 visiteurs sont attendus, sans compter les téléspectateurs qui suivront les parties depuis leur domicile via des plates-formes comme *Twitch et Dailymotion*.

La ruée des marques

Le budget global de l'ESWC est financé à 85 % par les sponsors. Tout comme les sportifs plus traditionnels, les « gamers » attirent de plus en plus de marques. « *Mais je ne me considère pas comme une athlète de haut niveau, tempère Alexia, même si tous ces concours représentent un gros investissement et quelques concessions.* »
Motivée par la compétition, la jeune femme joue près de quatre heures par jour avec ses coéquipières. « *Les garçons me disent souvent que je suis la fille idéale...* », ironise-t-elle. Pourtant, le monde du jeu vidéo ne l'a pas accueillie à bras ouverts. « *C'est un milieu complètement macho* », déplore-t-elle. Les insultes sur le Web fusent, et il arrive souvent que ses adversaires masculins se déconnectent quand ils découvrent qu'ils sont défiés par une fille. Au plus haut niveau de la compétition, les inégalités sont criantes[3] : alors qu'on compte trois tournois masculins par mois, deux seulement sont ouverts aux filles chaque année. Et les victoires peuvent laisser un goût amer : « *si on gagne la finale de* Counter Strike, *on empoche 5 000 $, alors qu'il y a 50 000 $ à la clé pour la version masculine.* » Conséquence : les joueurs professionnels sont pour la quasi-totalité masculins, avec des salaires qui vont de 10 000 à 500 000 $ par an. Les meilleurs - en majorité des Chinois et des Coréens - gagnent jusqu'à un million de dollars par an. Alexia, elle, ne souhaite pas faire du jeu vidéo son métier. « *J'espère me lasser d'ici à cinq ans. Quand je vois des vieux dans la compétition, je trouve ça triste.* »

1. Fans d'informatique et de jeux vidéo. - 2. Joueurs. - 3. Évidentes.

Source : « **La « gameuse » qui défend la France s'appelle aLx »**, *Journal du dimanche,* **26 octobre 2014, rubrique économique, page 21.**

1 • **Quel est le but de cet article ?**

   a. Critiquer le milieu du jeu vidéo.

   b. Promouvoir les jeux vidéo français.

   c. Faire connaître une jeune joueuse de talent.

2 • **Citez les quatre caractéristiques stéréotypées des joueurs de jeux vidéo.**

....

Comprendre un texte informatif

3 • **Vrai ou faux ?**

Cochez la case correspondante et justifiez votre réponse en citant un passage du texte.

	VRAI	FAUX
Dans le jeu, Alexia joue plusieurs personnages qui s'affrontent.		
Justification :		

4 • **Expliquez avec vos propres mots l'expression « être dans sa bulle ».**

....

5 • **Quelle est la première industrie française de divertissement ?**

a. Le livre.   **b.** Le jeu vidéo.   **c.** Le multimédia.

6 • **Citez les 3 objectifs de la semaine du jeu à Paris.**

....

....

7 • **Vrai ou faux ?**

Cochez la case correspondante et justifiez votre réponse en citant un passage du texte.

	VRAI	FAUX
a. Le concours mondial est ouvert pour différents types de jeux.		
Justification :		
b. Le budget est essentiellement financé par la participation massive des visiteurs.		
Justification :		

8 • **Pourquoi les garçons disent-ils à Alexia qu'elle est la fille idéale ?**

....

> Si vous ne trouvez pas la réponse immédiatement, demandez-vous ce qui précède la citation. Les témoignages et citations viennent souvent confirmer un propos émis par le journaliste.

9 • **Que reproche-t-elle au milieu du jeu vidéo ?**

....

10 • **Vrai ou faux ?**

Cochez la case correspondante et justifiez votre réponse en citant un passage du texte.

	VRAI	FAUX
Les garçons gagnent des prix dix fois plus élevés que les filles.		
Justification :		

11 • **Pourquoi Alexia ne souhaite pas devenir joueuse professionnelle ?**

....

> Lorsqu'il ne s'agit pas de citer une phrase, n'oubliez pas de reformuler. Il faut ici passer de la première à la troisième personne du singulier.

Exercice 12 *Lisez le document puis répondez aux questions.* //

LE MARKETING ET LES « Z »

GEN Z

Les choix de consommation des jeunes « Z » sont largement influencés par ce qui se dit sur les réseaux sociaux. Une cible difficile pour les marques.

Ultraconnectée, hyper-informée en matière de produits et de prix, rationnelle voire raisonnable dans ses achats, la génération Z constitue un véritable défi pour les marques. Défi d'autant plus important à relever que cette population représente une manne[1] considérable. Aux États-Unis, par exemple, les « Z » dépensent tous les ans 44 milliards de dollars. Notamment sur les sites d'e-commerce. En effet, selon l'enquête intitulée *Meet Generation Z* du cabinet américain *Sparks and Honey*, ils sont une bonne majorité à préférer surfer sur les sites pour acheter leurs vêtements, chaussures, livres, matériel high-tech, plutôt que de faire les boutiques. La plupart ne disposent pas d'un fort pouvoir d'achat. C'est pourquoi « *ils recourent aux comparateurs de prix, achètent les produits de marques distributeurs et s'orientent vers les services à bas coûts* » explique Jean-Luc Excousseau, sociologue, spécialiste du marketing générationnel. Si les générations X ou Y se contentent de regarder les avis des clients sur les sites d'e-commerce, la génération Z évalue, quant à elle, à travers d'infinis échanges, les points forts et les points faibles des produits, suit l'enthousiasme des uns et tient compte des mésaventures[2] des autres. Bref, ce qui se dit sur les réseaux sociaux a un fort impact sur les décisions finales d'achat.

À cheval sur l'éthique, la génération Z tire à boulets rouges[3] sur les marques qui ne font rien pour améliorer les conditions de travail dans les pays émergents. « *Nous sommes connectés en permanence et les conditions de travail à l'autre bout du monde nous touchent directement. Après l'effondrement en 2013 de l'immeuble Rana Plaza, au Bangladesh, dans lequel travaillaient des ouvrières du textile, j'ai été très attentive à la façon dont les entreprises françaises abondaient[4] ou pas le fonds d'indemnisation des victimes. Désormais, j'évite d'acheter de produits auprès de marques qui n'ont pas été solidaires des travailleuses ou de leurs familles* », indique Marie Ranjanoro, en dernière année à l'IEP d'Aix en Provence.

Bref, capter cette jeunesse est loin d'être aisé. Les « Z » sont plus fidèles à leurs principes qu'à « leurs » marques. D'où des stratégies de « rapprochement » des marques avec ces jeunes consommateurs, qui visent à les inclure dans leur communication et à les transformer en prescripteurs en étant de plus en plus présentes sur les réseaux sociaux. Elles ont mis au centre de leur politique des *community managers* capables d'écouter les clients, de les faire participer aux discussions autour des produits, de tempérer aussi les propos qui se tiennent sur leurs produits sur les réseaux sociaux et de mieux contrôler leur e-réputation. Le *crowdsourcing*, qui consiste à solliciter les internautes pour créer des contenus, est l'autre levier sur lequel s'appuient aujourd'hui les entreprises pour valoriser les jeunes consommateurs en les faisant participer, par exemple, à leur politique promotionnelle. C'est ainsi que les studios *Legendary Pictures* et *Warner Bros* ont lancé un appel à réalisation d'une affiche publicitaire pour leur nouveau film *Godzilla*, avec la promesse que la meilleure d'entre elles et la plus adaptée serait utilisée lors de la campagne de promotion.

1. Avantage inespéré. - 2. Les mauvaises expériences. - 3. Critiquer très sévèrement. - 4. Apporter quelque chose.

Source : **« Le marketing et les Z »** *Paris Worldwide* n° 3, septembre/octobre 2014, pages 70 et 71.

---

1 • Retrouvez les deux préfixes qui amplifient la description de la génération Z.

....

2 • Vrai ou faux ?
Cochez la case correspondante et justifiez votre réponse en citant un passage du texte.

> Ne négligez pas les notes, elles peuvent vous aider à répondre !

	VRAI	FAUX
a. La génération Z consomme exagérément.		
Justification :		
b. La génération Z constitue un potentiel de clients très important pour les marques.		
Justification :		
c. Aux États-Unis, la génération Z achète davantage sur Internet.		
Justification :		

3 • La plupart des jeunes de cette génération cherchent :

a. le meilleur prix.

b. les meilleures marques quel que soit le prix.

c. à se différencier avec des marques peu distribuées.

4 • Quelle est la différence entre les générations X, Y et Z concernant les achats sur Internet ?

....

5 • Que signifie l'expression « Être à cheval sur l'éthique » ?

a. Ne pas avoir d'éthique.

b. Prendre au sérieux la question de l'éthique.

c. Ne pas se mêler des questions éthiques.

> Vous ne connaissez pas cette expression ? Ce n'est pas grave ! Pour répondre, relisez le paragraphe et cherchez la logique.

6 • D'après Marie Ranjanoro, pourquoi la génération Z est-elle capable de s'impliquer rapidement sur les conditions des travailleurs ?

....

7 • Avant de choisir un produit, Marie Ranjanoro :

a. regarde si l'entreprise participe à des actions humanitaires.

b. s'informe sur les actions et les choix éthiques de l'entreprise.

c. s'intéresse à la popularité de l'entreprise sur les réseaux sociaux.

8 • Que font les marques pour se rapprocher de la génération Z ? *(Plusieurs réponses attendues)*

....

9 • Aujourd'hui, qui contrôle la réputation des marques sur Internet ?

....

Exercice 13 *Lisez le document puis répondez aux questions.* //

Les perles noires de Céline Sciamma

Avec « Bande de filles », la réalisatrice signe un film énergique sur quatre jeunes Blacks de banlieue.

Elle a réussi la passe de trois. Après *Naissance des pieuvres* (2007) et *Tomboy* (2011), le nouveau film de Céline Sciamma, *Bande de filles*, est aussi original et réussi que les précédents. Ses héroïnes, quatre adolescentes noires, avaient marqué la Croisette au festival de Cannes autant par leur photogénie que par leur énergie. Show devant[1] ! Dans *Bande de filles*, rien ne leur résiste. Elles bousculent les codes sociétaux et familiaux pour mieux mordre dans la vie[2] à leur manière. Pas encore femmes et parfois sauvageonnes, Vic, Lady, Adiatou et Fily ne s'en laissent conter[3] par personne. Et surtout pas par les garçons. Du Céline Sciamma dans toute sa quintessence.

Originaire de banlieue - elle a longtemps vécu à Cergy-Pontoise (Val-d'Oise) -, la cinéaste de 36 ans aime traîner aux Halles, à Paris. *« Depuis quelque temps j'observais toutes ces ados blacks en groupe douées d'une belle vitalité. Je me disais qu'à travers leurs dégaines[4], il y avait des promesses de personnages intéressants pour le cinéma. Elles font partie de ces gens que l'on voit rarement dans les films, comme s'il y avait un ostracisme[5] ou des préventions à leur égard. Peut-être une histoire de génération de réalisateurs. »*

Toutes à l'aise devant la caméra

Face aux adolescentes retenues, Céline Sciamma se livre à un gros travail de préparation. Sur le film proprement dit mais aussi sur ses à-côtés. *« Je n'ai pas voulu leur agiter le fantasme du miroir aux alouettes. Je leur ai proposé le tournage surtout comme une expérience unique dans leur vie. Cela dit, vous n'empêcherez personne de rêver. Premiers ou seconds rôles, elles m'ont toutes bluffée[6]. Face à la caméra, elles ont une aisance incroyable. »*

La réalisatrice sait déjà tout ce qu'on va lui reprocher : l'absence de blancs, des parents et les garçons utilisés plutôt comme des faire-valoir ou des repoussoirs. *« Ce n'est pas du tout une manière d'éviter le sujet mais je voulais qu'il y ait une dynamique d'identification très forte avec les personnages. Je n'avais pas envie de brouiller le message. »*

L'une des séquences-phare du film est le moment où les quatre copines, réunies dans une chambre d'hôtel, se mettent à danser sensuellement au son de *Diamonds* de Rihanna. *« Quand je l'ai tournée, je n'avais pas encore l'accord de la chanteuse. Son entourage a été très professionnel ; je leur ai envoyé la séquence et ils* ont visionné mes deux autres films. Quand ils m'ont dit OK, j'ai été soulagée. Évidemment, je rêve du jour où Rihanna, elle-même, verra le film. »

Sur fond d'éveil à la féminité et de tous les troubles que cela implique, il y a un évident fil rouge[7] dans l'œuvre de Céline Sciamma. Mais selon la cinéaste, Bande de filles marque « la fin d'un cycle. Je vais creuser un nouveau sillon[8] et je ne sais pas encore lequel ».

1. Jeu de mot qui reprend phonétiquement l'expression « chaud devant » des serveurs de restaurant apportant un plat chaud. – 2. Profiter entièrement de la vie. – 3. Ne pas être influençable. – 4. Leur allure. – 5. Une exclusion, un rejet. – 6. Étonnée positivement. – 7. Fil conducteur. – 8. Prendre une nouvelle direction.

Jean-Pierre Lacomme

« Les perles noires de Céline Sciamma », dans le *Journal du dimanche* du 19 octobre 2014, rubrique culture/cinéma page 34.

1 • **Quel est le thème du nouveau film de Céline Sciamma ?**

    a. La violence contre les femmes.

    b. L'adolescence des Françaises.

    c. La vie de quatre jeunes filles noires.

> Cherchez la proposition qui répond le plus précisément à la question.

2 • **Pourquoi les quatre actrices avaient été repérées au Festival de Cannes ?**

....

3 • **Le film met en scène des jeunes femmes qui :**

    a. savent ce qu'elles veulent.

    b. rejettent catégoriquement l'amour.

    c. s'intègrent aisément à la société.

> N'oubliez pas de lire les notes, elles peuvent vous donner des informations utiles.

4 • **Comment la réalisatrice a-t-elle choisi ces personnages ?**

....

5 • **Vrai ou faux ?**

Cochez la case correspondante et justifiez votre réponse en citant un passage du texte.	VRAI	FAUX
Les jeunes femmes noires apparaissent souvent dans les films. Justification :		

6 • **La phrase « Je n'ai pas voulu leur agiter le fantasme du miroir aux alouettes » signifie qu'elle n'a pas voulu :**

    a. les brusquer.   **b.** les faire devenir célèbres.   **c.** leur donner trop d'espoir.

7 • **Quelles seront les critiques négatives sur le film, d'après la réalisatrice ?**

....

> Il vous est possible ici de citer un extrait du texte.

8 • **Vrai ou faux ?**
Cochez la case correspondante et justifiez votre réponse en citant un passage du texte.

> N'oubliez pas que les notes peuvent vous être utiles...

	VRAI	FAUX
a. La réalisatrice avait réussi à obtenir l'autorisation de Rihanna au moment du tournage de la scène. Justification :		
b. La réalisatrice restera dans ce même thème pour son prochain projet. Justification :		

Comprendre un texte informatif

Exercice 14 *Lisez le document puis répondez aux questions.* //

Une consommation plus citoyenne

La crise a bien un impact sur la consommation des Français. Elle les oblige à revoir leurs modalités d'achat pour ne pas trop perdre en pouvoir d'achat. Cependant, cette évolution peut aussi avoir d'autres origines, et le développement récent de nouvelles formes de consommation peut se trouver au confluent[1] de ces différentes attentes et contraintes.

L'essor récent de la consommation collaborative en est le meilleur exemple. Ce concept, introduit par Ray Algar en 2007, désigne au départ le regroupement de consommateurs potentiels d'un bien afin d'acheter en commun une grande quantité du produit en question, dans l'objectif d'obtenir des rabais[2] permettant une baisse des prix payés par chacun, ou uniquement par les plus pauvres du groupe dans le cas de plate-forme collaborative à visée solidaire. *Groupon* est un exemple de ce type de consommation collaborative. Ici, aucune remise en question du système global de consommation, mais simplement la création d'un nouveau rapport de force dans la négociation à l'avantage, cette fois-ci, des consommateurs.

Il existe aussi une seconde approche, bien plus en adéquation avec les exigences de ce que l'on appelle le développement durable, qui encourage une dissociation[3] de l'usage et de la propriété. C'est dans cette logique que sont apparus quantité de sites de partage : covoiturage, échange de domicile pour les vacances, troc, vente d'occasion... Selon Raoul Botsman, on peut regrouper toutes ces nouvelles pratiques en trois grands ensembles. Le premier consiste à transformer un produit en service en permettant à ceux qui ne le possèdent pas de pouvoir malgré tout l'utiliser temporairement (vélos en libre-service...). [Le deuxième] a pour nature de transférer la propriété d'un bien déjà usagé à un autre consommateur (*via* par exemple des sites de *C to C*, c'est-à-dire de vente de consommateurs à consommateurs de produits déjà usagés). Le troisième est centré sur le partage entre particuliers de ressources immatérielles, sans que cela donne nécessairement lieu à un échange marchand (par exemple *via* des systèmes d'échanges locaux).

Vers un nouveau modèle ?

Comme on peut le voir, ces nouvelles formes de consommation collaboratives permettent à la fois à des individus de pouvoir accéder à certains biens ou services même s'ils n'ont pas les moyens de le faire en passant par les circuits de distribution habituels, ce qui est un moyen de lutter contre la crise ; de sortir d'une certaine société de consommation marchande en mettant en avant l'impératif de réduction de notre utilisation des ressources naturelles, et en favorisant de nouvelles modalités de solidarité.

Évidemment, de telles formes de consommation restent encore marginales, même si en croissance forte. Elles montrent en tout cas qu'il est possible de penser un nouveau modèle de développement qui prenne en compte non seulement nos besoins de consommation qui sont réels, mais aussi de nouveaux enjeux sans lesquels, tout le monde le sait bien, le monde courrait à sa perte[4]. [...]

1. Au point de rencontre. - 2. Promotion, diminution du prix. - 3. Une séparation. - 4. Aller vers un échec.

« Une consommation plus citoyenne » *Sciences humaines*, **Octobre 2013, n° 252, page 24.**

1 • Quel est le thème principal de l'article ?

    a. Les nouvelles manières de consommer.   **b.** La crise économique.   **c.** La solidarité économique.

2 • Pourquoi la crise change-t-elle le comportement des consommateurs français ?

....

3 • En quoi consiste la consommation collaborative ?

    a. À consommer des produits solidaires.   **b.** À acheter en groupe.   **c.** À acheter des produits non polluants.

4 • Quel est l'intérêt de la consommation collective ?

....

5 • Quel est le but du site *Groupon* ?

    a. Lutter contre le système capitaliste de consommation.

    b. Donner du pouvoir aux consommateurs.

    c. Récupérer des fonds pour des actions humanitaires.

6 • Associez les phrases aux « trois grands ensembles » définis par Raoul Botsman.

a. J'invite gratuitement un voyageur dans mon appartement.	1. Premier ensemble
b. J'emprunte un vélo de ville.	2. Deuxième ensemble
c. J'achète un ordinateur d'occasion à un particulier.	3. Troisième ensemble

7 • Vrai ou faux ?

Cochez la case correspondante et justifiez votre réponse en citant un passage du texte.

	VRAI	FAUX
a. La consommation collaborative offre un pouvoir d'achat aux consommateurs à faibles revenus. *Justification :*		
b. Ces initiatives soulèvent l'importance d'une consommation plus sage des ressources de la planète. *Justification :*		

8 • D'après le journaliste, ces nouveaux comportements de consommation sont :

a. utiles.   **b.** inadéquats.   **c.** indispensables.

Exercice 15 *Lisez le document puis répondez aux questions.* //

La revente des cadeaux de Noël fait carton plein sur la Toile.

Un pull moche ? Un DVD en double ? Une carte-cadeau d'une enseigne qui n'intéresse pas ? Tous les cadeaux non désirés trouvent une nouvelle vie sur Internet faisant deux heureux : le vendeur et l'acheteur.

Parce qu'il ne plaît pas, parce qu'il n'est pas utile ou reçu en double... 51 % des Français ont déjà revendu un cadeau de Noël ou sont prêts à le faire révèle une enquête OpinionWay réalisée pour *Priceminister*.
« *C'est vraiment entré dans les mœurs. Il y a deux, trois ans, ça se faisait encore un peu caché, aujourd'hui, il n'y a plus de complexes : je revends et je rachète quelque chose qui me plaît* », résume pour l'AFP Laurent Radix, président du site de petites annonces *Paru-Vendu*. D'une part, « *l'exigence augmente, avec une probabilité de déception plus forte* » et d'autre part « *il n'y a plus du tout de tabou* », ajoute Leila Guilany-Lyard, porte-parole d'eBay France.
Paru-Vendu chiffrait jeudi matin à 54 000 le nombre de produits neufs mis en vente depuis la veille sur sa plate-forme. « *C'est parti très fort[1], un peu plus fort que l'année dernière* », observe L. Radix. Antoine Jouteau, directeur général adjoint du site *Le Bon Coin* chiffrait à un peu plus de 100 000 le nombre de cadeaux mis en vente depuis mercredi soir jusqu'à la mi-journée de jeudi, et tablait sur[2] 200 à 300 000 annonces en fin de journée, soit « *15 % de plus* » qu'à l'ordinaire.

Dans la période qui suit Noël, *PriceMinister* devrait recevoir 150 000 annonces par jour, soit « *de l'ordre de 2 à 3 fois plus* » qu'en rythme normal et « *principalement des produits neufs* », ajoute Olivier Mathiot, cofondateur du site, qui estime que la décote sur le prix neuf varie en moyenne de 20 à 30 %.

Même les cartes-cadeaux se revendent
La plupart des catégories de produits sont concernées, aussi bien vêtements et accessoires que biens culturels (livres, CD, DVD), jouets, jeux vidéo et consoles de jeux, ou matériel de bricolage et de jardin, selon *eBay*. Et pour le multimédia, les tablettes, la téléphonie mobile, c'est l'offre des nouveautés qui incite à revendre les générations antérieures, souligne Antoine Jouteau, du site *Le Bon Coin*.
« *Il y a vraiment de tout* », confirme Laurent Radix, de *Paru-Vendu*, en ajoutant que cette année, « *on voit des choses qu'on ne voyait pas d'habitude, comme des voyages et des places de concert* ».
Originalité de ces dernières années : même les cartes-cadeaux se revendent. « *10 à 30 % des cartes-cadeaux offertes ne plaisent pas à leurs bénéficiaires car l'enseigne n'est pas présente dans*

Comprendre un texte informatif

leur région ou parce qu'ils auraient préféré un titre cadeau répondant à d'autres besoins », révélait une étude Deloitte en 2011.

Spécialiste sur ce créneau peu connu, le site Esioox. com a ainsi enregistré près de 150 000 connexions en 2013 après les fêtes. Il s'attend cette année à voir doubler le nombre de demandes ! Mais comme l'esprit de Noël existe encore, en plus d'échanger sa carte-cadeau ou de la revendre, l'internaute peut offrir sa valeur à l'Unicef ou au Téléthon[3].

1. Il y a eu beaucoup d'annonces. - 2. Prévoyait, comptait sur. - 3. Organismes humanitaires luttant contre la maladie ou la pauvreté.

http://www.01net.com/editorial/638643/la-revente-des-cadeaux-de-noel-fait-carton-plein-sur-la-toile/

1 • **Expliquez le titre avec vos propres mots.**

....

....

> Vous ne connaissez pas l'expression « carton plein » ? Ce n'est pas grave ! Aidez-vous de votre compréhension globale de l'article.

2 • **Vrai ou faux ?**
Cochez la case correspondante et justifiez votre réponse en citant un passage du texte.

> L'information est certainement traduite par un chiffre dans le texte.

	VRAI	FAUX
Plus de la moitié des Français ont revendu ou envisagent de revendre leurs cadeaux de Noël.		
Justification :		

3 • **Qu'est-ce qui a changé par rapport aux dernières années ?**

a. La revente est maintenant légale.

b. Le phénomène est devenu normal.

c. Les revendeurs sont de plus en plus complexés.

4 • **Vrai ou faux ?**
Cochez la case correspondante et justifiez votre réponse en citant un passage du texte.

> Identifiez bien le temps du verbe pour répondre correctement.

	VRAI	FAUX
a. Les cadeaux déplaisaient moins dans le passé.		
Justification :		
b. Encore aujourd'hui la revente des cadeaux est une chose dont on parle peu et qui est mal vue.		
Justification :		

5 • **Remplissez le tableau en citant les données de croissance du nombre d'annonces sur ces trois sites.**

Sites Internet de revente	Augmentation du nombre d'annonces
Paru-Vendu	....
Le Bon Coin	....
PriceMinister	....

6 • **D'après Antoine Jouteau, pourquoi les gens revendent-ils leurs cadeaux multimédias ?**

....

7 • **Lequel de ces cadeaux ne se revendait pas habituellement dans le passé ?**

a. Des jeux vidéo.   **b.** Des vêtements.   **c.** Des places de concert.

8 • Quelles sont les deux raisons pour lesquelles les gens revendent leurs cartes-cadeaux, selon l'étude Deloitte ?

....

9 • Que peuvent faire ceux qui souhaitent réaliser une bonne action ?

....

> La lecture des notes peut vous aider à répondre à cette question.

Exercice 16 *Lisez le document puis répondez aux questions.* ////////////////////////////////////

La première greffe totale du visage est française

Le 26 et 27 juin, la première greffe totale de visage jamais réalisée s'est déroulée avec succès en France. C'est le professeur Lantieri, du CHU Henri-Mondor, à Créteil, qui en est l'auteur. Jérôme, le patient, se porte bien.

On l'attendait depuis 2005 et la première greffe partielle de visage. En avril dernier, une équipe espagnole prétendait même avoir réussi la prouesse tant attendue. Mais c'est bien une équipe française, dévoile *Le Parisien*, qui aura la première atteint le graal des chirurgiens spécialisés dans la reconstruction de la face : la première greffe totale de visage. Elle est l'œuvre du professeur Lantieri et de son équipe, qui ont réussi le 26 et 27 juin dernier à transplanter dans un hôpital public de Créteil l'ensemble de la face d'un donneur sur Jérôme, un jeune Francilien de 35 ans.

Cela faisait deux ans que ce dernier attendait ce nouveau visage. Atteint de neurofibromatose, une maladie génétique dégénérative qui déforme le visage de manière spectaculaire, cet ancien régisseur était dans l'incapacité de mener une vie normale. Preuve en est, son syndrome est aussi appelé « maladie d'Elephant Man », en référence à John Merrick, un Britannique qui en était victime à la fin du 19e siècle et qui était partout présenté comme un phénomène de foire. Avec cette nouvelle apparence, il déclarait dans *Envoyé spécial* en 2008, vouloir « se fondre dans la foule, être comme n'importe qui ».

La première partie de l'opération a consisté à récupérer l'ensemble du visage d'une personne récemment décédée - quelques heures - dont la couleur de la peau et le groupe sanguin coïncidaient avec ceux de Jérôme : 7 heures de travail. Le seconde partie était la transplantation à proprement parler et la reconnexion des veines et des muscles du visage greffé à ceux du patient : 12 heures. L'ensemble aura mobilisé moins d'une dizaine de personnes. Si la greffe réalisée en Espagne en mars dernier se rapprochait beaucoup de l'exploit réalisé fin juin à Créteil, les paupières mobiles et le système lacrymal complet n'avaient pas été transplantés. Les spécialistes britanniques du *Royal Free Hospital* de Londres avaient d'ailleurs préféré qualifier de « quasi-totale » la greffe réalisée par leurs collègues espagnols.

Cette fois-ci, ils n'auront d'autres choix que de reconnaître l'évidence : après que les professeurs Devauchelle et Dubernard ont effectué la première greffe partielle de visage sur Isabelle Dinoire en novembre 2005, c'est encore un Français qui rentre dans l'histoire de la discipline. Le professeur Lantieri a en effet réussi ce pari un peu fou : Jérôme, dont la greffe aurait bien prise, est désormais capable de pleurer les larmes d'un autre. Excepté les globes oculaires, c'est bien un nouveau visage dans son ensemble - paupières mobiles et glandes lacrymales incluses - qu'il a pu contempler dans la glace à son réveil. Incapable de parler à ce moment-là ou de sourire avant la nécessaire rééducation qui l'attendait, le jeune homme aurait communiqué sa satisfaction en levant les deux pouces. L'histoire ne dit pas s'il a été en mesure d'étrenner[1] ses nouvelles glandes lacrymales pour laisser perler[2] sur ses nouvelles pommettes une première larme de joie.

Prochaine étape : les grands brûlés

Si la greffe semble avoir pris (de la barbe aurait déjà repoussé sur le nouveau visage) et que, désormais, le patient « marche, mange, parle », le risque de rejet ou d'infection n'est pas complètement écarté, explique au *Parisien*, le professeur du CHU Henri-Mondor. Et du point de vue psychologique, Jérôme sera « évidemment suivi ». Depuis les premières polémiques soulevées en 2005 sur la capacité des patients à s'approprier une nouvelle apparence, les choses ont évolué. *« On sait aujourd'hui que le nouveau visage prend les formes de l'ossature du receveur et qu'il n'y a aucun risque de confusion avec la personne décédée »*, soutient le professeur Lantieri.

Après cette cinquième transplantation, la plus spectaculaire, le professeur Lantieri a bouclé son premier protocole de recherche. Il a obtenu fin mai l'autorisation de procéder à cinq autres greffes. Cette fois-ci, il aimerait se pencher sur le cas des grands brûlés qui posent encore certains problèmes techniques.

1. Utiliser quelque chose pour la première fois. - 2. Couler.

Par Tristan Vey

http://sante.lefigaro.fr/actualite/2010/07/08/10320-premiere-greffe-totale-visage-est-francaise

Comprendre un texte informatif

1 • Le ton du journaliste montre :

    a. une parfaite neutralité.   **b.** une certaine fierté nationale.   **c.** un désintéressement sur le sujet.

2 • Quel est le graal des chirurgiens spécialisés dans la reconstruction de la face ?

....

3 • Quel est le nom de la maladie de Jérôme ?

....

4 • Quel était le désir de Jérôme ?

    a. Être semblable aux autres.   **b.** Être plus beau et séduisant.   **c.** Retrouver son ancien visage.

5 • Quelles particularités doit avoir le donneur ?

....

> Remarquez le pluriel ! On vous demande de trouver plus d'une particularité.

6 • Pourquoi l'équipe française a-t-elle surpassé l'exploit de l'équipe espagnole ?

....

7 • Vrai ou faux ?

Cochez la case correspondante et justifiez votre réponse en citant un passage du texte.

	VRAI	FAUX
a. Jérôme n'était pas en mesure d'exprimer sa joie en se réveillant. *Justification :*		
b. Lors de la parution de l'article, les docteurs ne se faisaient plus de soucis sur l'état de santé de Jérôme. *Justification :*		

8 • Pourquoi il n'existe pas de risque de confusion entre le visage du donneur et celui du patient, d'après le professeur Lantieri ?

....

9 • Quel est le projet du professeur Lantieri ?

....

Exercice 17 *Lisez le document puis répondez aux questions.* //

LSF : une langue à tout faire
Entretien avec Véronique Roussel

Malgré sa facilité d'accès pour les Sourds et ses potentialités très importantes, la langue des signes française est peu utilisée comme instrument d'enseignement en France.

Comment les jeunes Sourds accèdent-t-ils à la langue des signes française (LSF) ?
Pour aborder cette question, il faut bien distinguer deux situations familiales.
Dans le premier cas, l'enfant naît dans une famille sourde, et il accède à la LSF à sa naissance, comme un enfant entendant accède à la langue parlée dans sa famille. Ces familles de Sourds sont majoritaires dans la revendication d'un choix d'un enseignement bilingue langue des signes-langue française. C'est un petit pourcentage de naissances (environ 5 %).
Mais dans 95 % des cas, l'enfant naît dans une famille entendante. Si la famille a été bien informée, elle peut très tôt opter pour un apprentissage de la LSF et la transmettre à son enfant sourd. Ayant choisi cette langue, elle mettra tout en œuvre pour que l'enfant puisse s'approprier la LSF au contact de locuteurs sourds adultes

et enfants. Ensuite, si l'enfant est scolarisé dans une école où un projet bilingue langue des signes-langue française est proposé, la langue des signes lui sera enseignée en classe comme toute langue à l'école, jusqu'au baccalauréat. Cependant le candidat sourd ne pourra passer l'option de LSF à cet examen qu'en tant que langue 2, aucune épreuve spécifique aux candidats sourds de langue 1 n'existant.

De nos jours, l'information est encore essentiellement dispensée aux familles par les instances médicales, qui informent sur les possibilités de réparation de l'enfant sourd à l'aide de nouvelles technologies. De leur côté, les instances éducatives peinent à mettre en place des projets bilingues lorsque des familles en font la demande. Ces projets sont rarissimes sur le territoire français au sein de l'Éducation nationale.

Ainsi la forme d'accès des jeunes Sourds à la LSF dépend du choix et de l'implication de leurs familles. Il existe encore bien des enfants « intégrés » solitairement dans le système scolaire ordinaire qui n'ont pas accès à la LSF, faute d'information ou par choix des familles. Il est encore couramment pensé que l'apprentissage précoce de la LSF empêche l'accès à la langue française.

La LSF permet d'apprendre à lire et écrire. Mais est-ce habituellement ainsi que les jeunes Sourds procèdent ?

Pour que soit mis en place un enseignement de la lecture et de l'écriture sur la base d'une langue des signes, il faut que ce soit dans un projet global d'enseignement en langue des signes. Or les projets bilingues pensés et construits son rarissimes en France. Par conséquent, cet enseignement basé sur une langue initiale qui respecte la façon dont l'enfant sourd appréhende le monde est aussi une proposition éducative très rare.

De nos jours, les jeunes Sourds ont, pour la plupart, accès à la langue française par le biais d'un enseignement en français, à la fois écrit et oral. Cette façon de procéder peut paraître tout à fait paradoxale car elle utilise comme outil une langue inconnue de l'enfant dans un objectif d'acquisition de cette même langue. Cette situation pourrait éclairer le taux d'échec scolaire massif des Sourds, qui a produit des générations d'illettrés. Les instances éducatives n'en ont, semble-t-il, pas encore tiré les leçons.

Peut-on enseigner toutes les matières en LSF, même les plus spécialisées ?

Oui, car la LSF est une langue à part entière. Par ailleurs, elle est en plein développement depuis qu'elle a retrouvé droit de cité[1]. Interdite pendant plus de cent ans, elle a été étouffée lexicalement[2] dans tous les domaines. Quand la LSF est requise dans un nouveau domaine, les locuteurs sourds concernés usent de stratégies linguistiques pour contourner ou pour créer le vocabulaire qui fait défaut. Aussi la langue s'enrichit au fur et à mesure qu'elle investit petit à petit différentes disciplines, et c'est grâce à l'appétence[3] et aux besoins des locuteurs sourds qu'elle prend tout son essor, comme en témoigne sa présence en milieux universitaires.

1. Le droit d'exister. - 2. Elle a perdu du vocabulaire du fait d'être interdite. - 3. Le fait de vouloir satisfaire ses désirs.

Propos recueillis par F.B.

« LSF : une langue à tout faire », *Sciences humaines,* **novembre 2013, n° 253, page 56.**

---

1 • **Que regrette Véronique Roussel ?**

    a. Le fait qu'il y ait un nombre croissant de malentendants en France.

    b. Le manque de présence de la LSF dans le système éducatif français.

    c. La complexité de l'apprentissage de la LSF.

2 • **Quels sont les deux contextes possibles pour un enfant sourd ?**

....

3 • **Vrai ou faux ?**
Cochez la case correspondante et justifiez votre réponse en citant un passage du texte.

	VRAI	FAUX
La plupart des Sourds naissent de parents sourds. *Justification :*		

4 • **Que recommande Véronique Roussel aux parents entendants pour transmettre la LSF à leurs enfants sourds ?**

....

Comprendre un texte informatif

5 • **Vrai ou faux ?**

Cochez la case correspondante et justifiez votre réponse en citant un passage du texte.

	VRAI	FAUX

L'épreuve de LSF n'existe pas comme première langue au baccalauréat.

Justification : ....

6 • **Pour Véronique Roussel, les projets éducatifs bilingues en France sont :**

a. assez peu nombreux.   **b.** très peu fréquents.   **c.** inexistants.

7 • **Pour quelle raison certaines familles refusent l'enseignement de la LSF à leurs enfants ?**

....

8 • **Quels sont les résultats scolaires des jeunes Sourds français ?**

....

9 • **Comment Véronique Roussel explique-t-elle ces résultats ?**

a. L'enseignement écrit et oral du français n'est pas adapté à eux.

b. Les Sourds ont tendance à se sous-estimer suite aux discriminations scolaires.

c. Il est impossible d'utiliser une langue inconnue comme outil d'apprentissage.

10 • **Par quel procédé la LSF s'enrichit-elle à présent ?**

....

Exercice 18 *Lisez le document puis répondez aux questions.* //

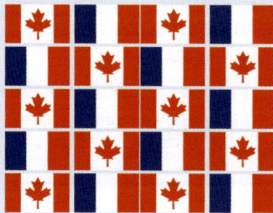

Expatriée, je suis rentrée en France au bout d'1 an : l'herbe n'est pas plus verte ailleurs.

LE PLUS. Partir ou rester ? Cette question, beaucoup de Français se la posent. Entre les difficultés à trouver un travail et l'envie d'aller voir ailleurs, changer de pays peut être une bonne chose. Mais, est-ce toujours le cas ? L'herbe est-elle vraiment plus verte ailleurs ? Hélène Aliénor a sauté le pas[1], elle en est revenue. Aujourd'hui, c'est sûr, elle voit la France d'un autre œil.

Il y a environ deux ans et demi, mon conjoint et moi-même décidons d'exploiter un vieux rêve, propre à chacun et encore plus ancien que notre relation : partir au Canada, plus précisément au Québec ! À cette époque, j'avais 25 ans, j'étais infirmière diplômée d'État depuis un an et demi, un poste dans une clinique privée dans mon service de prédilection[2], un beau tissu social, une famille aimante et des rêves plein la tête.

Pourquoi partir ? En dehors de mon idée d'être un jour infirmière anesthésiste, je voulais aussi faire de la recherche, promouvoir l'évolution de mon métier dans mon pays. En France, c'était impossible de l'envisager, au Québec, tout devenait possible !

Mon conjoint, lui, entrepreneur dans l'âme, était dans l'état d'esprit de presque tous les Français aujourd'hui : marre[3] du chômage, marre de trop payer, marre d'être étranglé par les charges quand on monte son entreprise... Oublions l'adage[4], l'herbe est plus verte ailleurs, c'est sûr !

Le Canada, le rêve américain pour les Français

Pourquoi le Canada ? Parce que c'est un pays qui fait rêver (quand on aime l'hiver, évidemment !), mais surtout, c'est un peu le pays pour le rêve américain des bons Français absolument non bilingues ! Et l'administration/immigration québécoise sait vendre du rêve car elle connaît la valeur réelle d'un travailleur français.

Après presque un an de recherche et de démarches très coûteuses, nous avons tout quitté ici : j'ai démissionné de mon poste, nous avons vendu quasiment tout ce qui nous appartenait, avons fait une grosse soirée de départ et pris l'avion fin mai 2013.

Dans nos bagages : 36 kg chacun de notre ancienne vie et un permis de travail temporaire

[…]. Passeports tamponnés, direction la région de l'Abitibi Témiscamingue, à Rouyn Noranda ! Mon conjoint avait trouvé un emploi là-bas, dans une petite entreprise très prometteuse sur le papier. Nous avions regardé sur une carte où se situait cette ville : 638 km au Nord-Ouest de Montréal, à 50 km à l'Est de l'Ontario !

C'était, comme pour aller au ski, en France !

Nous étions loin de la civilisation

La réalité fut tout autre…

Lorsque nous avons atterri à Montréal, les employeurs de mon conjoint étaient venus nous chercher. J'ai compris durant toute la route, surtout dans la réserve faunique de la Vérendrye, que nous étions peut-être partis un peu loin de la civilisation ! 350 km de lacs, de forêts, de routes, sans âmes humaines qui vivent et sans réseau téléphonique !

La nature prédomine, avec tous les dangers que ça comporte (comme les orignaux[5], par exemple).

Ensuite, l'entreprise de mon conjoint était quasiment en faillite et d'ailleurs, elle a fermé quatre mois après notre arrivée… Il s'est retrouvé sans indemnités et dans l'interdiction de travailler, tant que mon employeur n'avait pas réalisé les démarches nécessaires au changement et renouvellement de nos permis de travail. [...]

Au Québec, rien de mieux qu'en France

Entre la perte d'emploi de mon conjoint et la régularisation de notre situation, il s'est écoulé six mois.

Six mois de survie financière en ayant pour seul salaire le mien, qui plus est à temps partiel (mon employeur ne pouvant pas me fournir un temps complet), le tout sur un fond d'hiver à - 40°C.

Et sachez que la lenteur et la mauvaise foi des administrations semblent être une « qualité » universelle !

En un an et demi, nous sommes passés par toutes sortes d'émotions. Entre les fous rires, les excellents moment passés avec des gens exceptionnels nouvellement rencontrés, les galères de permis de travail, les tensions au sein du couple, la débrouille[6], [...] l'éloignement familial, le choc culturel et linguistique intense et presque inattendu…

Et les désillusions…

Alors, après 18 mois d'aventure, nous avons décidé de rentrer, avant les premiers flocons.

Tout simplement parce qu'au Québec, il n'y avait rien de mieux qu'en France. C'était juste différent, la famille et les repères en moins, la lassitude des paysages « monotones » rythmés par seulement deux saisons, en plus.

Retrouver sa vie d'avant

[…] Une fois parti et passé l'euphorie des « premières fois » (premier lacs gelés, premier patinage sur un lac gelé, première vraie tempête de neige, premier orignal, castor, ours…), on constate que ce n'est pas mieux ailleurs.

On n'aspire[7] qu'à une chose : retrouver sa vie d'avant, dans la zone de confort. Mais au retour, on reprend les habitudes d'avant, on retrouve ses copains/copines sauf qu'il y a un décalage. Personne n'a changé, ni moi-même et pourtant, c'est comme des nouveaux liens qu'il faut tisser… [...]

Je pourrais en parler pendant des heures de cette expérience, mais ma conclusion sera toujours la même : [...] on râle, on descend dans la rue, on proteste parfois simplement par principe… Mais la majorité de mes concitoyens ne se rend pas compte à quel point elle a de la chance d'être Française et à quel point il fait bon vivre en France, même dans la conjoncture[8] actuelle !

Français, nous faisons du bon travail, nous sommes courageux, productifs et compétents, et visiblement, nous sommes les seuls à l'ignorer !

1. Se décider à agir même si la situation est risquée. - 2. Favori, préféré. - 3. Être lassé, ne plus supporter quelque chose. - 4. Maxime populaire. - 5. Nom donné aux élans du Canada. - 6 Le fait de trouver un moyen quelconque pour se sortir d'une situation difficile - 7. On ne souhaite. - 8. Situation.

http://leplus.nouvelobs.com/contribution/1296004-expatriee-je-suis-rentree-en-france-au-bout-d-1-an-l-herbe-n-est-pas-plus-verte-ailleurs.html

1 • **Quel ton emploie Hélène dans son récit ?**

    a. indifférent.   **b.** neutre.   **c.** convaincant.

2 • **D'après votre compréhension générale du texte, expliquez le sens de l'expression « l'herbe n'est pas plus verte ailleurs », dans le titre.**

....

3 • **Qu'est-ce qu'Hélène Aliénor pensait ne pas pouvoir faire en France ?**

    a. De la recherche.

    b. Devenir infirmière anesthésiste.

    c. Travailler dans le service clinique de son choix.

4 • Pourquoi le Québec est « le rêve américain des bons Français » ?

....

5 • Quand le conjoint d'Hélène Aliénor est arrivé au Québec son entreprise :

    a. avait fait faillite.   **b.** fonctionnait correctement.   **c.** était sur le point de fermer.

6 • D'après Hélène Aliénor, la lenteur administrative est :

    a. partout la même.   **b.** encore plus forte au Québec.   **c.** particulièrement réelle en France.

7 • Citez deux souvenirs positifs d'Hélène Aliénor.

....

8 • Que regrettait Hélène Aliénor de sa vie en France ?

....

9 • Vrai ou faux ?

Cochez la case correspondante et justifiez votre réponse en citant un passage du texte.

	VRAI	FAUX
D'après Hélène Aliénor, une nouvelle relation est à construire avec ses amis lorsqu'on rentre en France. *Justification :*		

10 • D'après Hélène Aliénor, les Français :

    a. sont plus compétents que les autres.

    b. n'ont pas conscience de la chance qu'ils ont.

    c. protestent pour des choses qui ne sont pas importantes.

> Soyez attentif pour répondre à cette question. Dans le DELF B2, le choix est souvent subtil et, sauf indication contraire, une seule réponse est correcte.

Exercice 19 *Lisez le document puis répondez aux questions.* //

43 % des ados vivent dans une famille monoparentale ou recomposée

Le [...] portrait de la famille québécoise brossé par[1] l'Institut de la statistique du Québec démontre la progression continue des familles en union libre[2], des familles monoparentales[3] et recomposées[4].

Ainsi, en 2011 au Québec, pas moins de 43 % des adolescents âgés de 15 à 17 ans vivaient dans une famille monoparentale ou une famille recomposée.

De façon générale, la probabilité de vivre au sein d'une famille monoparentale ou recomposée s'accroît avec l'âge des enfants mineurs.

« Au Québec, on observe une augmentation de la part des enfants qui vivent en famille monoparentale depuis déjà environ trois décennies », a souligné en entrevue Claudine Lacroix, démographe et auteure de la recherche pour l'Institut de la statistique du Québec.

Elle ne peut dire si ce phénomène est plus marqué au Québec que dans le reste du Canada.

Elle peut toutefois confirmer que l'union libre est bel et bien plus populaire au Québec.

« La progression de l'union libre comme cadre de vie familiale s'est faite de façon beaucoup plus marquée au Québec que dans le reste du Canada », a-t-elle dit.

En fait, six enfants sur 10 en bas âge - 4 ans et moins - qui vivent dans une famille avec deux parents vivaient dans une famille où les parents étaient en union libre, en 2011.

Les enfants âgés de 5 à 9 ans qui vivaient dans une famille biparentale se divisaient en deux camps à peu près égaux, c'est-à-dire que 48,5 % vivaient avec un couple en union libre et 51,5 % avec des parents mariés.

Chez les enfants de 10 à 14 ans vivant dans une famille biparentale, 64 % vivaient avec des parents mariés et 36 % avec des parents en union libre. Chez les enfants de 15 à 17 ans vivant dans une famille biparentale, 69 % avaient des parents mariés et 31 % des parents en union libre.

La chercheure souligne dans son rapport que « plusieurs couples de parents se marient après l'arrivée d'un ou de plusieurs enfants, le mariage n'étant plus préalable à la venue des enfants ».

Par ailleurs, la présence des mères sur le marché du travail continue d'être marquée.

Ainsi, le taux d'emploi des mères dont le plus jeune enfant est âgé de 2 ans et moins a pratiquement triplé entre 1976 et 2010, passant de 25 à 71 pour cent.

« *La majorité des parents de jeunes enfants doivent aujourd'hui concilier leurs obligations familiales et professionnelles* », conclut la chercheure.

Ainsi, les deux tiers des ménages avec enfants de 18 ans et moins comptaient deux conjoints présents sur le marché du travail. Dans 47 % des cas, les deux conjoints étaient occupés à temps plein ; dans 19 % des cas, un conjoint était occupé à temps plein et l'autre à temps partiel ; dans un quart des cas, un conjoint était occupé à temps plein et l'autre était sans emploi.

1. Présenté par. – 2. Sans être marié. – 3. Famille qui compte un seul parent. – 4. Famille avec un beau-père ou une belle-mère suite à un deuxième mariage des parents.

http://www.lapresse.ca/vivre/famille/vie-de-famille/201412/16/01-4828709-43-des-ados-vivent-dans-une-famille-monoparentale-ou-recomposee.php

1 • Quelles augmentations l'Institut de la statistique a-t-elle démontrées ?

a. Celle des enfants sans parents.

b. Celle des parents non mariés.

c. Celle des parents multiculturels.

d. Celle des parents qui élèvent seuls leurs enfants.

> Notez ici le pluriel dans la question. Vous devez donner plus d'une réponse.

2 • D'après l'étude, quels enfants ont le plus de chance de vivre dans une famille monoparentale ?

a. Les plus jeunes.   **b.** Les moins jeunes.   **c.** Les plus défavorisés.

3 • Vrai ou faux ?

Cochez la case correspondante et justifiez votre réponse en citant un passage du texte.

> Pour répondre à ce type de question, intéressez-vous aux marqueurs temporels dans le texte (*depuis, il y a*, etc.)

	VRAI	FAUX
L'augmentation de ce phénomène est nouvelle. *Justification :*		

4 • Quel phénomène est plus important au Québec ?

....

5 • Les parents non mariés ont majoritairement des enfants de quel âge ?

a. 4 ans et moins.   **b.** 5 à 9 ans.   **c.** 10 à 14 ans.

6 • Comment évolue le taux de parents mariés lorsque les enfants grandissent ?

a. Il augmente.   **b.** Il diminue.   **c.** Il reste le même.

7 • Vrai ou faux ?

Cochez la case correspondante et justifiez votre réponse en citant un passage du texte.	VRAI	FAUX
a. D'après la chercheuse, les parents québécois n'attendent plus d'être mariés pour avoir des enfants. *Justification :*		
b. Les mères travaillent moins qu'avant. *Justification :*		

8 • La plupart du temps :

a. un seul des deux parents travaille.

b. Les deux parents travaillent à temps plein.

c. Un seul des deux parents travaille à temps plein.

Comprendre un texte informatif

Exercice 20 *Lisez le document puis répondez aux questions.*

Les Français sont-ils radins ?

En France, selon une étude, nous serions sept sur dix à être prêts à retarder un achat dans l'attente d'une promotion*. Alors, radins, les Français ? Ou simplement économes ? En ces temps de crise, le succès du site Radins.com (plus de deux millions de visiteurs uniques par mois) pourrait être une indication. Éclairage avec Valérie Dewerte, sa rédactrice en chef.

Touslesbudgets.com : C'est quoi, être radin ?

Valérie Dewerte : C'est décider qu'aller chercher le bon prix est plus important que de consommer sans se poser de questions. C'est une tendance liée à la mutation de la consommation : on se gratte le cerveau[1] avant d'acheter, on réfléchit à la portée de sa consommation. On parle d'un art de vivre qui s'est totalement décomplexé. D'ailleurs la radinerie[2] n'est pas forcément liée aux revenus.

TLB : Mais les Français ne sont-ils pas simplement économes ?

V.D. : C'est la même chose, ce n'est qu'une question de sémantique. Les Français sont plutôt radins mais préfèrent que l'on dise qu'ils sont économes. Chercher le meilleur prix est un sport national dans les pays anglo-saxons, mais en France on s'y met aussi. Pour preuve, la communauté compte 2,7 millions d'internautes. Leur nombre a triplé depuis quatre ou cinq ans.

TLB : Le radin d'aujourd'hui est-il différent du radin d'hier ?

V.D. : Avant, les gens en difficulté financière étaient surtout des retraités, qui avaient le temps de chercher des bons plans[3]. Aujourd'hui, toute une partie des classes moyennes est en difficulté et n'a pas l'habitude d'aller grappiller. Elle n'a pas été éduquée aux promotions, aux bons plans. Ces gens sont arrivés depuis peu sur Radins.com car leur porte-monnaie ne leur permet plus de faire autrement.

TLB : Qu'est-ce qui a insufflé ce changement ?

V.D. : Rappelez-vous des « prix choc », il y a quelques années : on était floués[4] car on nous faisait croire que parce qu'il y avait vingt yaourts, on payait moins cher. Face à cela, les consommateurs ont commencé à se demander pourquoi, finalement, ils ne profiteraient pas eux aussi du marketing. Et puis la crise est arrivée, alors on a spontanément cherché des remises. On a aussi vu s'opérer depuis environ quatre ans une mutation de la consommation vers le collaboratif, et Internet permet une large diffusion de cette pédagogie de l'achat moins cher. Les codes promotionnels deviennent tellement simples d'utilisation que l'on s'en sert plus régulièrement.

TLB : Quel est le profil-type du radin ?

V.D. : Ce serait une radine, sans aucun doute. Une femme de 38 ans, issue des classes moyennes, qui est active, moderne et connectée, et qui achète aussi bien sur Internet qu'en magasin. C'est surtout une prescriptrice d'achats[5] dans son foyer. C'est pour cela qu'elle peut également être une mère isolée qui gère tout toute seule.

TLB : Sur quoi radine-t-on le plus ?

V.D. : En France, on coupe très clairement dans le budget santé, surtout sur les soins optiques et dentaires. Pour ce qu'il en est du site, au regard de l'utilisation des codes promotionnels et des bons plans, on voit que les loisirs sont aussi réduits, qu'il s'agisse des voyages ou du cinéma. Les codes et les bons de réduction sont le plus utilisés pour l'équipement de la personne (vêtements, beauté et soin), car il y a une offre énorme et il y a un côté plaisant à avoir fait une bonne affaire. C'est un double plaisir. On les utilise également beaucoup pour l'alimentaire via Internet - en drive notamment - et pour le Hi-Tech.

* sondage en ligne Poupleo.com/LH2 réalisé du 7 au 12 février 2014 auprès d'un échantillon de 1 000 personnes, représentatif de la population française âgée de 15 ans et plus, constitué selon la méthode des quotas appliquée aux variables suivantes : sexe, âge, profession de l'interviewé, après stratification par région.

1. On réfléchit. - 2. Le fait d'être radin. - 3. Chercher les bonnes affaires. - 4. Être trompé. - 5. La personne qui décide des achats.

Propos recueillis par Benjamin Hay

http://touslesbudgets.com/les-francais-sont-ils-radins/

1 • Dans cet article, Valérie Dewerte :

    a. fait l'éloge de la radinerie.

    b. dénonce la radinerie.

    c. explique le phénomène actuel.

2 • **Vrai ou faux ?**

Cochez la case correspondante et justifiez votre réponse en citant un passage du texte.

Lors de votre première lecture, demandez-vous si l'auteur donne son avis ou non. Cela vous aidera à répondre à cette question.

	VRAI	FAUX
a. La plupart des Français souhaitent diminuer le coût de leurs achats. *Justification :*		
b. Le succès du site www.radins.com peut être considéré comme une illustration de la radinerie des Français. *Justification :*		

3 • **Pour Valérie Dewerte , les termes « radins » et « économes » ont un sens :**

a. proche.   **b.** différent.   **c.** identique.

4 • **D'après Valérie Dewerte, les Français préfèrent se dire :**

a. radins.   **b.** économes.   **c.** prévoyants.

5 • **Quel est le sens du mot « grapiller » dans le texte ?**

a. Faire de petites économies.   **b.** Acheter des produits de luxe.   **c.** Acheter sur Internet.

6 • **Citez deux causes de ce mode de consommation.**

....

7 • **Vrai ou faux ?**

Cochez la case correspondante et justifiez votre réponse en citant un passage du texte.

	VRAI	FAUX
a. Les réductions sur Internet sont complexes à obtenir. *Justification :*		
b. Le profil type du radin est une femme qui fait ses courses exclusivement sur Internet. *Justification :*		

8 • **Les codes promotionnels sont utilisés :**

a. pour les loisirs uniquement.   **b.** pour tout sauf pour la santé.   **c.** pour un large panel d'achats.

9 • **Pourquoi Valérie Dewerte parle de « double plaisir » ?**

....

Exercice 21 *Lisez le document puis répondez aux questions.* ///

Le journal intime, miroir et gouvernail[1]

Trois millions de Français, principalement de jeunes femmes, tiennent un journal intime. Pour le sociologue Bernard Lahire, cette pratique aide non seulement à mieux se connaître, mais aussi à mieux vivre.

Qui tient son journal ? Existe-t-il un profil sociologique spécifique ?

Les enquêtes statistiques nous apprennent que l'écriture du journal personnel est d'abord et avant tout le fait d'adolescentes. Ce n'est pas très étonnant dans la mesure où l'adolescence est un temps d'interrogations, et parfois de crises, où l'« ami idéal » auquel on peut tout dire peut être précisément ce journal. Par ailleurs, l'expression des sentiments personnels et le monde de l'intériorité renvoient dans nos sociétés à des réalités plus féminines que masculines. Enfin, pour compléter le profil, il va de soi que la tenue d'un journal personnel dépend de

Comprendre un texte informatif

l'aisance relative entretenue avec l'écrit : plus on vient d'un milieu scolarisé et lettré, plus on est soi-même doté de ressources scolaires, et plus on a de chances de tenir l'écriture pour une affaire très « personnelle ».

Qu'est-ce qui motive le besoin d'écrire sur soi ?

L'écriture de soi est toujours indissociablement un défouloir, qui permet d'expulser hors de soi des expériences ou des questionnements existentiels, et un retour réflexif sur soi-même qui permet de se connaître et de maîtriser son existence. C'est pourquoi les pratiques de l'écriture personnelle sont souvent déclenchées par des moments de crises, de désajustement entre les personnes et les situations qu'elles sont amenées à vivre : temps de l'adolescence, expérience de la maladie, de la mort de proches, du divorce ou de la séparation, etc. L'écriture est alors un moyen d'exprimer des choses confuses, de clarifier des expériences et de mieux gouverner[2] sa vie. [...]

N'y a-t-il donc pas d'écriture heureuse ?

Elle est souvent l'outil dont on se sert en période de « gros temps », lorsque les routines sont remises en question par des chamboulements importants dans l'existence, mais elle n'est pas systématiquement associée au malheur. Le bonheur de l'écriture peut même se prolonger au-delà de la situation malheureuse de déclenchement.

De nombreux journaux personnels prennent aujourd'hui la forme de blogs. Écrit-on différemment selon que le texte reste confidentiel, voire secret, ou vise à être publié ?

Ceux qui ont conscience de la différence entre le privé et le public n'écrivent pas la même chose sur ces deux scènes. L'écriture rageuse[3] de l'adolescent en colère contre son entourage familial et même amical reste une affaire privée et cachée au regard extérieur. Elle ressemble aux gestes de l'enfant qui, puni par ses parents, peut les maudire entre ses dents[4]. Rien à voir avec le journal tenu par un écrivain qui sait que le produit de son écriture terminera dans les rayons des librairies. Mais cette opposition entre privé et public n'a rien de naturel et s'apprend. On voit bien, avec tous les dérapages que l'on connaît, que beaucoup d'adolescents ne mesurent pas toujours les effets en retour de la publication d'informations personnelles. Cela est vrai pour les blogs, comme pour les pages Facebook, les vidéos postées sur YouTube ou les participations à des émissions de téléréalité.

1. Le gouvernail est l'appareil servant à diriger un bateau. - 2. Diriger sa vie. - 3. Qui a de la colère. - 4. Dire une chose négative mais sans émettre de son.

Propos recueillis par H.L.

« Le journal intime, miroir et gouvernail », *Sciences Humaines* n° 253, novembre 2013, page 43.

---

1 • Expliquez avec vos propres mots l'utilisation des mots « miroir » et « gouvernail » dans le titre de l'article.

> Vous pouvez vous aider des notes pour répondre à cette question.

....

2 • Pourquoi le journal intime est-il lié à l'adolescence, d'après Bernard Lahire ?

....

3 • À quoi le sociologue compare-t-il le journal intime ?

....

4 • D'après Bernard Lahire, pour écrire un journal intime, il faut :

    a. être capable d'écrire sans faute.   **b.** appartenir au sexe féminin.   **c.** être à l'aise avec l'écrit.

5 • Quels sont les deux sens du mot « défouloir » dans le texte ?

    a. Un genre d'écriture littéraire.   **c.** Une technique pour mieux s'exprimer.

    b. Une activité pour mieux se connaître.   **d.** Une activité pour libérer ses tensions.

6 • Citez deux moments de crise favorables à l'écriture.

....

7 • Vrai ou faux ?

Cochez la case correspondante et justifiez votre réponse en citant un passage du texte.

	VRAI	FAUX
D'après Bernard Lahire, il est possible de prendre plaisir à écrire sur quelque chose de triste. *Justification :*		

8 • Pourquoi l'écrivain professionnel prend-il davantage de précautions lorsqu'il écrit ?

....

9 • Quel est le risque de « dérapage », d'après Bernard Lahire ?

....

Exercice 22 *Lisez le document puis répondez aux questions.* ///

Le divorce reste souvent douloureux pour les enfants

L'Union des familles en Europe (UFE) publie mercredi 2 février des témoignages d'enfants du divorce de différentes générations. D'après les psychiatres et les sociologues interrogés par *La Croix*, il n'est pas forcément plus facile aujourd'hui qu'hier de vivre cette épreuve

D'environ 30 000 en 1960, le nombre de divorces prononcés est passé, d'après l'Insee, à plus de 130 000 par an dans les années 2000 (Wilfried GUYOT/CIRIC).

Monique avait neuf ans lorsque ses parents ont divorcé, au milieu des années 1950. À l'époque, le sujet était tabou à la maison, comme dans la cour de récréation. *« C'était une affaire privée, on n'en parlait pas »*, se souvient cette Parisienne, aujourd'hui cadre dans le privé. D'autant que très peu de camarades de classe sont alors concernés. *« Je me sentais en marge du modèle dominant »*, reconnaît-elle.

Quarante ans plus tard, sa petite-fille, Anna, a elle aussi vécu la séparation de ses parents. Mais cette jeune femme de 21 ans évoque une expérience « sociale » bien différente, sans tabou ni sentiment de minorité, puisqu'une grande partie de ses amies à l'école avait le même parcours.

Il faut dire qu'en trois générations, le divorce est devenu un phénomène de société. D'environ 30 000 en 1960, le nombre de divorces prononcés est passé, d'après l'Insee, à plus de 130 000 par an dans les années 2000. Ainsi, *« 2,9 millions d'enfants mineurs ne vivent plus aujourd'hui avec leurs deux parents »*, rappelle l'Union des familles en Europe qui publie ce matin des témoignages recueillis ces derniers mois sur le site Internet de l'association. Le divorce s'est donc largement banalisé[1]. Mais est-il pour autant plus facile de le vivre aujourd'hui que par le passé ?

« C'est toujours une rupture de la "romance fondatrice" »
[…] La sociologue Sylvie Cadolle rappelle que la loi de 1975 a marqué une étape importante, en créant le divorce par consentement mutuel. *« Divorcer pour faute, c'était désigner un parent coupable, avec lequel, avant 1975, les liens se distendaient très souvent. La loi, en encourageant l'entente entre les parents et le partage de l'autorité parentale, a permis d'éviter que l'enfant ne rompe[2] avec un de ses parents. »*

Cependant, soutient le pédopsychiatre Christian Flavigny, à trop le banaliser, *« on en oublie que le divorce n'a rien d'anodin[2] pour un enfant »*. Qu'il l'ait vécu ces dernières années ou dans les années 1960, *« c'est toujours une rupture de la "romance fondatrice", par laquelle un enfant se construit parce qu'il a été désiré, parce qu'il est le fruit de l'amour de ses parents »*, poursuit ce spécialiste de la famille.

« Les gens sont plus seuls qu'avant quand ils divorcent »
Or le contexte actuel rend parfois la rupture plus difficile qu'elle ne l'était. *« Certes, les enfants de divorcés ne sont plus stigmatisés[4], mais ce n'est pas la seule dimension à prendre en compte »*, rappelle Jacques Arènes. Comme beaucoup de ses confrères, il remarque ainsi que *« la société est plus dure »*, avec une précarité économique répandue et un maillage social[5] plus lâche.

« Les gens sont plus seuls qu'avant quand ils divorcent car il y a moins de solidarités de quartier, de village, les familles sont plus éloignées géographiquement. Il arrive que, dans des grandes villes, des mères séparées n'aient plus aucune vie sociale », relève le psychanalyste.

« Si vous avez un emploi stable, un capital relationnel, le divorce n'est pas plus grave qu'avant. En revanche, si vous êtes déjà sur le fil du point de vue économique, il peut être un facteur très aggravant, compte tenu de la chute de niveau de vie qu'il entraîne », explique de son côté le sociologue Michel Chauvière.

« Le divorce a un impact négatif sur le parcours scolaire »
« Avec de réelles conséquences pour l'enfant, relève Sylvie Cadolle. Des études l'ont montré, comme celle de Paul Archambault (pour l'Institut national d'études démographiques, NDLR) : le divorce a un impact négatif sur le parcours scolaire. »

Contexte économique, contexte affectif aussi. *« Nombre de parents sont plus fragiles aujourd'hui, note Jacques Arènes. Ils se cherchent, ont des trajectoires amoureuses complexes, avec des recompositions familiales à répétition.*

Comprendre un texte informatif

> *Par le passé, on divorçait parce qu'il y avait un conflit grave puis on cherchait à se stabiliser à nouveau, en restant fréquemment avec le deuxième conjoint. C'est moins vrai aujourd'hui, ce qui a un impact sur le vécu des enfants. »*
> Le psychanalyste tient toutefois à nuancer ses propos, se méfiant des généralités. *« Il n'y a pas de situation* type, beaucoup de facteurs entrent en ligne de compte. *Le principal est sans doute le niveau de conflit entre les parents. Hier comme aujourd'hui, une séparation relativement apaisée, où les ex-conjoints se respectent et ne se disqualifient pas[6], est évidemment mieux vécue. »*
>
> 1. Devenu commun, courant. – 2. Ne cesse d'avoir des liens. – 3. N'est pas sans gravité. – 4. Condamnés. – 5. Les liens entre les individus dans la société. – 6. Ne pas être dans la critique permanente.
>
> Marine LAMOUREUX
>
> http://www.la-croix.com/Actualite/France/Le-divorce-reste-souvent-douloureux-pour-les-enfants-_NG_-2011-02-01-605984

1 • Quel est le but de la publication de l'UFE ?

    a. Revendiquer le droit des enfants de divorcés.

    b. Lutter contre l'augmentation des divorces en Europe.

    c. Donner la parole aux enfants de divorcés de tout âge.

2 • D'après les psychiatres et sociologues interrogés, qu'est-ce qui n'a pas changé avec le temps ?

....

3 • Comment Monique se sentait-elle face aux autres enfants ?

    a. Accablée.   **b.** Marginalisée.   **c.** Malchanceuse.

4 • Quel changement important a donné la loi de 1975 ?

....

5 • Qu'est-ce que cette loi a permis d'améliorer ?

....

6 • Qu'est-ce que la « romance fondatrice », d'après Christian Flavigny ?

....

7 • Pourquoi est-il plus difficile de divorcer aujourd'hui que dans le passé ?

    a. À cause du nombre croissant de divorces.

    b. À cause du contexte économique et social.

    c. À cause des discriminations dont sont victimes les enfants.

8 • Vrai ou faux ?

Cochez la case correspondante et justifiez votre réponse en citant un passage du texte.

	VRAI	FAUX
a. Aujourd'hui les parents divorcés sont plus entourés par leurs proches et/ou leur famille. *Justification :*		
b. Divorcer est un réel risque économique pour certains. *Justification :*		

9 • Qu'est-ce qui a changé en comparaison avec le passé, d'après Jacques Arènes ?

    a. La cause réelle des divorces.

    b. La culpabilité des enfants de divorcés.

    c. La vie amoureuse des parents après le divorce.

10 • Quel facteur apaise ou augmente les tensions lors d'un divorce, d'après Jacques Arènes ?

....

Exercice 23 *Lisez le document puis répondez aux questions.* //

LES FRANÇAIS RÉTIFS AU BONHEUR ?

Les recherches d'une économiste et d'un historien soulignent une réticence hexagonale à se laisser aller à l'insouciance[1]. Parmi les causes avancées, une expérience souvent malheureuse du système éducatif.

7,2 sur 10 : c'est la note moyenne que les Français s'attribuent quand on les interroge sur leur bonheur. À première vue, cela semble être un score honnête. Détrompez-vous[2] : les Français sont nuls en bonheur ! C'est ce qu'avait montré, en 2011, l'économiste Claudia Senik. Sur la base d'enquêtes européennes, elle avait mis en évidence le fait que les habitants des pays qui ont un indice de développement humain (IDH) identique à celui de la France étaient beaucoup plus heureux que les Français : les Belges sont à 7,7, les Danois à 8,3 par exemple. 7,2, à cette aune[3], c'est une « très mauvaise note ». D'après la chercheuse, c'est ainsi au moins depuis les années 1970. Comment expliquer ce refus hexagonal de se laisser aller à l'allégresse ? Pour C. Senik, cela tient moins aux conditions de vie présentes qu'à un certain rapport au monde, qui nous serait notamment inculqué dès la prime enfance. En effet, ses données montrent que les immigrés vivant en France sont plus heureux que les Français « natifs » et qu'à l'inverse les expatriés français sont moins heureux que d'autres expatriés européens. Sans pouvoir identifier clairement les causes de cette mélancolie, la chercheuse pense qu'elle pourrait être le fruit d'une expérience malheureuse de l'école. L'élitisme[4] du système scolaire français, son obsession du classement et des disciplines « reines » favoriseraient une image de soi négative chez beaucoup d'élèves faiblement ou moyennement performants. Un malheur que les Français garderaient avec eux tout au long de leur vie.

Dignité plutôt que plaisir

D'un tout autre point de vue, l'historien Rémy Pawin a également mis en évidence les réticences françaises au bonheur. S'intéressant à la manière dont le bonheur est devenu une « valeur suprême » en Occident, il note un certain « retard » français en la matière -notamment par rapport aux États-Unis. Plusieurs facteurs lui semblent pouvoir l'expliquer : à la sortie de la Seconde Guerre Mondiale, les morales républicaines (culte des « grands hommes ») et le souci de la grandeur nationale mettent au premier plan des valeurs comme le travail et l'effort au service de la collectivité. De même, le communisme, très puissant, « *retarde la conversion au bonheur en insistant plutôt sur les malheurs du monde capitaliste et le nécessaire sacrifice de soi au cours de la lutte révolutionnaire* ». La philosophie humaniste insiste, elle, sur la nécessaire dignité de l'homme plutôt que sur la légitimité de son plaisir. L'omniprésence, jusqu'en 1962, de la guerre d'Algérie interdit également d'affirmer trop d'insouciance. Se voulant volontiers « spirituels et intelligents » les Français ont longtemps renâclé[5] à céder au bonheur moderne [...]. Il faudra attendre Mai 1968 et ses prémices pour que la conversion s'effectue, soit une vingtaine d'années plus tard que les États-Unis et les pays anglo-saxons. Un héritage dont nous payons encore le prix aujourd'hui ?

1. Le fait de ne pas s'inquiéter. - 2. Expression pour dire à une personne qu'elle a tort. - 3. Référence à partir de laquelle on évalue un événement. - 4. Le fait de valoriser les meilleurs. - 5. Montrer du dégoût pour quelque chose.

Source : **« Les français rétifs au bonheur »**, revue *Sciences Humaines* **n° 250, juillet 2013, page 10.**

1 • **Que signifie être « rétif au bonheur » ?**

> Aidez-vous de votre compréhension générale de l'article pour répondre à cette première question.

    a. Profiter pleinement de la vie.   **b.** Refuser le bonheur.   **c.** Ne jamais avoir connu le bonheur.

2 • **Comment Claudia Senik juge-t-elle le score des Français ?**

....

3 • **Vrai ou faux ?**
Cochez la case correspondante et justifiez votre réponse en citant un passage du texte.

	VRAI	FAUX
a. D'après Claudia Senik, la réticence des Français au bonheur est très récente. *Justification :*		
b. D'après la chercheuse, la cause est avant tout liée à la crise économique. *Justification :*		

4 • **D'après l'étude, qui sont les moins heureux ?**

    a. Les expatriés français.   **b.** Les immigrés en France.   **c.** Les expatriés européens.

5 • **D'après Claudia Senik, quelle pourrait être la cause de ce mauvais score des Français ?**

....

6 • **Citez deux accusations faites au système éducatif français par la chercheuse.**

....

7 • **D'après Rémy Pawin, quels sont les quatre facteurs du « retard français en la matière » ?**

....

....

8 • **À quelle date note-t-on un début de changement, d'après Rémy Pawin ?**

    a. 1962.   **b.** 1968.   **c.** 1970.

Exercice 24 *Lisez le document puis répondez aux questions.* //

Des idées reçues sur **les jeunes et la politique**

Les jeunes et la politique ? Chaque scrutin est l'occasion d'évoquer leur abstention[1], particulièrement élevée. Et puis... pas grand-chose. L'association nationale des conseils d'enfants et de jeunes (Anacej), qui regroupe des communes dotées d'un conseil municipal des jeunes, a commandé une double enquête sur le vote des nouvelles générations, à l'issue des élections municipales de mars et après les élections européennes de mai. Un millier de jeunes entre 18 et 25 ans, et autant de 15-17 ans, ont répondu à un long questionnaire. Les résultats, dont l'Anacej a donné la primeur au *Monde Campus*, vont à l'encontre[2] d'un bon nombre d'idées reçues, comme l'explique le politologue Michael Bruter, professeur à la *London School of Economics*, qui a dirigé l'étude.

• **Idée reçue n° 1 : les jeunes s'abstiennent, mais ils voteront en vieillissant**

« C'est une idée très répandue, et fausse : l'abstention des jeunes est générationnelle. De précédentes études ont montré qu'un jeune qui s'abstient aux deux premiers scrutins auxquels il pourrait voter a 80 à 90 % de chances de devenir un abstentionniste chronique. Si son accueil dans la vie démocratique est raté, c'est pratiquement perdu pour toujours. À l'inverse, s'il vote lors de ces deux premières élections, il deviendra un participant chronique. Cela n'empêchera pas des absentions ponctuelles, mais globalement, il s'investira dans la vie démocratique. »

• **Idée reçue n° 2 : les jeunes ne s'intéressent pas à la politique.**

« Certains expriment du désintérêt. Mais ce qui domine, c'est un sentiment de frustration, c'est-à-dire qu'ils ont un vrai désir de participation, assorti d'une forte déception, car l'offre politique est en décalage avec leurs attentes. Nous avons pris soin, dans le questionnaire, de ne pas demander frontalement aux abstentionnistes : « *pourquoi ne votez-vous pas ?* », ils auraient eu un intérêt social à se déclarer déçus plutôt que non intéressés.

Mais ceux qui votent témoignent que le sentiment dominant, dans les discussions avec les jeunes abstentionnistes, est le sentiment de déception. Une majorité des 18-25 ans (53 %) imputent l'abstention aux politiques plutôt qu'aux abstentionnistes eux-mêmes (18 %). Ils citent comme principales causes les mensonges des politiques (71 %), le fait que les campagnes ignorent les préoccupations réelles de la population (45 %), puis la malhonnêteté des hommes politiques. Leur frustration en amène certains à envisager des solutions radicales, comme voter aux extrêmes (43 %) ou participer à une manifestation violente (25 %). On est loin de l'apathie[3] évoquée par certains commentateurs. [...]

• **Idée reçue n° 3 : les jeunes pensent que la démocratie ira mieux demain.**

« D'une façon générale, ils sont très négatifs : 61 % des 18-25 ans et 62 % des 15-17 ans s'attendent à ce que l'abstention des jeunes empire dans les prochaines années. Ils ont le sentiment que la démocratie française ne fonctionne pas, particulièrement à l'échelon national, et même qu'elle fonctionne plus mal chez eux qu'ailleurs. Une lueur néanmoins : la démocratie européenne, qu'ils notent particulièrement mal actuellement (4,7/10) est la seule pour laquelle ils imaginent une amélioration future. D'ailleurs, les jeunes se sont un peu moins abstenus que l'ensemble des électeurs français aux dernières élections européennes (+ 0,6 %). Et avec la crise, ils se sentent encore plus Européens, alors que sur la même période 2009-2013, les 45 ans et plus ont effectué le mouvement inverse. » [...]

• **Idée reçue n° 4 : c'est une génération égoïste, qui s'intéresse peu aux autres**

« Ils ont une envie d'intérêt collectif, et ne sont pas particulièrement sensibles aux discours promettant que leur propre situation va s'améliorer. Ils vont voter selon ce qui leur paraît l'intérêt général plutôt que leur intérêt particulier. Quand on les interroge sur les thèmes de campagne sur lesquels ils ont fondé leur vote aux élections municipales, ils citent d'abord les impôts locaux et l'économie, thématiques qui ne leur sont pas propres, puis l'éducation et l'environnement, thèmes qui leur sont plus coutumiers [...] ». D'autres études ont montré aussi leur intérêt pour la solidarité, et pour les libertés individuelles : ils sont beaucoup plus soucieux que leurs aînés que l'État n'intervienne pas dans leur vie privée.

1. Le fait de ne pas participer à un vote. – 2. S'opposer à quelque chose. – 3. Passivité et indifférence.

D'après : **http://campus.lemonde.fr/campus/article/2014/12/18/sept-idees-recues-sur-les-jeunes-et-la-politique_4541708_4401467.html**

1 • Qu'est-ce qu'une idée reçue ?

    a. Une idée assez peu partagée.   **b.** Un préjugé.   **c.** Un propos qui se confirme par des faits.

2 • En politique, les jeunes sont réputés pour :

    a. ne pas voter.   **b.** voter comme leurs parents.   **c.** être des électeurs de gauche.

3 • Que démontrent les études sur l'abstentionnisme ?

    a. Les premiers votes sont décisifs.

    b. L'abstentionnisme est un phénomène qui a toujours existé.

    c. Les jeunes électeurs sont majoritairement abstentionnistes.

4 • Quels sont les sentiments les plus forts des jeunes envers la politique ?

    a. Désintérêt et colère.   **b.** Mépris et désintérêt.   **c.** Frustration et déception.

5 • Pourquoi les enquêteurs n'ont pas demandé directement aux jeunes les raisons de leur abstentionnisme ?

....

6 • Citez les trois causes de l'abstention en France, d'après les jeunes interviewés.

....

....

7 • Vrai ou faux ?

Cochez la case correspondante et justifiez votre réponse en citant un passage du texte.

	VRAI	FAUX
a. La moitié des jeunes interviewés envisagent de voter pour les extrêmes. *Justification :*		
b. Un quart des jeunes interviewés voient la violence comme une des solutions envisageables. *Justification :*		
c. Les jeunes pensent que leur taux d'abstentionnisme s'améliorera dans le futur. *Justification :*		

8 • Quels phénomènes a engendrés la crise ?

    a. Chez les jeunes : ....

    b. Chez les plus de 45 ans : ....

9 • **Les résultats de l'enquête montrent que les jeunes :**

    a. pensent d'abord à leurs propres intérêts.

    b. pensent aux intérêts du plus grand nombre.

    c. se désintéressent peu à peu de tout.

Exercice 25 *Lisez le document puis répondez aux questions.* //

Les dangers d'Internet pour les enfants largement relativisés

Une enquête sociologique à très grande échelle menée dans 25 pays auprès de 25 140 internautes européens âgés de neuf à seize ans, tend à montrer que la plupart des dangers associés à Internet pour les plus jeunes sont généralement surestimés. Financée par la Commission européenne, pilotée par la London School of Economics, avec le CNRS pour l'enquête française, cette étude montre également que les parents ont souvent une appréciation erronée[1] de ce que leurs enfants considèrent comme une expérience traumatisante ou désagréable.

Premier constat : Internet fait partie du quotidien des jeunes Européens, qui sont 93 % à s'y connecter au moins une fois par semaine. Et ils surfent[2] de plus en plus tôt : l'âge moyen pour la première connexion varie d'un pays à l'autre, de sept ans en Suède à 8-9 ans en France. Surtout, cet âge tend à diminuer dans tous les pays.

Les 9-16 ans sont également adeptes des réseaux sociaux. 26 % des 9-10 ans sont inscrits sur un réseau social, et le chiffre passe à 81 % pour les 15-16 ans. Dans la plupart des cas, ces outils sont utilisés pour communiquer avec des personnes qu'ils connaissent déjà, même si 25 % des jeunes Européens discutent aussi avec des inconnus, principalement lors de jeux en ligne.

CONTENUS CHOQUANTS

L'enquête révèle que 21 % des 11-16 ans disent avoir été confrontés à des « contenus malsains » en ligne, une catégorie large qui englobe aussi bien des messages de haine que des contenus traitant du suicide, de la drogue ou de l'anorexie. Ce chiffre est particulièrement faible en France, où il n'atteint que 14 %. *« Ce que l'on constate, c'est que dans les pays scandinaves, où l'usage d'Internet s'est développé depuis plus longtemps, ce taux est plus important,* note Dominique Pasquier, responsable de la partie française de l'étude au CNRS. *Ce sont aussi des pays où les modèles de régulation, la surveillance exercée par les parents sont plus "laxistes"[3] qu'en France ou en Allemagne, où le taux est comparable. »* L'étude montre également que ce chiffre est particulièrement élevé dans les pays d'Europe de l'Est, comme la République tchèque.

Surtout, et c'est l'un des principaux enseignements de l'enquête, ce qui constitue un contenu choquant ou une expérience traumatisante pour les adultes ne l'est pas forcément pour les enfants. Ainsi, 14 % des jeunes Européens disent avoir vu des images pornographiques ou à caractère sexuel sur le Web, mais seul un tiers d'entre eux estime qu'il s'agissait d'une expérience pénible. *« Les jeunes qui ont été perturbés par un problème sur Internet sont une petite minorité : seulement 8 % des 9-16 ans en France, et 12 % au niveau européen »,* note le CNRS.

Le phénomène le plus mal vécu par les jeunes Européens reste le harcèlement en ligne : si seuls 6 % des 9-16 ans disent avoir été victimes de ces messages, les deux tiers d'entre eux ont été « assez » ou « très » tracassés[4]. Dans la majorité des cas, ces messages agressifs ne génèrent pas d'angoisses durables, seuls 6 % des victimes y pensant pendant plusieurs mois. *« De plus, le harcèlement est plus fréquent en face à face (13 % des enfants) que sur Internet (6 %) ou par téléphone mobile (3 %) »,* précise le CNRS.

LE RÔLE DES PARENTS

Les chercheurs ont également analysé les relations entre parents et enfants au sujet d'Internet. Ces dernières sont *« peu conflictuelles »,* concluent-ils, et *« le récit qu'ils en font est beaucoup plus concordant [entre parents et enfants] que sur la télévision, où le déclaratif des enfants diffère souvent beaucoup de celui des parents ».* Sans surprise, les amis (73 %) et les enseignants (76 % en France) font également partie des interlocuteurs des 9-16 ans pour discuter d'éventuels problèmes. Dans ses conclusions, l'étude recommande à la Commission européenne, qui a financé cette recherche, de mettre l'accent sur l'éducation des jeunes – et des parents – et le développement d'outils de contrôle parental.

Mais l'enquête fait apparaître aussi un étonnant paradoxe : si les parents ont tendance à surestimer le traumatisme que peut générer un contenu choquant, ils sous-estiment largement les types d'expérience qu'ont pu connaître leurs enfants. Ainsi, 40 % des parents dont les enfants ont vu des images sexuelles pensent que cela ne leur est pas arrivé, et ce chiffre monte à 56 % pour les destinataires de messages agressifs.

1. Fausse. – 2. Aller sur Internet. – 3. Qui permettent beaucoup de choses. – 4. Préoccupés.

Damien Leloup

http://www.lemonde.fr/technologies/article/2011/01/13/les-dangers-d-Internet-pour-les-enfants-largement-relativises_1464824_651865.html

1 • Ce texte est :

    a. pessimiste.   **b.** informatif.   **c.** argumentatif.

2 • Que démontre l'étude ?

    a. Le contrôle parental sur l'utilisation d'Internet est insuffisant.

    b. Les parents surestiment le temps que leurs enfants passent sur Internet.

    c. La perception d'une expérience traumatisante diffère entre parents et enfants.

3 • Vrai ou faux ?

Cochez la case correspondante et justifiez votre réponse en citant un passage du texte.

	VRAI	FAUX
a. Plus de la moitié des jeunes qui utilisent les réseaux sociaux communiquent avec des inconnus. *Justification :*		
b. Les jeunes Français se disent peu confrontés aux contenus malsains sur Internet. *Justification :*		

4 • L'étude démontre que la surveillance des parents est :

    a. faible.   **b.** efficace.   **c.** inappropriée.

5 • Quel phénomène est le plus nocif sur Internet, d'après les jeunes Européens ?

....

6 • Vrai ou faux ?

Cochez la case correspondante et justifiez votre réponse en citant un passage du texte.

	VRAI	FAUX
a. Les persécutions sur Internet ne provoquent pas de peur sur le long terme. *Justification :*		
b. Les jeunes sont davantage confrontés à l'agressivité dans la vie réelle que sur Internet. *Justification :*		

7 • D'après l'étude, lequel de ces sujets est le plus conflictuel entre parents et enfants ?

    a. La télévision.   **b.** Les études.   **c.** Internet.

8 • Qui sont les interlocuteurs privilégiés des enfants français de 9/12 ans pour parler de leurs éventuels problèmes ?

....

9 • Quelles sont les conclusions de l'étude ?

....

10 • Expliquez le paradoxe soulevé à la fin de l'article avec vos propres mots.

....

Exercice 26 *Lisez le document puis répondez aux questions.*

Faire le même métier que ses parents

À l'heure du choix, certains enfants marchent sur les traces de leurs parents. D'autres refusent de céder à la pression, rompant[1] avec une longue tradition familiale.

« Tu seras maréchal-ferrant, mon fils ! » Autrefois, la question du choix d'un métier ne se posait pas, et, de gré ou de force, le fils se devait de suivre les traces du père. Aujourd'hui, où chacun revendique le droit à l'épanouissement personnel, il est le plus souvent admis que l'enfant doit « trouver sa voie ».

En dépit de cette ouverture affichée, les familles de médecins, de magistrats ou d'enseignants ne sont pas rares. [...] *« Cependant, la plupart des artisans ou commerçants que nous rencontrons préfèrent que leurs enfants choisissent des professions moins fatigantes et mieux valorisées »*, nuance Danielle Pourtier, conseillère d'orientation-psychologue, directrice du Centre d'information et d'orientation Médiacom. C'est le cas de Joël Puisais, héritier d'une lignée de plâtriers[2] depuis 1880 dans la région de Vouvray, qui a encouragé son fils à continuer ses études, en vain. Tout en reconnaissant une fierté à voir son seul garçon, plâtrier et compagnon[3] comme lui, se préparer pour son premier tour de France.

Pas si facile de sortir de son milieu. Si les études se sont démocratisées, la réussite scolaire et la promotion sociale restent très différentes selon le parcours des parents. Une étude de l'Insee montre que la moitié des hommes dont le père n'a obtenu aucun diplôme sont ouvriers, alors que moins d'un dixième des enfants de diplômés de l'enseignement supérieur sont dans ce cas. Quant à la proportion de cadres, elle augmente régulièrement avec le niveau de diplôme du père. Une récente étude de deux chercheurs de l'université de Bath va dans le même sens, et montre qu'au cours d'une carrière, plus les parents ont fait des études, plus le montant des revenus de leurs enfants s'élève.

IL NE SUFFIT PAS TOUJOURS D'ÊTRE « FILLES ET FILS DE » POUR RÉUSSIR

Éduquer, disent les pédagogues, c'est aider son enfant à prendre confiance en lui et à se construire pour qu'un jour il se détache et suive sa propre route. Pourquoi alors continuer à souhaiter, dans certains milieux, que ses enfants exercent la même profession que soi ? Sans doute parce que la certitude que la génération suivante occupera une position sociale meilleure que la sienne [...]. Peut-être aussi par envie d'être « entre soi », de conserver et développer une complicité ou de rester en lien. Du côté des enfants, pourquoi choisir d'exercer le même métier que ses parents ? Par goût, désir de reproduire un modèle, pour rester dans le giron familial, par passion ou par manque d'imagination. Peut-être un peu de tout cela, mais aussi parce que, comme le dit joliment Joël Puisais, *« quand on connaît et qu'on commence tôt, on apprend à aimer »*. [...]

Marcher ou pas sur les traces de ses parents ? La question est d'autant plus sensible que le choix de l'orientation professionnelle se joue souvent au moment où l'adolescent prend ses distances avec le modèle familial. D'où la question cruciale : comment faire la part entre une saine révolte adolescente vis-à-vis des valeurs parentales et le choix d'un parcours très différent ?

« Je vois des adolescents qui disent à leurs parents : "Je ne veux pas devenir comme vous." Mais ils peuvent y revenir plus tard », remarque Danielle Pourtier. Pas toujours facile d'interrompre une lignée de polytechniciens ou de médecins et de faire fi d'une pression plus ou moins exprimée. Le choix - ou l'échec - peut aussi être perçu comme le rejet d'une tradition, mais aussi des valeurs du « clan ». Tout en suscitant une certaine culpabilité du côté des enfants.

« LES ENFANTS NE RÉUSSIRONT PAS DANS DES FORMATIONS OÙ ILS NE S'ÉPANOUIRONT PAS »

C'est le cas de Nicolas, fils de deux normaliens[4], seul d'une grande fratrie à ne pas poursuivre de brillantes études. *« Je me sentais le vilain petit canard »*, dit-il. Après avoir triplé sa première année de droit, il est parti tenter sa chance à l'étranger, pour y commencer une carrière commerciale. Comme s'il avait besoin de mettre de la distance pour trouver sa voie. Quant à Xavier, fils d'enseignants, fonctionnaires, il a dû faire preuve d'opiniâtreté pour entrer dans le secteur privé. *« Les parents enseignants dans le second degré connaissent bien les filières ; ce sont presque des professionnels de l'orientation. J'ai dû faire mes preuves et passer du temps à les rassurer quand ils ont compris que l'enseignement ne m'intéressait pas. »* *« Il faut expliquer aux parents qui souhaitent que leurs enfants perpétuent la tradition familiale, que ces derniers ne réussiront pas dans des formations où ils ne s'épanouiront pas »*, commente Danielle Pourtier. D'où l'intérêt d'engager le dialogue sur l'orientation en se méfiant des évidences. Avec, pour les parents, la tâche difficile de ne pas ressentir le projet de leur enfant comme une marque de désamour. Et pour les enfants de se sentir autorisés à exprimer leur choix, qu'il s'agisse de rompre avec la tradition familiale ou de marcher sur les pas d'un de leurs parents. Sans oublier de faire preuve d'une belle inventivité.

1. Cesser/arrêter quelque chose. - 2. Artisans qui travaillent le plâtre. - 3. Ouvrier qui a fini son apprentissage chez un artisan. - 4. Élève ou ancien élève de l'École Normale Supérieure.

Marie AUFFRET-PERICONE

http://www.la-croix.com/Famille/Parents-Enfants/Dossiers/Couple-et-Famille/Relations-familiales/Faire-le-meme-metier-que-ses-parents-_NP_-2011-04-28-550807

1 • Le ton de cet article est :

    a. critique.   **b.** neutre.   **c.** négatif.

2 • La plupart des artisans souhaitent que leurs enfants :

    a. choisissent un meilleur travail.   **b.** fassent le même travail qu'eux.   **c.** se spécialisent dans le même domaine.

3 • Que ressent Joël Puisais ?

    a. De la peine.   **b.** De l'angoisse.   **c.** Une part de satisfaction.

4 • L'étude de l'Insee démontre que le niveau d'études des parents :

    a. a une influence sur l'orientation des enfants.

    b. conditionne les futurs revenus des enfants.

    c. n'a pas de conséquence sur le futur professionnel des enfants.

5 • Retrouvez les différentes raisons pour lesquelles les enfants font le choix de faire le même métier que leurs parents.

    ....

6 • Dans quelle phase de son évolution l'enfant se trouve-t-il souvent lorsqu'il doit choisir son orientation professionnelle ?

    ....

7 • D'après Danielle Pourtier, que ressent l'enfant qui casse sa lignée familiale ?

    a. De l'orgueil.   **b.** De l'angoisse.   **c.** Un sentiment de faute.

8 • Retrouvez, dans l'avant-dernier paragraphe, le mot signifiant « plusieurs frères et sœurs appartenant à la même famille ».

    ....

9 • Qu'a dû faire Nicolas pour mener à bien son projet ?

    a. Partir loin.   **b.** Apaiser ses parents.   **c.** Déculpabiliser ses parents.

10 • Quelle est la condition pour que la passation d'un métier de parents à enfants fonctionne, d'après Danielle Pourtier ?

    ....

Exercice 27 *Lisez le document puis répondez aux questions.* //

Pourquoi le retour à l'uniforme est une fausse bonne idée ?

Le sujet revient régulièrement sur le tapis[1], comme c'est le cas en ce moment : on envisage, une fois de plus, de rétablir le port obligatoire de l'uniforme à l'école. Simple poudre aux yeux[2] prétendant lutter contre les inégalités, l'uniforme scolaire n'est pas une bonne idée. Découvrons pourquoi.

L'uniforme ne permet pas de lutter contre la dictature des marques

La marchandisation de notre société ne s'arrête pas aux portes de l'école. Elle est omniprésente, et la télévision joue à ce sujet un rôle prescripteur majeur. Le port de l'uniforme à l'école n'évincera[3] donc pas pour autant le pouvoir d'attraction des marques sur les enfants. Il ne fera que déplacer le problème puisque l'accessoire permis (baskets, montre, téléphone portable) se trouvera alors investi de tous les signes de reconnaissance sociale. C'est ce que me confirme Lexter Ikané, blogueur de 35 ans, qui a porté l'uniforme durant ses trois longs séjours en Afrique, à l'école primaire et au collège :

« *Les variations sur les tissus des uniformes, qui ont les même couleurs pour tous, ne peuvent suffire à des ados qui veulent former des tribus. C'est donc sur les chaussures que l'on se rattrapait, en tout cas chez les garçons : il s'agissait d'avoir la dernière paire de tennis ou de basket. [...] Donc à tissus d'uniformes égaux, on pouvait savoir qui faisait partie ou pas des classes sociales les plus privilégiées, ceux qui allaient en Europe chaque été se ravitailler[4] en chaussures de marque dernière*

tendance. Et quand je revois les images de ces années-là défiler, je me souviens qu'au final, les classes sociales étaient respectées dans la cour de récréation : les groupes de copains étaient souvent homogènes, socialement. Et je ne parle même pas du cartable, qui était aussi un accessoire de distinction sociale ! »

L'uniforme ne gomme pas les différences sociales

Il est illusoire de penser que le port de la jupe plissée et du pantalon bleu marine puisse effacer les inégalités de classe. Un œil averti fera très vite la différence entre le costume sur-mesure régulièrement renouvelé et l'uniforme unique, usé jusqu'à la trame. [...]

L'uniforme ne garantit ni meilleurs résultats ni sentiment d'appartenance

J'ai effectué des recherches pour essayer de trouver une étude qui corrélait[5] le port de l'uniforme scolaire et la réussite scolaire. En vain. Je suis en revanche tombée sur [une] étude du très sérieux *Journal of Education Research*, portant sur 5 000 étudiants aux États-Unis : celle-ci a démontré que le port de l'uniforme n'avait aucun effet positif sur les problèmes de comportement, d'absentéisme ou de consommation de substances illégales.

Découverte encore plus étonnante, elle a prouvé que les élèves portant des uniformes avaient de moins bons résultats aux tests que ceux qui n'étaient pas obligés d'en porter : « *Ils pensent que les uniformes vont régler tous les problèmes mais ils ne comprennent pas qu'ils peuvent rendre les ados encore plus rebelles qu'ils ne le sont déjà* », a déclaré une élève de 13 ans interrogée à cette occasion. Plutôt contre-productif...

Concernant le sentiment de fierté ou d'appartenance lié au port de l'uniforme, il est également à nuancer, et à différencier de celui ressenti par les militaires ou les policiers. Ces derniers ont délibérément choisi leur métier et s'y sont engagés symboliquement. Les écoliers ou lycéens envisagent, eux, l'école comme une obligation plutôt qu'un choix délibéré : il est donc peu probable qu'ils tirent une quelconque fierté du port de l'uniforme.

Dans les pays anglo-saxons, la problématique est différente car l'uniforme fait partie d'un ensemble de mesures pédagogiques globales, comme me l'explique Lexter Ikané :

« *J'ai longtemps vécu au Canada, à Montréal, et certaines écoles publiques là-bas obligent l'uniforme. Ces écoles ont souvent de meilleurs résultats que d'autres, mais ce n'est pas grâce à l'uniforme seul : il fait partie d'un tout sur le plan pédagogique, d'une culture d'appartenance à la communauté du collège qui est propre au monde anglo-saxon, et qui fait que les élèves ont pour l'uniforme un certain respect. Greffer des uniformes sur l'ambiance qui règne aujourd'hui dans nos collèges et lycées en France n'aura aucun effet magique.* »

L'uniforme ne coûte pas moins cher

En Grande-Bretagne, le code vestimentaire ne fait pas non plus l'unanimité. Les « antis » dénoncent notamment le coût de la tenue : 40 livres, soit plus de 45 euros, uniforme à renouveler régulièrement et en fonction des saisons. À cela s'ajoutent les tenues des vacances et de week-ends, pour lesquelles les enfants souhaiteront plus de liberté (et de marques), et les accessoires [...] qui feront la différence en cour de récréation (baskets, montres, téléphones portables). Pas sûr que l'opération soit finalement très rentable...

[...] Penser que l'on peut réparer l'ascenseur social en instaurant l'uniformité vestimentaire est une utopie, et une façon de masquer les vraies problématiques. La véritable injustice c'est celle-ci : au fil des années, l'école devient de plus en plus inégalitaire. Les acquis en lecture des élèves de CM2 analysés sur vingt ans montrent que le score des enfants d'ouvriers a été divisé par deux entre 1997 et 2007 alors que celui des fils de cadres a légèrement progressé. Et encore aujourd'hui, près de trois enfants d'ouvriers sur dix arrêtent leurs études, contre 5 % des enfants de cadres.

L'uniforme ne changera rien à ce déterminisme terrifiant : seul un véritable travail éducatif pour construire une culture partagée par tous fera la différence. Encore faut-il avoir les moyens pour y parvenir...

1. Expression familière pour parler d'un sujet qui revient régulièrement dans l'actualité. - 2. Expression signifiant « éblouir par de fausses apparences ». - 3. N'annulera pas. - 4. Se fournir, aller acheter. - 5. Établir un lien entre deux éléments.

http://leplus.nouvelobs.com/contribution/214909-pourquoi-le-retour-a-l-uniforme-est-une-fausse-bonne-idee.html

1 • L'expression « fausse bonne idée », dans le titre, amène un point de vue :

   a. positif.   **b.** négatif.   **c.** neutre.

2 • Dans les souvenirs de Lexter Ikané, quels accessoires permettaient de distinguer les classes sociales dans son école ?

....

3 • D'après la journaliste, quel aspect de l'uniforme rend compte des inégalités sociales ?

   a. Son usure.   **b.** Son coloris.   **c.** Sa marque.

4 • D'après l'étude du « Journal of Education Research », les élèves qui portent l'uniforme :

    a. sont moins absents que les autres.

    b. n'ont pas un meilleur comportement.

    c. consomment plus de substances illégales.

5 • Vrai ou faux ?

Cochez la case correspondante et justifiez votre réponse en citant un passage du texte.

	VRAI	FAUX
D'après cette étude, l'uniforme aurait un effet positif sur les résultats scolaires. *Justification :*		

6 • D'après la journaliste, pourquoi est-il difficilement imaginable que les lycéens ressentent de la fierté en portant l'uniforme ?

....

7 • Pourquoi, dans les pays anglo-saxons, les élèves ont un certain respect de l'uniforme, d'après Lexter Ikané ?

    a. Car ils ont fait le choix de le porter.

    b. Car ils souhaitent effacer leur appartenance sociale.

    c. Car ils ont un sentiment d'appartenance à leur collège.

8 • Quels sont les coûts supplémentaires à l'achat de l'uniforme ?

....

9 • Pourquoi ces dépenses supplémentaires sont élevées ?

....

10 • Vrai ou faux ?

> Lorsque vous rencontrez cette formulation (*davantage, plus, moins, autant*), vous devez comparer des données ou des chiffres.

Cochez la case correspondante et justifiez votre réponse en citant un passage du texte.

	VRAI	FAUX
a. Les enfants de cadres savent moins bien lire qu'avant. *Justification :*		
b. Les enfants d'ouvriers arrêtent davantage leurs études que les enfants de cadres. *Justification :*		

11 • Quelle est la solution, d'après la journaliste ?

....

Exercice 28 *Lisez le document puis répondez aux questions.* //

Albert Jacquard : « Qu'est-ce que cela veut dire, être intelligent ? »

Le célèbre généticien est mort à l'âge de 87 ans. À la sortie de sa « Légende de demain », en 1997, il avait expliqué au *Nouvel Observateur* **pourquoi il est « idiot » de prétendre « mesurer l'intelligence ».**

Né en 1925, passé par l'école Polytechnique, le généticien ALBERT JACQUARD était aussi un militant de gauche convaincu, adepte de la décroissance et favorable à une sortie du nucléaire. Auteur prolifique[1] [...] il a signé des dizaines d'ouvrages de vulgarisation scientifique et d'essais consacrés à des sujets divers (politiques notamment). [...]

Pour le généticien Albert Jacquard, les surdoués sont des enfants plus rapides que les autres sur certains sujets. Mais quel intérêt de comprendre à 13 ans plutôt qu'à 18 ? Entretien avec l'auteur de « La Légende de demain » (Flammarion).

Les enfants surdoués, cela existe-t-il, oui ou non ?

Non ! Je n'y crois absolument pas, et je me suis d'ailleurs battu à ce propos contre l'éthologiste Rémy Chauvin, qui a publié en 1975 un ouvrage précisément intitulé *Les Surdoués*. Il ne peut pas y avoir de surdoués, et cela pour deux raisons : tout d'abord, dans « surdoué », il y a *sur*, ce qui veut dire supérieur, et implique aussitôt une hiérarchie. Mais le surdoué est supérieur à quoi, à qui ? Quand on songe que cette hiérarchie est basée sur un seul critère, la mesure du QI, le prétendu quotient d'intelligence, on voit tout de suite qu'il s'agit d'une idée folle. Mesurer l'intelligence? Prétendre ramener cette réalité multiforme à un malheureux chiffre ? C'est idiot. Ou alors, pourquoi ne pas instaurer aussi un « QB », un « quotient de beauté »? Quand je propose cela, les gens ricanent[2]. Tout le monde devrait ricaner de la même façon à propos du QI.

Et la seconde raison ?

Ah oui ! Dans « surdoué », il y a également *doué*. C'est-à-dire : bénéficiant d'un don. Un don de qui ? De la nature, forcément. Les Québécois ont même inventé le mot *douance* - l'aptitude à être plus ou moins doué. Comme tout ce que la nature nous transmet est inscrit dans nos gènes, il faudrait donc supposer qu'il y a des gènes de l'intelligence. Or il n'existe que des gènes de l'idiotie, qui détruisent le cerveau. Mais l'idiotie n'est pas le contraire de l'intelligence, car c'est une maladie. De même, il existe de « méchantes » bombes, qui peuvent détruire, disons par exemple le château de Versailles ; mais il n'existe pas plus de « bonnes » bombes, capables de le reconstruire, que de gènes de l'intelligence. Les gènes n'ont rien à voir avec la connexion des neurones.

Il y a tout de même - cela se voit à l'école - des enfants plus brillants que d'autres ?

Voilà, vous l'avez dit : brillants. Mais est-ce que cela veut dire intelligents ? L'intelligence, c'est la faculté de comprendre. Or comprendre vraiment quelque chose, c'est toujours long. Être vraiment intelligent, c'est... comprendre qu'on n'a pas compris. Exemple type : Albert Einstein, élève à la scolarité médiocre, qui ne fut certainement pas un enfant surdoué, et dont personne ne prétendra, je suppose, qu'il n'était pas intelligent. Mais comprendre que l'on n'a pas encore compris, c'est beaucoup plus intelligent que de croire que l'on a compris ? ce qui est la caractéristique de l'enfant prétendument surdoué. Ce dernier se signale avant tout par la confiance en soi, par l'habitude de s'imposer, ou l'aptitude à se manifester. C'est une simple question d'aventure sociale. À l'inverse, un jeune garçon de 14 ans, dans un collège de banlieue à problèmes, m'a un jour posé la question suivante : « *Monsieur, est-ce que l'on peut devenir généticien lorsqu'on a un casier judiciaire ?* » Cette question m'a troublé. Ce jeune n'avait pas de casier judiciaire... mais il savait que, fatalement, il finirait par en avoir un. Ce n'était pas un élève brillant, mais il avait compris beaucoup de choses. L'intelligence, c'est toujours l'aboutissement d'une aventure individuelle, nourrie par les stimuli extérieurs, et cela n'a rien à voir avec la génétique.

[...] Je pense que les enfants qualifiés de surdoués sont des enfants plus rapides que les autres sur certains sujets. Or la rapidité, ce n'est que l'une des composantes de ce que l'on nomme l'intelligence. Il n'y a aucune raison de supposer qu'elle en est la composante majeure. Quel intérêt de comprendre quelque chose à 13 ans plutôt qu'à 15 ou à 18 ? L'important, c'est de finir par comprendre, et souvent qui dit « rapide » dit aussi « superficiel » : les surdoués sont des êtres superficiels.

Malheureusement, ici comme ailleurs, nous succombons[3] à cette mode absurde : la valorisation de la vitesse, dominant de la société actuelle. Cessons de confondre la vitesse avec l'aboutissement, car, on le sait depuis longtemps, rien ne sert de courir... Moi qui enseigne la génétique à des étudiants en première année de médecine, je constate que, en moyenne, les filles sont meilleures. Est-ce à dire que les garçons sont moins intelligents ? Je pense qu'il y a une explication plus logique : à cet âge, tandis que les filles pensent à leurs études, les garçons pensent aux filles...

1. Qui a beaucoup écrit. - 2. Rire en se moquant. - 3. Ne pas résister.

Propos recueillis par Fabien Gruhier

http://bibliobs.nouvelobs.com/essais/20130912.OBS6824/albert-jacquard-qu-est-ce-que-cela-veut-dire-l-intelligence.html

---

1 • Quel est le ton d'Albert Jacquard dans cette interview ?

    a. Menaçant.   **b.** Professoral.   **c.** Décontracté.

2 • Quelles sont les deux notions que refuse le généticien dans le mot « surdoué » ?

....

3 • Albert Jacquard pense que l'intelligence :

    a. n'est pas chiffrable.   **b.** est identifiable grâce au QI.   **c.** n'est pas à la portée de tous.

4 • Quelle comparaison fait le généticien pour exposer son point de vue sur le QI ?

....

5 • Qu'est-ce que l'idiotie, d'après Albert Jacquard ?

....

6 • Vrai ou faux ?

Cochez la case correspondante et justifiez votre réponse en citant un passage du texte.

	VRAI	FAUX
D'après Albert Jacquard, les bombes sont toujours « méchantes ». *Justification :*		

7 • Pour Albert Jacquard, être intelligent c'est :

a. avant tout avoir confiance en soi.

b. comprendre les choses très rapidement.

c. être capable de comprendre ses erreurs et ses doutes.

8 • Pour Albert Jacquard, le jeune garçon de 14 ans cité dans l'interview était :

a. arriéré. **b.** brillant. **c.** intelligent.

> Pour répondre correctement, demandez-vous ce qu'Albert Jacquard a voulu démontrer avec cet exemple.

9 • Citez deux adjectifs qu'Albert Jacquard associe aux surdoués.

....

Exercice 29 *Lisez le document puis répondez aux questions.* ///

Les filles sont les meilleures !

À l'occasion de cette Journée de la femme, une constatation : les filles sont très largement supérieures aux garçons du [primaire] au bac.

Face au bac

Depuis maintenant 30 ans, les filles sont majoritaires dans les baccalauréats généraux dont elles représentent 58 % des titulaires. Si elles sont à égalité avec les garçons dans les bacs technologiques, elles ne sont que 43 % en bac pro. Bien meilleures en français mais moins bonnes en maths que les garçons, elles s'orientent logiquement vers la série L[1] (80 % de filles !) [...]

Dans les filières technologiques, la mixité disparaît presque en ST2S (sciences et technologies de la santé et du social, ex SMS) où on compte... 92 % de filles et en STI (sciences et technologies industrielles) où ce sont les garçons qui sont 90 %.

Face aux matières

Les évaluations sont formelles : en début de CE2[2], les filles ont en moyenne des notes supérieures de cinq points aux garçons en français et inférieures de deux points en maths. Trois ans après, à l'entrée en sixième[3], l'écart n'a pas changé en français mais les garçons ont creusé l'écart en maths, qui est maintenant de quatre points.

Et quand il faut choisir des options au lycée, les différences se creusent. La très « matheuse » MPI (mesures physiques et informatique) est choisie par 17,6 % des garçons pour 10,9 % des filles. À l'opposé les sciences médico-sociales séduisent 5,3 % des filles et 0,4 % des garçons. Option la plus courue, les sciences économiques et sociales sont choisies par 41,2 % des filles et 33,6 % des garçons.

Difficile de ne pas être frappé l'année suivante par le choix de filière que font filles et garçons en fonction de leur niveau estimé en français et en maths. Ainsi seulement six filles sur dix qui estiment être très bonnes en maths choisissent de se diriger vers le bac S[4], alors que, dans le même cas de figure, huit garçons sur dix optent pour S. Autocensure, peu d'intérêt pour les maths ? Les voilà en tout cas qui se ferment bien des portes pour la suite [...]. Un phénomène qu'on retrouve d'ailleurs dans le monde entier.

Face aux profs

Parce qu'il est plus difficile de retenir leur attention et que leurs notes sont moins bonnes, les profs consacrent aux garçons en moyenne plus de la moitié de leur temps (56 % très exactement selon des études). Plus souvent interrogés ou encouragés, ils peuvent aussi se sentir plus souvent stigmatisés aux yeux de la classe. D'autant que leurs notes reflètent également leur comportement. En l'absence de « zéro de conduites », et alors que les notes de vie scolaire semblent peu utilisées, c'est la copie même qui peut être sous notée... D'où un fort sentiment d'injustice qui peut conduire au décrochage. Mais à l'inverse, l'attention spécifique qui leur est portée permettra aux meilleurs garçons de devenir des têtes de classe.

Face à l'échec

Filles et garçons ne sont pas non plus égaux face à l'échec scolaire. *Les Journée d'appel de préparation à la défense* (JAPD), que passent chaque année plus de 700 000 jeunes, révèlent que le pourcentage de garçons en « grande difficulté » en lecture est de 15 % contre seulement 8,7 % pour les filles ! On sait également qu'elles redoublent moins que les garçons dans le primaire. À la fin du secondaire, 85 % des filles et 80 % des garçons obtiennent un diplôme. Un différentiel de cinq points qu'on retrouve d'ailleurs dans toute l'Union européenne avec une moyenne de 81 % de filles diplômées pour 76 % des garçons. Mais alors pourquoi les garçons leur piquent-ils encore les meilleures places dans l'entreprise et dans les filières d'enseignement supérieur qui rapportent le plus en termes de rémunérations ? [...]

1. Série L : série littéraire. - 2. CE2 : 3ème année de primaire en France. - 3. Sixième : 1ère année de collège (système secondaire) en France. - 4. Bac S : bac scientifique.

Source : **http://orientation.blog.lemonde.fr/2011/03/08/les-filles-sont-les-meilleures/**

1 • Le sujet traite principalement l'axe :

    a. scolaire.   **b.** universitaire.   **c.** professionnel.

2 • Les filles réussissent aussi bien que les garçons dans les baccalauréats :

    a. généraux.   **b.** professionnels.   **c.** technologiques.

3 • Pourquoi les filles s'orientent-elles majoritairement vers la série L ?

    ....

4 • Vrai ou faux ?

Cochez la case correspondante et justifiez votre réponse en citant un passage du texte.

	VRAI	FAUX
L'écart des résultats en mathématiques entre filles et garçons augmente entre le CE2 et la sixième. *Justification :*		

5 • Quelle matière du lycée attire le moins les garçons ?

    ....

> Ne lisez pas trop vite les consignes. Ici on vous demande le nom de la matière la moins attirante pour les garçons.

6 • Vrai ou faux ?

Cochez la case correspondante et justifiez votre réponse en citant un passage du texte.

	VRAI	FAUX
a. Le baccalauréat scientifique attire plus les filles que les garçons. *Justification :*		
b. En classe, les enseignants dédient beaucoup de temps aux garçons. *Justification :*		

7 • D'après l'auteur, qu'est-ce qui aide les garçons à devenir d'excellents élèves ?

    ....

8 • Les JAPD ont permis de différencier :

    a. le taux de redoublement dans le primaire.

    b. la capacité de lecture des jeunes filles et garçons.

    c. le taux de réussite à échelle européenne dans le secondaire.

Exercice 30 *Lisez le document puis répondez aux questions.* ///

« Quel que soit le système, faisons progresser nos élèves »

Les notes vont-elles disparaître ? Pour notre contributrice, professeure des écoles dans une classe de CM1, la question n'est pas le système de notation mais le rapport de l'élève à l'évaluation elle-même. Voici ses solutions.

Thomas, 9 ans : « Yes ! Ça y est ! J'ai réussi le niveau 6 de mon jeu vidéo ! Paul est déjà au niveau 7. Il faut que je le dépasse ! Est-ce que je peux téléphoner à Philippe parce qu'on s'est dit qu'on allait faire ensemble un plan pour devenir meilleurs. »

Lorsqu'il s'agit d'un jeu vidéo, les enfants n'ont pas peur de se confronter à l'expression chiffrée de leur niveau de compétence. Ils comparent leurs scores et mettent une énergie - qu'on aimerait leur retrouver en classe - à refaire, recommencer, s'entraider, s'améliorer pour accroître leurs forces de combattants dans ces mondes virtuels. Atteindre un niveau dans un jeu vidéo, ce n'est certainement pas se définir par le score que l'on a atteint, c'est juste prendre le départ vers d'autres sommets à conquérir[1]. Pourquoi ne pas transférer dans la classe cette décontraction face aux résultats chiffrés ?

Aussi, à l'école, doit-il s'agir de notes ou de scores quand on évalue le travail des élèves ? L'enjeu est-il la transcription du résultat d'une évaluation ou les conditions d'apprentissage et d'évaluation ?

Une évaluation décevante fait toujours mal

Le débat actuel sur le « pour ou contre les notes, les couleurs, les lettres… » me semble passer totalement à côté du véritable enjeu de nos classes. En effet, que ce soit 5/20, rouge ou NA (non acquis), c'est toujours une déception voire un traumatisme. Les élèves ont une conscience aigüe[2] de leur niveau de compétence et se comparent à leurs pairs sans nous attendre. Même sans note, beaucoup de rouge (ou de vert, qu'importe la couleur !), porté sur la copie par l'enseignant, suffit pour que l'élève se fasse une image négative de ses compétences. Est-ce à dire alors qu'il ne faut pas pointer ce qui est incorrect quand on évalue ? Pourtant, rester dans le flou, le non-dit lorsqu'on évalue le travail d'un élève ne me semble pas être un gage de bienveillance car l'élève sait. Il se retrouve seul du même coup pour porter ses failles entre confusion et culpabilité. La difficulté d'apprendre est à porter à plusieurs. C'est une problématique collective qui implique l'élève, l'enseignant, les parents, les pairs, l'équipe éducative.

Il me semble qu'un renversement est à opérer dans notre façon de porter notre regard sur le travail d'un élève qui va bien au-delà du choix de note ou pas note, chiffrée ou pas.

[…]

Noter ce que l'élève sait au lieu de sanctionner ce qu'il ne sait pas

Ce système porte ses fruits. Les élèves prennent confiance en eux-mêmes et goûtent au plaisir irremplaçable de faire mieux ! Le « + 4 points » fait briller leurs yeux et même si ce deuxième résultat est encore modeste par rapport à ce qui est attendu, qu'importe ! Le sentiment de maîtriser un peu plus la situation prime sur[3] tout le reste !

D'ailleurs, pourquoi se centrer sur ce qui devrait être su ? Pourquoi avoir en arrière-plan intellectuel un élève idéal quand aucun d'entre nous ne peut se targuer[4] d'être un enseignant idéal ?

[…] Pourquoi ne pas « noter » ou plutôt « scorer » ce que l'élève sait et non pas ce qu'il n'a pas réussi ? Ainsi, une évaluation donnerait lieu à un résultat chiffré qui ne représenterait pas ce qui manque pour que ce soit parfait. Chaque connaissance ou compétence constatées donne un point. On n'a pas 12 sur 20, mais 12 points. Si on sait plus de choses que ce qui est demandé, on peut avoir plus que 20. Ainsi, toutes les compétences et connaissances, qu'un élève a mises en œuvre dans un devoir, se trouvent prises en compte. Il y a toujours quelque chose de bien dans chaque production d'élève même si ce n'est pas tout à fait ce qui est attendu. Cela n'empêche pas de décliner ce score en compétences. Sur la base de ces compétences évaluées avec des lettres (acquis, en voie d'acquisition, non acquis par exemple), l'élève peut orienter son travail en se concentrant sur ses points de fragilité.

Dans chaque matière, on peut additionner les scores. On atteint des chiffres qui dépassent la centaine en quelques mois constituant ainsi un petit « pécule »[5] - scolaire en l'occurrence - qui grossit de semaine en semaine. On devient « riche de connaissances et de compétences ». Comme on gagne des billes dans la cour et que la trousse grossit à chaque récréation. Sauf qu'avec les connaissances, on ne peut pas perdre de billes !

1. D'autres exploits à atteindre. - 2. Élevée. - 3. Être plus important que. - 4. Se vanter. - 5. Somme économisée petit à petit.

http://www.lexpress.fr/actualite/comment-se-constituer-un-petit-pecule-scolaire-sans-avoir-peur-des-notes_1631574.html

1 • Pour l'auteur de l'article, la question est d'ordre :

    a. politique.   **b.** psychologique.   **c.** mathématique.

2 • Dans quel contexte l'enfant accepte généralement d'évaluer ses compétences ?

    ....

3 • Citez trois actions positives des adeptes des jeux vidéo transférables à la classe.

    ....

4 • D'après l'auteur, quelles seraient les conséquences d'une évaluation floue ou inexistante ?

    ....

5 • D'après l'auteur, que faudrait-il faire ?

    a. Abolir les notes.   **b.** Inverser la vision actuelle de l'évaluation.   **c.** Remplacer les notes par des couleurs.

6 • Pourquoi l'auteur dit qu'un enseignant ne peut pas exiger d'un élève qu'il soit parfait ?

....

7 • Quelle est la solution proposée par l'auteur ?

    a. Réduire les objectifs de réussite.

    b. Être moins sévère dans l'évaluation.

    c. Prendre en compte uniquement les acquis de l'apprenant.

8 • Vrai ou faux ?

Cochez la case correspondante et justifiez votre réponse en citant un passage du texte.

	VRAI	FAUX
a. Avec le système de l'auteur, il n'y a pas un objectif de points à atteindre.		
Justification :		
b. Ce système ne permettrait pas de guider la progression de l'élève.		
Justification :		

9 • Expliquez la dernière phrase avec vos propres mots.

....

> N'oubliez pas de reformuler ! Il ne faut pas copier la phrase.

Exercice 31 *Lisez le document puis répondez aux questions.* ///

Grandes vacances

Par Jean-Christophe Blondel, professeur de Philosophie

La période qui se situe entre grands départs et rentrée est le temps d'une liberté que nous retrouvons, et que nous perdons de nouveau en rentrant. Petits et grands, nos années sont rythmées par la rupture estivale[1], et nous avons l'année entière pour nous demander ce que nous allons faire pendant les vacances, comme si, le reste du temps, il ne s'agissait que d'occupations.

Prends ton cartable, on part en vacances.

Ce qui se joue derrière l'opposition entre ces deux temps, c'est la distinction entre les deux ordres d'activité : le travail et le loisir. Évidemment, tout le monde préfère les loisirs, mais nous allons voir qu'à strictement parler les écoliers sont des privilégiés car, en réalité, ils n'ont pas besoin de vacances, l'école étant en elle-même l'espace du loisir idéal. Un indice devrait leur mettre la puce à l'oreille[2] : l'école qui leur cause tant de soucis ne s'appelle ainsi que parce qu'elle est la lointaine descendante du mot grec *skholè*, qui ne désignait pas ce que nous-mêmes appelons « école », mais ce que nous nommons « loisir ». Pourquoi donner à l'école un nom qui semble être l'antithèse[3] de ce qu'elle paraît être ? Parce que ce nom est, en quelque sorte, l'obscure mémoire de ce qui se passe vraiment en classe, au-delà des malentendus que nous cultivons à ce sujet. En effet aujourd'hui ce que nous faisons « au boulot » est considéré, à égalité avec l'apprentissage du français et des mathématiques, comme un « travail », c'est-à-dire comme quelque chose de relativement pénible. Qu'il s'agisse d'emploi ou de scolarité, on parle donc de « travail »,

et le collégien est un travailleur, tout comme le sont le standardiste ou la responsable des ressources humaines. Pourtant la Grèce antique aurait, elle, distingué les activités que l'on pratique pour soi-même de celles que l'on fait pour des raisons imposées de l'extérieur. Prenons le cas de l'emploi salarié. Tout salarié, même le joueur de foot, rapporte à celui qui l'emploie davantage que ce qu'il lui coûte. Sinon, il ne serait pas employé. [...] Aristote définissait l'esclave comme celui qui en est réduit à devoir travailler pour vivre, celui dont le temps doit être consacré à accomplir ce dont un autre bénéficiera. Sans être à strictement parler esclave, l'employé peut se plaindre de son travail dans la mesure où ce qu'il fait, il ne le fait pas pour lui-même mais pour un autre qui, bien que le rétribuant[4], gagne, dans ce contrat, plus qu'il ne reverse. Et si l'employé est dans cette situation, c'est bien parce qu'il n'est pas en mesure de négocier un meilleur arrangement. [...]

Le valeureux oisif

[...] Par mimétisme[5], l'écolier a appris lui aussi à se plaindre de sa condition, et s'il supporte la rentrée, c'est par le même stratagème que celui par lequel les adultes sont attachés à leurs vacances : la rentrée est d'abord l'occasion d'étrenner[6] les nouveaux produits de consommation dont on est équipé. Cartable, *rainbowloom* (bracelet) pour les petits, téléphone portable pour les grands. Aux premiers devoirs à la maison qu'on leur donnera, les élèves se demanderont pourquoi travailler autant sans être payés pour le faire. De nouveau, l'Antiquité nous offre la réponse : parce que l'élève ne travaille pour personne d'autre que lui-même. Ce qu'il apprend, surtout dans les filières générales, il en est l'unique bénéficiaire. Comme on nous le rappelait, une guichetière ayant lu *La princesse de Clèves* à l'école ne pourra pas utiliser ses connaissances pour progresser professionnellement. On pourrait en conclure que c'est donc une lecture inutile, qui n'a pas sa place à l'école. Pourtant, c'est tout le contraire. C'est parce que ce que lit l'élève, il ne le lit que pour lui-même, et non pour un futur employeur, pour un futur client, qu'à l'école il est déjà un homme libre [...].

Ainsi les employés savent qu'il y a toujours quelque chose de perdu dans leur travail : ce qu'ils ont cédé en échange de leur salaire. Au contraire, pour les écoliers, il y a tout à gagner à faire la rentrée des classes. Et bien heureux sont les adultes qui trouvent dans leur travail quelque chose qui ne peut être aliéné[7] et qui leur appartient. Ceux-ci font mieux que travailler : comme les élèves, ils œuvrent.

1. De l'été. – 2. Éveiller des doutes, intriguer. – 3. Le contraire. – 4. Lui donnant une rémunération. – 5. Par imitation. – 6. Utiliser quelque chose pour la première fois. – 7. Soumis à la volonté de quelqu'un d'autre.

« Grandes vacances », *L'éléphant, la revue de culture générale*, n° 8, pages 12-13.

1 • Quel est le principal thème de cet article ?

> *Lisez le texte en entier avant de répondre.*

    a. Les grandes vacances des écoliers.

    b. La vision que les adultes ont des écoliers.

    c. La frontière entre les notions de travail et de loisir.

2 • D'après Jean-Christophe Blondel, l'école est un lieu de :

    a. labeur. **b.** repos. **c.** découverte.

3 • De quoi Jean-Christophe Blondel se sert-il pour justifier ses propos ?

    a. De sa propre expérience. **b.** De l'origine des mots. **c.** D'une étude scientifique.

4 • Citez un synonyme du mot « travail » appartenant au registre familier.

....

5 • Vrai ou faux ?

Cochez la case correspondante et justifiez votre réponse en citant un passage du texte.

	VRAI	FAUX
a. Dans le monde du travail, les bénéfices entre employeurs et employés sont déséquilibrés.		
Justification :		
b. D'après Jean-Christophe Blondel, l'employé est sous l'emprise de son patron.		
Justification :		

6 • Quel avantage a, pour les écoliers, la rentrée des classes, selon Jean-Christophe Blondel ?

    a. Elle leur permet de posséder de nouveaux biens.

    b. Elle leur permet de retrouver leurs amis de l'école.

    c. Elle leur permet de retrouver leurs habitudes de consommation.

7 • Vrai ou faux ?

Cochez la case correspondante et justifiez votre réponse en citant un passage du texte.

	VRAI	FAUX
Les écoliers se comportent comme des employés.		
Justification :		

8 • Expliquez pourquoi Jean-Christophe Blondel dit que l'écolier « est déjà un homme libre ».

....

9 • Expliquez avec vos propres mots le conseil que donne l'auteur à la fin du texte.

....

....

Exercice 32 *Lisez le document puis répondez aux questions.*

Réussir sans le bac, c'est possible !

De François Pinault à Vanessa Paradis, les personnalités qui ont réussi leur vie professionnelle sans avoir le bac sont légion. Passage en revue.

Pour les 686 907 candidats qui ont passé les examens du baccalauréat, les résultats tombent ce vendredi 4 juillet. Avec l'angoisse pour ceux qui ne seront pas reçus. Vous les entendez encore, ces oiseaux de malheur, qui vous ont dit un jour ou l'autre : *« Qu'est-ce que tu deviendras sans le bac ? »* Ne craignez rien, ils se trompent. Votre vie ne va pas s'arrêter pour autant. On peut réussir sans le bac. Et même très bien. La scène se passe il y a deux ou trois ans, lors d'une fête à Paris. Cet homme-là ne paie pas de mine[1]. Il a une soixantaine d'années, un visage un peu rond. Il n'a pas le bac, avoue-t-il à son voisin. *« Et que faites-vous ? » « Oh ! Je peins, je sculpte... je bricole »*, répond le monsieur. *« Et vous exposez où ? »* poursuit poliment son interlocuteur. *« Au Grand-Palais »* : cet homme-là s'appelle Christian Boltanski, et il inaugure alors son exposition, *Personnes*.

L'estampille Éducation nationale

Il y a une multitude de Christian Boltanski en France. D'anciens ados flemmards, ou surdoués, ou tout simplement mal adaptés [...]. Au hasard de ces trajectoires atypiques, le chanteur [...] Alain Souchon, qui a tenté trois fois de passer son bac par correspondance, alors qu'il travaillait déjà comme barman à Londres ; [...] Jamel Debbouze, [...] ou encore Vanessa Paradis, l'éternelle interprète de *Joe le taxi* : ces magiciens des mots n'ont pas eu besoin de l'estampille Éducation nationale pour prouver leur valeur. *« Les diplômes sont faits pour les gens qui n'ont pas de talent. Vous avez du talent ? Ne vous emmerdez[2] pas à passer le bac »*, s'exclamait l'humoriste Pierre Desproges. D'illustres politiques ont, eux aussi, fait l'impasse : on se souvient de Pierre Bérégovoy, Premier ministre de François Mitterrand, avec son seul certificat d'études et son CAP d'ajusteur ; René Monory, ministre de l'Éducation nationale entre 1986 et 1988, n'avait pas son bac. Et, plus près de nous, Christian Estrosi, 57 ans, ancien ministre, vice-président de l'UMP, député et maire de Nice [...]. Parmi les chefs d'entreprise, Jean-Claude Decaux, 75 ans, fils d'un marchand de chaussures, est devenu le leader mondial du mobilier urbain et une des premières fortunes de France. Tout aussi célèbre et encore plus riche, François Pinault, 76 ans, a quitté, lui, l'école à 16 ans. Cela ne l'a pas empêché de devenir un magnat du luxe... Et au total on estime qu'un dixième des dirigeants de PME[3] n'ont pas le bac.

Qu'ils soient célèbres ou anonymes, un profil commun se dégage de ces expériences de vie réussie, une sorte [...] de confiance en sa bonne étoile[4] et de courage, car il en faut pour assumer de sortir ainsi des clous. *« Il faut un ego surdéveloppé [...] et assumer ses choix, alors qu'en France on a tendance à te dire : "T'as pas fait d'études, tu ne vaux rien" »*, lâche Mathieu Brémond, 33 ans, chef électricien de cinéma. Lui a raté son bac S en 1999 et a choisi de ne pas le repasser. Coursier, déménageur sur une production - grâce à la mère d'un copain -, stagiaire électro, magasinier... il fait ses classes sur le terrain. *« Le temps que tu n'as pas passé à l'école, tu le passes à bosser[5] à des postes peu intéressants. Il faut accepter de grimper les échelons un à un. [...] Ces années d'apprentissage permettent de trouver sa voie. Et de se trouver soi-même. »*

« Profitez de votre échec »

[...] Marc Puche, 48 ans, a pris pour la première fois de sa vie la parole à l'Assemblée nationale en janvier dernier pour vanter le métier de tailleur de pierre et parler de son envie de construire des cathédrales. Une métaphore de son métier d'entrepreneur : Marc Puche est l'un des lauréats des Victoires des Autodidactes, une compétition organisée depuis plus de vingt ans par le *Harvard Business School Club de France* et le cabinet d'audit *Mazars*. Elle récompense chaque année des chefs d'entreprise talentueux qui n'ont pas de diplôme.
« À 16 ans, j'étais en échec, j'ai quitté l'école pour faire un BEP [brevet d'études professionnelles, NDLR] de tailleur de pierre. À 19 ans, je me suis lancé dans la bureautique. Je vendais des photocopieurs et j'ai gravi tous les échelons », raconte cet homme énergique. Aujourd'hui, Marc Puche dirige le groupe AEGE [...]. Que dit-il à ceux qui échouent à l'école ? *« Profitez de votre échec pour vous poser la bonne question : qu'avez vous envie de faire de votre vie ? Ne subissez pas, croyez en votre intuition, en votre créativité. »* Quand il recrute, Marc Puche s'intéresse plus à l'envie et au projet des postulants qu'à leur diplôme. Une disposition trop rare chez les employeurs : *« Notre bon vieil Hexagone est si frileux[6] vis-à-vis des non-diplômés alors que dans le reste du monde c'est le projet et celui qui le porte qui compte... »* regrette le coach et écrivain Stéphane Courchaure. [...]

1. Avoir l'air très banal. - 2. Ennuyer en langage très familier. - 3. Petites et Moyennes Entreprises. - 4. Sa chance. - 5. Travailler (familier). - 6. Craintif.

Caroline Brizard et Cécile Marche – Le Nouvel Observateur

http://tempsreel.nouvelobs.com/education/20130704.OBS6452/reussir-sans-le-bac-c-est-possible.html

1 • Quel est le but de cet article ?

    a. Défendre un point de vue.   **b.** Motiver les futurs bacheliers.   **c.** peser le pour et le contre du bac.

2 • Quel est le sens de l'expression « [les personnalités qui ont réussi leur vie professionnelle sans avoir le bac] sont légion » dans le sous-titre ?

    a. Elles sont nombreuses.   **b.** Elles sont rares.   **c.** Elles sont imprudentes.

> Si vous ne connaissez pas l'expression, aidez-vous de votre compréhension générale pour répondre.

3 • Vrai ou faux ?

Cochez la case correspondante et justifiez votre réponse en citant un passage du texte.

	VRAI	FAUX
a. Il est impossible d'arriver dans les hautes sphères de la politique sans passer son bac. *Justification :*		
b. Près de la moitié des directeurs d'entreprise en France n'ont pas eu leur baccalauréat. *Justification :*		

4 • Citez deux qualités des personnes qui ont réussi par leurs propres moyens.

....

5 • Que signifie « sortir ainsi des clous », d'après le contexte :

    a. ne pas faire comme tout le monde.   **b.** se sentir supérieur.   **c.** devenir riche et célèbre.

6 • Quels sont les bénéfices d'un apprentissage « sur le terrain », d'après Mathieu Brémond ?

....

7 • Quand Marc Puche parle de « son envie de construire des cathédrales », cela :

    a. signifie qu'il a le projet d'en construire.

    b. est une image pour décrire son ambition.

    c. est une manière de se moquer des chefs d'entreprise.

8 • Pour Marc Puche, l'échec est :

    a. trop souvent destructeur.   **b.** l'occasion d'un retour sur soi.   **c.** une manière de se faire remarquer.

9 • Quelle est la particularité de la France dans le domaine du recrutement ?

....

Exercice 33 *Lisez le document puis répondez aux questions.* //

Être « ami » avec son prof sur Facebook ?

30 millions de membres Facebook rien qu'en France : il y a des chances que vos profs y soient aussi ! Avez-vous intérêt à vous en faire des « amis » et que pouvez-vous vraiment en attendre ?

Les conseils de ceux qui ont tenté l'expérience.

Lou a 15 ans. Il y a quelques mois, elle a demandé à sa prof de français de devenir son « amie » sur Facebook. Dans quel but ? « *Pour gagner en popularité, avoue la lycéenne, parce que cela fait classe d'avoir 3 000 amis. Et puis aussi par curiosité, pour voir ce que les profs postent sur leur mur, si c'est intéressant ou non.* » Son enseignante a « accepté », mais sur son profil « pro », qu'elle réserve à ses élèves. Pratique pour laquelle certains enseignants optent.

Une vie plus tellement privée

D'autres choisissent de n'avoir qu'un seul compte, mais en limitant leurs publications. C'est le cas de Sandrine, prof d'anglais au lycée, à Nantes. « *Depuis que j'ai des élèves dans ma communauté, j'ai arrêté de mettre en ligne des infos trop personnelles. Surtout, j'évite de changer mon statut de manière trop impulsive et je bannis toutes photos de mes vacances, car je sais qu'ils me lisent* ». Une vigilance qui est aussi de mise côté élèves, lorsqu'on a accepté ses profs en amis. Ainsi, Shéhérazade a ajouté sa professeure de physique-chimie en paramétrant son compte au maximum : elle a bloqué l'accès à son mur au cercle des intimes. Cela évite d'exposer des situations compromettantes, comme les derniers épisodes de sa vie sentimentale. « *Et de ne pas tout mélanger* » précise-t-elle.

Sandrine confirme : « *Photos de soirées, messages des copains... Souvent, les élèves ne se rendent pas compte de ce à quoi je peux avoir accès. Je ne leur dis jamais de faire ou ne pas faire quelque chose : ils ont des parents. Mais il faut absolument qu'ils verrouillent leur compte, c'est important.* »

De vrais avantages ?

Une fois ces précautions prises, avoir ses enseignants comme amis sur Facebook peut être très utile comme un prolongement du cours. « *Je ne mets en ligne aucune opinion, hormis des informations sur ma discipline, comme une exposition, un article ou une émission télé,* explique Alexandre, enseignant d'histoire-géographie. *Un peu comme un blog* ».

Même démarche pour Sandrine qui a créé une page spécifique aux élections américaines, au programme du lycée. « *Cela tombait pendant les vacances de La Toussaint. Les élèves s'en sont donnés à cœur joie[1] : ils ont mis en ligne des blagues, des vidéos rigolotes, le discours de Barak Obama. Tout ça en anglais !* », se félicite-t-elle.

1. Profiter pleinement de quelque chose.

Shéhérazade, en terminale, compte quant à elle demander des précisions, voire des exercices supplémentaires à son « ami prof » pour préparer le bac blanc. « *Sinon, à quoi ça cela servirait ?* », plaisante-t-elle. L'avantage du réseau social est en effet de pouvoir communiquer en temps réel. « *Un film qui repasse, une absence... Facebook c'est presque plus efficace que le téléphone portable* », explique Lou.

Une distance à respecter

Le tout, en marquant toutefois la même distance qu'en classe. « *Ce n'est pas parce que l'on est sur Facebook, qu'on se parle comme de "vieux potes"* », poursuit-elle. Oubliés donc le tutoiement, les cadeaux, les invitations aux jeux... ainsi que le langage SMS ou les chats en direct à répétition. Sandrine acquiesce : « *Facebook permet de discuter de manière plus décontractée qu'en classe, mais cela fonctionne car les élèves sont très respectueux. Ils ne me tutoient pas plus. Ils gardent une certaine pudeur, je vois qu'ils "likent" quelques posts, mais souvent ils ne font jamais aucun commentaire* ».

Pas de vrai lien d'amitié donc, même si une certaine proximité peut se créer. « *En aucun cas, je ne deviens réellement leur ami,* assure Alexandre, qui ajoute aux élèves qui voudraient bien l'entendre : Souvenez-vous-en, quelques instants plus tard, cela sera ce même "ami" qui va corriger votre copie et remplir vos bulletins !* »

Agnès Morel

http://www.letudiant.fr/trendy/myself/mon-cercle/pourquoi-etre-ami-avec-son-prof-sur-facebook.html

---

1 • Quel est le thème principal de cet article ?

   a. Faut-il bannir l'amitié entre enseignant et élèves ?

   b. Les groupes éducatifs sur Facebook sont-ils efficaces ?

   c. Y a-t-il un intérêt à devenir « ami » sur Facebook avec son professeur ?

2 • Pourquoi Lou a-t-elle invité sa professeure sur Facebook ?

....

3 • Vrai ou faux ?

   Cochez la case correspondante et justifiez votre réponse en citant un passage du texte.

	VRAI	FAUX
a. L'enseignante a refusé le contact de Lou sur son compte personnel. *Justification :*		
b. D'après le journaliste, la majorité des enseignants préfère ouvrir un compte professionnel. *Justification :*		

4 • Que font les enseignants qui n'ont qu'un seul compte Facebook ?

....

5 • D'après Sandrine, les élèves :

   a. ne sont pas suffisamment vigilants.

   b. ne sont pas assez surveillés par leurs parents.

   c. ne savent pas comment verrouiller leur compte.

6 • Expliquez avec vos propres mots les avantages de Facebook pour ces deux enseignants :

a. Alexandre	....
b. Sandrine	....

7 • À quoi Shéhérazade compare-t-elle Facebook ?

....

8 • Que signifie l'expression « vieux potes » dans le texte ?

    a. Personnes âgées.

    b. Amis de longue date.

    c. Personnes qui ont un respect les unes envers les autres.

9 • Pourquoi Sandrine dit que les élèves sont respectueux ?

....

10 • Vrai ou faux ?

Cochez la case correspondante et justifiez votre réponse en citant un passage du texte.

	VRAI	FAUX
Alexandre accepte d'être considéré comme un ami pour ses élèves. *Justification : ....*		

|||||| **II** **Thèmes de société** ||||||||||||||||||||||||||||||||||||||||||||||||||||||||||||||||

Exercice 34 *Lisez le document puis répondez aux questions.* ||||||||||||||||||||||||||||||||||||||||||||||||||

La jeunesse actuelle a-t-elle envie de devenir adulte ?

« *Notre génération ne sait plus quand s'arrêter de faire la fête* » : cette phrase du Londonien Clive Martin, argumentée dans un long billet publié sur *Vice*, s'appuie sur son constat, un brin désabusé, d'un manque de volonté globale pour les vingtenaires (« *de vingt à ving-neuf ans* » dit le Larousse) à se conformer aux « *grands principes qui régissent la vie d'adulte* » et à reproduire le schéma de leurs parents. À savoir, selon lui : « *fonder une famille et posséder un bien immobilier* ».

Dans un style qui mêle les références à de grandes thématiques historiques et sociales (la fin du baby-boom en Grande-Bretagne, le coût immobilier en forte augmentation, la part de plus en plus grande de jeunes Britanniques vivant chez leurs parents) et de nombreuses observations personnelles, l'auteur décrit des « *régiments de jeunes hommes et de jeunes femmes* » qui ne « *savent pas quoi faire* » et n'arrivent pas à « *inventer une nouvelle façon de vieillir* » :

« *Je n'ai pas encore trente ans, mais je n'en suis pas bien loin. Quand je me penche sur ma vie, je remarque qu'elle n'a pas beaucoup changé depuis mes 17 ans. L'été que je viens de passer est un bon exemple. Je me souviens avoir erré[1] dans les rues de Londres avec mes potes, vidé des canettes de bières, entonné des chants de supporters, essayé de m'incruster à des fêtes, envoyé des textos à des meufs[2] pour savoir ce qu'elles faisaient (mais elles ne m'ont jamais répondu), [...] et passé mes après-midis en jogging. (...) Selon moi, ce rejet global et exclusif de la maturité constitue un enjeu majeur, qui influencera probablement les futurs écrivains pour décrire notre génération. Ils raconteront comment nous avons brisé les schémas traditionnels : avoir des enfants, une maison et un boulot qui méritent qu'on trime[3] en permanence. Ils décriront comment nous nous sommes enfermés dans une mentalité d'adolescent.* »

Comprendre un texte argumentatif

Comme un écho à ce descriptif acerbe (« *évident* » et « *pertinent* » pour certains, ou seulement amusant par son exagération pour d'autres), le *New York Times* a ouvert, jeudi 25 décembre, ses colonnes à un débat de plusieurs spécialistes, qui tentent de déterminer si le concept d'âge adulte est « retardé » ou carrément « oublié » pour les jeunes générations actuelles. Leurs observations recoupent, sur de nombreux aspects, celles du texte publié sur *Vice*.

« *Le mariage, les enfants, un salaire et une maison sont les marqueurs traditionnels de l'âge adulte. Prenez un effondrement économique qui touche particulièrement les jeunes, associez-le avec une culture toujours plus grande d'individualisme et de narcissisme, et vous aurez comme résultat une disparition progressive de ces marqueurs* », écrit W. Keith Campbell, chercheur en psychologie à l'université de Géorgie, quelque peu fataliste. « *Être adulte est de plus en plus vu comme un choix de vie. Je peux assumer des responsabilités d'adultes, […] ou je peux juste choisir la Xbox*[4] *et décider de ne pas commencer ma carrière ou entamer une relation adulte avec quelqu'un. […] Cela peut être le vieux modèle d'une socialisation adulte repoussée à plus tard, ou bien la naissance d'une nouvelle culture d'âge adulte en option. Je pense que les deux arrivent en ce moment, et je suis à la fois curieux et nerveux de voir à quoi cela va conduire.* » Pour autant, les autres auteurs à qui le *New York Times* donne la parole sont plus terre à terre, expliquant ces évolutions par le contexte économique.

1. Marché sans but. – 2. Femme, en argot. – 3. Travaille durement, en argot. – 4. Marque de console de jeu.

http://bigbrowser.blog.lemonde.fr/2014/12/27/la-jeunesse-actuelle-a-t-elle-envie-de-devenir-adulte/

1 • Quel est le thème principal de cet article ?

    a. La mentalité des jeunes Londoniens.

    b. La vision que les adultes ont des jeunes.

    c. Les questionnements de la jeunesse actuelle face au monde adulte.

2 • Que refusent les jeunes d'aujourd'hui, d'après Clive Martin ?

    ....

3 • Qu'est-ce qui, selon Clive Martin, pose problème avec cette jeunesse ?

    a. Le fait de ne pas vouloir vieillir.

    b. Le fait de ne pas vouloir vivre comme les parents.

    c. Le fait de ne pas réussir à construire un autre modèle de vie adulte.

4 • Quel constat fait Clive Martin sur sa propre vie ?

    a. Sa vie est triste et monotone.

    b. Son mode de vie n'a presque pas évolué récemment.

    c. Il ne sait pas comment occuper ses journées.

5 • Vrai ou faux ?

Cochez la case correspondante et justifiez votre réponse en citant un passage du texte.

	VRAI	FAUX
D'après Clive Martin, les jeunes refusent catégoriquement le concept de maturité. *Justification :*		

6 • Selon Clive Martin, comment les écrivains de demain décriront les gens de sa génération ?

    a. Comme des éternels adolescents.

    b. Comme de grands idéalistes et penseurs.

    c. Comme des adultes qui n'ont pas su se différencier de leurs parents.

7 • Citez 4 adjectifs du texte qui qualifient l'article de Clive Martin.

    ....

8 • Quelle est la problématique soulevée dans les articles du *New York Times* ?

    ....

9 • Quelles sont les deux causes de l'effacement des marqueurs de l'âge adulte, d'après W. Keith ?

....

10 • Quels sont les deux sentiments qu'épouvre Clive Martin dans cette période de transition ?

....

11 • Que signifie l'expression « terre à terre » dans la dernière phrase :

a. abstrait.   **b.** banal.   **c.** psychologique.

Exercice 35 *Lisez le document puis répondez aux questions.* //

Du bon usage du mensonge

Oui, merci, ça va. Délicieux. J'adore. J'ai presque fini. J'arrive. Je t'attends. Ça va bien aller. Promis. Je vais t'aimer. Toujours. Tout le monde, tout le temps. Au moins deux fois par jour, dit-on : nous mentons. Des grands, mais surtout des petits mensonges, ici et là, parfois par convention, souvent par omission. Est-ce bien ? Est-ce mal ? Est-ce possible de justifier un bon usage du mensonge ? Portrait d'un débat.

Le mensonge éthique

Depuis la nuit des temps, l'homme ment. Pour se protéger, bien sûr : viens ici, gentil toutou[1], je ne te ferai pas de mal. Mais souvent, aussi, pour protéger l'autre : promis, je ne te quitterai jamais. Oups.

Cela étant dit, éducation oblige, nous avons tous plus ou moins été élevés dans l'apologie de la sincérité. Non, je ne mentirai pas.

Les grands philosophes ont tous également fait l'éloge de la vérité, et donc dénoncé la laideur du mensonge. Relisez vos classiques. Platon et Kant n'avaient rien de bon à dire sur le mensonge. Mentir, c'est mépriser l'autre. [...] N'empêche. La question se pose. Faut-il pour autant dire toute la vérité à une personne mourante ? À une amie dépressive ? À un patron malcommode ? En un mot : est-ce possible de trouver une justification éthique au mensonge ?

« Non, non, non. Il n'y a aucune bonne raison de mentir », répond l'auteur Michel Fize, à qui l'on doit *Les menteurs : pourquoi ont-ils peur de la vérité ? « Les relations humaines doivent être basées sur la confiance*, déclare-t-il. *Si on ne peut pas croire à la parole de l'autre, il n'y a pas de vie sociale possible. C'est même invivable »*, affirme le sociologue, pour qui même le père Noël constitue carrément *« un mensonge effroyable »*.

Pas nécessairement amoral

Le philosophe français Éric Fiat a publié il y a quelques années un essai tentant précisément de concilier mensonge et éthique. Dans *Le mensonge, du point de vue de l'éthique* (dans la revue *Soins Pédiatrie-Puériculture*), il affirme que, quoique laid et souvent mesquin, le mensonge n'est pas nécessairement amoral pour autant. Selon lui, nous avons aussi tous le droit, parfois même le devoir (dans le cas d'un enfant malade, notamment) *« [...] au silence, au secret, et même à la fiction »*, tant que cela demeure *« exceptionnel »*, nuance-t-il.

C'est le fameux droit au « jardin secret », ce droit de ne pas « tout dire », parce que quoi qu'on en dise, non, toute vérité n'est pas bonne à dire. Et surtout pas n'importe quand. Parfois oui, une habile omission[2] vaut mieux qu'une brutale vérité.

Qui, en effet, a envie de savoir qu'on a eu une journée affreuse, que la coupe de cheveux de la voisine est à mourir ou que non, ton père n'était pas ce héros que tu crois ? Oui, parfois, mieux vaut se taire. Tout est question de délicatesse, de sensibilité, renchérit la psychothérapeute et conférencière Sarah Serievic, spécialiste des psychodrames, l'art que nous avons tous de mettre en scène nos comportements, bref, de mentir. [...] Les avis sont très partagés.

Contre

D'un côté, le sociologue Michel Fize ne le croit pas. Nullement. *« Je crois qu'il n'y a aucune bonne raison au quotidien d'utiliser l'arme du mensonge. »* Car ne vous y méprenez pas, dit-il, le mensonge est en effet une arme : *« Une arme de pouvoir, pour s'imposer, obtenir plus, davantage de gratification, de satisfaction. »*

Il n'y a qu'à penser aux hommes politiques qui, à chaque campagne électorale, font un salmigondis[3] de promesses *« qu'ils ne tiennent pas une fois élus »*. *« C'est une arme de pouvoir. Et plus on monte dans la hiérarchie sociale, plus on trouve le mensonge bien installé »*, dénonce-t-il.

Selon lui, ceux qui préfèrent le mensonge poli à la vérité parfois brutale font aussi le choix de la facilité. *« Le mensonge, c'est simple, c'est un réflexe, ça ne demande aucun travail intellectuel. »* Mieux vaut dire la vérité, quitte à l'adoucir (*« Je préférais ta coupe de cheveux avant »*), notamment parce que *« l'autre n'est pas dupe[4] »*.

Pour

Toujours ? La psychothérapeute Sarah Serievic n'est pas de cet avis. Bien au contraire. Socialement, il ne sert à rien de répondre crûment au banal « *Ça va ?* » matinal. « *Tout le monde n'est pas prêt à accueillir qu'on ne va pas. Il n'est pas adéquat de dire qu'on ne va pas si le contexte ne s'y prête pas.* » Tout comme il n'est pas adéquat de dire à un mourant en détresse qu'il ne lui reste plus que quelques heures à vivre, ou à une copine déprimée qu'elle a vraiment mauvaise mine. « *Il est important, quand on est en relation avec quelqu'un, de capter son état d'esprit,* explique la thérapeute. *Ce n'est pas toujours le moment de lui dire toute la vérité. Il faut stimuler l'autre, l'encourager, l'aider à aller dans le sens de son évolution* », croit-elle. En un mot, dans toute relation sociale, un peu de nuance et de doigté[5] s'imposent, car « *chaque cas est unique* », résume-t-elle.

1. Chien, en langage familier. – 2. Fait de ne pas dire quelque chose. – 3. Mélange incohérent. – 4. Ne se laisse pas tromper/connaît la vérité. – 5. Habileté.

http://www.lapresse.ca/vivre/societe/201409/26/01-4803975-du-bon-usage-du-mensonge.php

1 • Quel est le but de l'article ?

....

2 • D'après l'auteur, nous mentons :

a. tout le temps.   **b.** quotidiennement.   **c.** de plus en plus.

3 • Citez deux raisons de mentir, d'après l'auteur.

....

4 • Pour Michel Fize, le manque de confiance rend la relation :

a. difficile.   **b.** dangereuse.   **c.** insupportable.

5 • Pour Michel Fize, le mensonge à propos du Père Noël est :

a. terrible.   **b.** minime.   **c.** saugrenu.

6 • Dans quelle circonstance mentir devient nécessaire, d'après Éric Fiat ?

....

....

7 • Pourquoi le mensonge n'est pas toujours à bannir, d'après Sarah Serievic ?

....

8 • Vrai ou faux ?

Cochez la case correspondante et justifiez votre réponse en citant un passage du texte.

	VRAI	FAUX
a. D'après Michel Fize, plus on est riche ou puissant plus on ment. *Justification :*		
b. Pour Michel Fize adoucir la vérité c'est aussi mentir. *Justification :*		

9 • Pour Sarah Serievic, répondre « je ne vais pas bien » quand on nous demande « Ça va ? » est :

a. inutile.   **b.** courageux.   **c.** irrespectueux.

10 • Pour Sarah Serievic, quel élément détermine s'il faut mentir ou non ?

....

....

Comment l'argent influence notre comportement

Les psychologues qui ont étudié l'impact de la richesse et de l'inégalité sur le comportement humain ont constaté que l'argent peut exercer une grande influence sur nos pensées et nos actes sans qu'on en ait forcément conscience, et indépendamment de notre situation économique. Bien que la richesse soit quelque chose de subjectif, la plupart des études actuelles mesurent la richesse à l'échelle des revenus, du statut du travail ou d'autres facteurs socio-économiques, comme la réussite des études et la richesse intergénérationnelle.

Plus d'argent, moins d'empathie ?

Plusieurs études ont montré que la richesse peut rentrer en conflit avec l'empathie et la compassion. Des recherches publiées par le journal *Psychological Science* ont également constaté que les personnes moins aisées déchiffraient mieux les expressions faciales d'autrui - signe majeur d'empathie - que les plus riches.

« On constate surtout que les classes défavorisées ont tendance à manifester plus d'empathie, et les classes supérieures, moins », a indiqué au *Time* Michael Kraus, co-auteur de l'étude. [...]

Une étude de l'université de Berkeley a ainsi conclu que même de l'argent fictif peut pousser les gens à agir avec moins de considération pour les autres. Les chercheurs ont ainsi noté que lorsque deux étudiants jouent au *Monopoly* - l'un recevant au départ bien plus d'argent que le second - le joueur le plus riche manifeste d'abord de la gêne. Mais il se met à jouer ensuite plus agressivement, occupant davantage le terrain, et finit même par se moquer du joueur plus pauvre.

[...]

La richesse est associée à l'addiction.

Si l'argent en lui-même ne provoque pas d'addiction ou de dépendance, la richesse a été associée à un risque plus élevé de problèmes d'addiction. [...] Les recherches ont aussi montré que les enfants ayant des parents riches ne sont pas forcément exempts[1] de souci d'adaptation ; en fait, des études ont constaté que les lycéens des milieux privilégiés fournissaient plus d'exemples d'inadaptation que les étudiants issus des quartiers défavorisés. Les chercheurs ont découvert que ces enfants semblaient encore plus enclins[2] à intérioriser leurs problèmes, ce qui a été associé au problème de dépendance.

Et il ne s'agit pas que des adolescents : même à l'âge adulte, les riches consomment 27 % de plus d'alcool que les pauvres.

[...]

Les enfants riches peuvent être plus perturbés

Les enfants grandissant dans des familles riches peuvent sembler tout avoir, mais tout avoir coûte parfois très cher. Les enfants plus riches ont tendance à être davantage perturbés que les enfants plus défavorisés et présentent un risque élevé d'anxiété, de dépression, de toxicomanie, de troubles alimentaires, de tricherie et de vol. Des études ont également constaté une forte proportion de *binge-drinking's*[3] et de consommation de marijuana chez les enfants issus de famille blanche biparentale, ayant de hauts revenus.

« Dans des communautés en pleine ascension sociale, les enfants subissent souvent une certaine pression pour exceller dans les études et les activités extrascolaires, afin de maximiser leurs perspectives d'études à long terme. Ce phénomène peut engendrer un stress élevé », écrit la psychologue Suniya Luthar dans son article *The Culture Of Affluence*. [...]

On a tendance à percevoir la richesse comme « le Mal ».

De l'autre côté de la balance, les individus ayant de plus bas revenus ont tendance à juger et à faire des généralités sur ceux qui sont plus riches qu'eux, jugeant souvent les riches comme « indifférents ». Il est cependant vrai que les pauvres doivent lutter contre leurs propres stéréotypes sociaux.

Selon le magazine *Scientific American*, les gens riches provoquent souvent envie et méfiance, jusqu'au point où l'on prend plaisir à les voir en difficulté. Une étude de l'université de Pennsylvanie a ainsi démontré que la plupart des gens ont tendance à associer la perception de profits avec une nuisance sociale. Quand on a demandé aux participants d'évaluer différentes entreprises et industries (certaines réelles, d'autres hypothétiques), aussi bien les gens de gauche que de droite ont catalogué les institutions faisant plus de profits comme nuisibles à tous les niveaux, indépendamment des actions réelles de l'entreprise ou de l'industrie en question.

L'argent ne fait pas le bonheur (et n'achète pas l'amour)

Dans notre quête du succès (car, après tout, qui ne voudrait pas réussir ?), on a tendance à chercher l'argent et le pouvoir, ce qui peut interférer avec ce qui compte vraiment : le bonheur et l'amour.

Il n'existe pas de corrélation directe entre revenus et bonheur. Une fois atteint un certain niveau de revenus pouvant subvenir à nos besoins élémentaires et soulager la pression (certains disent environ 37 000 euros par an, d'autres 55 000), la richesse ne fait plus vraiment la différence au niveau du bien-être et du bonheur. Elle a même plutôt des effets négatifs sur le bien-être. Les gens extrêmement riches souffrent plus de dépression. Certaines données suggèrent que ce n'est pas l'argent en lui-même qui conduirait à l'insatisfaction, mais l'effort constant pour en acquérir. [...]

1. Préservés. - 2. Prédisposés. - 3. Alcoolisme compulsif.

h1://4emesinge.com/comment-largent-influence-notre-comportement/

Comprendre un texte argumentatif

1 • Quel est le but de cet article ?

   a. Démontrer une théorie.   **b.** Faire l'éloge de la richesse.   **c.** Expliquer la cause des inégalités.

2 • Vrai ou faux ?

   Cochez la case correspondante et justifiez votre réponse en citant un passage du texte.

	VRAI	FAUX
a. L'argent nous influence inconsciemment. *Justification :*		
b. Les pauvres s'intéressent davantage aux personnes qui les entourent. *Justification :*		

3 • D'après l'étude de l'université de Berkeley, quelles sont les trois réactions du joueur « le plus riche » au *Monopoly* ?

   ....

4 • Vrai ou faux ?

   Cochez la case correspondante et justifiez votre réponse en citant un passage du texte.

	VRAI	FAUX
a. D'après l'auteur, il est possible de ressentir une addiction à l'argent. *Justification :*		
b. Les jeunes riches ont une meilleure capacité d'adaptation que les pauvres. *Justification :*		

5 • Dans ce contexte, que signifie « être perturbé » ?

   a. Ne pas être bien dans sa peau.   **b.** Souffrir d'une maladie mentale.   **c.** Ne pas faire comme tout le monde.

6 • D'après Suniya Luthar, quelle est la raison du stress des jeunes provenant de milieux favorisés ?

   ....

7 • Quelle généralité les pauvres ont tendance à faire sur les riches ?

   ....

8 • Quelles émotions suscitent généralement les gens riches chez ceux qui ne le sont pas ?

   ....

9 • D'après l'auteur, ce qui a le plus de valeur est :

   a. matériel.   **b.** immatériel.   **c.** religieux.

10 • Qu'est-ce qui serait la cause de « l'insatisfaction » citée dans la dernière phrase ?

   a. Le fait de ne pas être riche.   **b.** La peur de ne plus être riche.   **c.** La difficulté de gagner de l'argent.

Exercice 37 *Lisez le document puis répondez aux questions.* ///

Apprendre la solitude pour ne pas la craindre

Il y a ceux qui ne supportent pas de rester seuls. Ceux qui se sentent seuls parmi les autres. Ceux pour qui la visite chez la boulangère sera l'unique occasion de rencontre de la journée. Ceux qui se délectent[1] de moments solitaires, enfin seuls...

Le sentiment de solitude peut être lié à une situation objective (séparation, perte d'un être cher, retraite, chômage, déménagement, vieillesse...) mais c'est aussi une notion hautement subjective, de l'ordre du ressenti. Selon des études effectuées par des chercheurs en psychologie sociale dans les années 1970 et 1980, ce sentiment ne dépend pas de la richesse objective de la vie relationnelle. Et il n'y aurait pas de différence significative entre les adultes affirmant se sentir seuls et les autres au regard du nombre d'amis qu'ils ont respectivement.

Autrefois limité aux adultes et adolescents, le sentiment de solitude serait de plus en plus présent chez les plus jeunes. « *C'est devenu un peu le fil rouge de la psychopathologie*, assure Sébastien Dupont, psychologue auprès des enfants et des adolescents au Centre hospitalier d'Erstein (Bas-Rhin). *Il y a cinquante ans, l'enfant souffrait d'un trop plein de présence des adultes, ce qui engendrait des individus frustrés et névrosés, il souffre maintenant d'une trop grande absence d'autrui, ce qui donne des adultes seuls et déprimés.* » La solitude dont souffrent les enfants et les adolescents serait d'abord celle de leurs parents. L'affaiblissement des institutions, la montée de la notion de liberté individuelle, l'absence de consensus éducatif renvoient l'individu à lui-même et le fragilisent. « *La société actuelle est très insécurisante pour les tout-petits. Ils ont beaucoup moins de continuité et de sécurité affective que par le passé. L'autonomie est devenue le maître mot de nos principes éducatifs* », assure Sébastien Dupont. [...]

« *On peut souffrir de l'absence de l'autre ou des autres mais ça n'est pas la même chose que de souffrir de l'incapacité d'être seul. On n'est plus dans le manque mais dans le risque de la perte de soi* », analyse Catherine Audibert, psychanalyste. Dans ce cas, il ne suffit plus d'appeler un ami pour se sentir rassuré. L'angoisse est si forte qu'elle peut déclencher des symptômes physiques : on se sent tomber, ce qui peut aller jusqu'à la chute véritable. « *Pour fuir ce sentiment, certains glissent vers des conduites addictives* », constate la psychanalyste. [...] L'individu se trouve dans le besoin constant de la présence de l'autre. Il a le sentiment de ne pas pouvoir se soutenir lui-même si l'autre n'est pas là.

Peut-on réparer ces manques de l'enfance ou doit-on apprendre à vivre avec et à les apprivoiser ? « *Rien n'est jamais définitif*, assure Catherine Audibert. *Le cadre thérapeutique permet de récréer un environnement favorable à un retour sur soi avec la présence bienveillante du thérapeute.* » À l'issue de la cure, le patient sera alors en capacité d'être seul sans se sentir en grande détresse. Car l'expérience de la solitude est bénéfique et structurante. Elle favorise la découverte de soi, permet de faire émerger[2] ses envies, ses aspirations, permet la création artistique, ou tout simplement de se ressourcer et de se détendre.

« *Savoir être seul, cela s'apprend* », considère Gérard Macqueron, psychiatre comportementaliste. « *Le plus souvent, existe un mal-être. Conflit intérieur, mauvaise estime de soi ou toute autre raison qui perturbe la relation à l'autre, mais aussi et surtout la relation à soi-même* », considère le spécialiste qui propose des stratégies très concrètes pour ne plus avoir peur d'être seul. « *La solitude fait peur, parce qu'elle ravive en nous des souvenirs douloureux, mais aussi parce que nous n'avons pas appris à l'apprivoiser* », poursuit-il. Suroccupés, les enfants vont d'une activité à une autre. Seuls, ils se précipitent sur leur console de jeux, ordinateur ou téléphone portable. « *C'est dès l'enfance que nous devrions être éduqués à supporter et à aimer être seuls* », assure le psychiatre. Pour que les moments de solitude soient des moments où l'on se retrouve en « *bonne compagnie* » avec soi-même.

1. Se réjouir, aimer particulièrement. – 2. Découvrir, littéralement « faire remonter à la surface ».

http://www.lemonde.fr/vous/article/2010/04/24/apprendre-la-solitude-pour-ne-pas-la-craindre_1342214_3238.html

---

1 • Cet article est de type :

    a. scientifique.   **b.** philosophique.   **c.** psychologique.

2 • Le chapeau de l'article :

    a. donne la définition de la solitude.

    b. définit différents types d'individus face à la solitude.

    c. dénonce l'individualisme de nos sociétés.

3 • La notion de solitude :

    a. est indéfinissable.   **b.** est tout à fait objective.   **c.** change selon la vision de chaque individu.

4 • D'après Sébastien Dupont, que ressentaient les enfants il y a un demi-siècle ?

....

5 • Toujours d'après Sébastien Dupont, de quoi souffrent les enfants aujourd'hui ?

....

6 • **Vrai ou faux ?**

Cochez la case correspondante et justifiez votre réponse en citant un passage du texte.

	VRAI	FAUX
a. Les enfants souffrent en premier lieu de la solitude des parents. *Justification :*		
b. Les enfants en bas âge se sentent plus rassurés affectivement que dans le passé. *Justification :*		

7 • **Quel est le cas psychologique le plus grave, d'après Catherine Audibert ?**

   a. Souffrir de la solitude des autres.

   b. Souffrir de l'absence de quelqu'un.

   c. Souffrir de l'incapacité d'être seul.

8 • **Citez trois bénéfices d'être seul, d'après Catherine Audibert.**

   ....

9 • **Quelles sont les deux raisons pour lesquelles la solitude inquiète, d'après Gérard Macqueron ?**

   ....

10 • **D'après Gérard Macqueron, les enfants se précipitent sur leur console de jeu :**

   a. pour s'isoler volontairement.   **b.** pour rester occupés.   **c.** pour se retrouver entre joueurs.

Exercice 38 *Lisez le document puis répondez aux questions.* ///

Quelle vision les adolescents ont-ils de l'amour ?

« Apprendre à aimer. Comment parler d'amour à nos enfants ? » : telle est la vaste question qui sera abordée, par l'Association des parents d'élèves de l'enseignement libre (Apel), ce 16 octobre. *« C'est la première fois que nous organisons un colloque sur ce thème,* précise Béatrice Barraud, présidente nationale de l'Apel, *car les parents aujourd'hui sont préoccupés et particulièrement démunis. Ils se sentent en effet "doublés" par les informations que les jeunes reçoivent, notamment sur Internet, qui ne vont pas forcément dans le sens que nous souhaitons. »*

Ils se sentent aussi très mal à l'aise face à ces sujets qui relèvent de l'intime, et qu'ils ne savent pas comment aborder avec leurs propres enfants. Que dire, comment le dire et à quel âge ? Est-ce qu'on attend que les questions surgissent ou est-ce qu'on les devance[1] ? Au-delà de la sexualité, comment leur parler d'amour ? Est-ce qu'il s'agit d'en parler avec des mots ou est-ce de l'ordre du témoignage ? Ces questions se posent avec plus d'acuité[2] encore quand ils atteignent l'âge de leurs premières amours : comment on les accompagne ? Est-ce qu'on met des limites et lesquelles ?

Le contexte social dans lequel les enfants baignent a de quoi en effet déboussoler les parents... et les jeunes eux-mêmes. Les modèles que leur renvoie le monde adulte ne leur donnent pas une vision très positive du couple : des « people » aux héros des émissions de téléréalité, en passant par ceux qu'ils voient vivre autour d'eux, et qui souvent se séparent, au sein même parfois de leur propre famille. [...]

Donner des repères dès la grande enfance

Armelle Nollet, qui intervient auprès d'adolescents, estime qu'on peut leur donner des *« cours d'amour »*, *« même s'ils sont tentés, quand on leur en parle, de nous rire au nez[3] ». « On peut leur apprendre l'empathie, la capacité de se mettre à la place de l'autre, l'impact émotionnel d'une relation, à partir de situations concrètes : un meilleur ami ou un petit ami qui les laisse tomber - ils disent d'ailleurs "ça, c'est grave". Et les faire réfléchir à cette occasion aux notions de respect, de confiance, d'engagement. »*

Les repères transmis dans ce domaine se distillent, par ailleurs, tout au long de la vie de l'enfant, « *notamment à l'âge de la grande enfance, où ils sont curieux de tout et très réceptifs aux discours de leurs parents* », conseille Béatrice Copper-Royer. « *Il est important de répondre aux questions qu'ils se posent, sans les éviter, mais aussi de leur faire passer des messages, au quotidien, autour de l'intimité, de la pudeur, en leur apprenant à respecter leur corps et celui de l'autre. C'est plus facile de le faire en amont⁴, qu'au moment de l'adolescence, où ils ne veulent plus entendre parler des conseils de leurs parents. Et quand ils sont entrés dans leur vie sexuelle*, estime-t-elle, *les parents n'ont plus à s'en mêler. Ils doivent aussi leur faire confiance, ne pas être dans la crainte, dans la peur.* »

« Un idéal d'amour chevillé au corps⁵ »

Les premières amours de leurs enfants inquiètent en effet souvent les parents. À tort ou à raison ? Les adolescents sont certes un peu perdus. « *Ce qui paraît assez confus dans leur tête, c'est qu'ils sont pris dans un discours social assez cru, et qui les angoisse plutôt*, souligne Béatrice Copper-Royer. *Et en même temps, ils sont toujours aux prises avec un idéal d'amour chevillé au corps, une vision de l'amour qui dure.* »

Il ne faut pas, en tout cas, toujours se fier à « *l'image de surface* » qu'ils donnent d'eux-mêmes, rassure Patrice Huerre, qui souligne le décalage qui existe souvent entre « *la crudité de leurs propos et la réalité de ce qu'ils vivent* ». « *La liberté d'évocation inimaginable que permettent les nouvelles technologies ne veut pas dire qu'ils aient des mœurs extrêmement libres*, assure-t-il. *Il ne faut pas qu'on s'y trompe : leurs premières expériences restent toujours inédites et ils se posent exactement les mêmes questions fondamentales que la génération précédente.* »

Ils sont, certes, un peu ébranlés par ce qu'ils ont vu autour d'eux, et ont davantage « *de doutes sur la durée des couples* », nuance-t-il. Mais ils continuent à rêver au grand amour, avec des idéaux de fidélité et un romantisme très forts. C'est entre ces rêves profondément ancrés en eux et la réalité fragile de ce qu'ils vivent que parents et éducateurs devront sans doute aider les adolescents à construire les couples de demain.

1. Ne pas attendre les questions pour en parler. - 2. Intensité. - 3. Se moquer de quelqu'un. - 4. Plus tôt/au début (dans ce cas, pendant l'enfance). - 5. Bien ancré, installé en nous.

Christine Legrand

http://www.la-croix.com/Actualite/France/Quelle-vision-les-adolescents-ont-ils-de-l-amour-_NG_-2010-10-15-604785

1 • **Le ton de l'article est :**

    a. ironique.   **b.** alarmiste.   **c.** explicatif.

2 • **Comment comprenez-vous l'affirmation « Ils se sentent en effet "doublés" par les informations que les jeunes reçoivent »**

    ....

3 • **Vrai ou faux ?**

Cochez la case correspondante et justifiez votre réponse en citant un passage du texte.

	VRAI	FAUX
a. Les parents ont du mal à aborder la notion d'intimité avec leurs enfants.		
Justification :		
b. En ce qui concerne l'amour, les parents sont souvent les modèles des adolescents.		
Justification :		

4 • **Quelle est la technique proposée par Armelle Nollet ?**

    a. Parler de l'amour avec humour.

    b. Inscrire les jeunes à des cours d'amour.

    c. Donner des exemples qui touchent les jeunes.

5 • **D'après Armelle Nollet, quelle époque de la vie est propice pour transmettre ces repères psychologiques ?**

    ....

6 • **D'après Armelle Nollet, comment les parents doivent-ils réagir face à la sexualité de leurs adolescents ?**

    a. Les surveiller.   **b.** Ne rien faire.   **c.** Donner des conseils.

7 • Vrai ou faux ?

Cochez la case correspondante et justifiez votre réponse en citant un passage du texte.

	VRAI	FAUX
a. D'après Béatrice Copper-Royer, les jeunes ne croient plus en l'amour.		
Justification :		
b. D'après Patrice Huerre, les jeunes ne sont pas, au fond, comme ils le paraissent.		
Justification :		
c. Pour Patrice Huerre, les interrogations des jeunes sont les mêmes que celles de leurs parents.		
Justification :		

8 • Qu'est-ce que les parents et éducateurs doivent prendre en compte pour aider les adolescents ?

....

Exercice 39 *Lisez le document puis répondez aux questions.* //

Chronique sur l'éthique et la culture scolaire.

La politesse ? Oui, merci !

L'impolitesse des Québécois est proverbiale. C'est du moins le point de vue de Denise Bombardier qui reprend régulièrement ce thème dans ses chroniques du journal *Le Devoir*.

Carolle Simard, dans *Cette impolitesse qui nous distingue*, paru chez *Boréal* en 1994, examine à la loupe le manque de savoir-vivre des Québécois. Est-il vrai qu'au Québec l'impolitesse nous distingue ? Je n'oserais me prononcer à ce sujet. Tout de même, je rencontre quotidiennement des individus inconfortables avec les règles de politesse. Pourquoi faire des excuses quand le cœur n'y est pas ? D'entrée de jeu, il faut savoir que la politesse comporte, comme toutes les règles de civilité, un caractère obligatoire. Un étudiant poli prend le temps de s'excuser de son retard dans un cours à l'université. Quand on dérange la classe, les excuses sont de mise.

Cependant, cet étudiant n'agit pas ainsi seulement pour respecter les règles de politesse, mais par respect pour ses pairs et son professeur. Car la politesse est avant tout un signe de respect et de considération à l'égard des autres et de soi-même. La politesse a longtemps été comprise comme une sorte d'« *hypocrisie cultivée* », souligne Régine Dhoquois (1991). Autrefois, dit-elle, la politesse était considérée comme le devoir des nobles, de ceux qui désiraient se différencier en empruntant des manières trompeuses[1]. Les personnes bien éduquées étaient polies. On disait de celles qui manquaient d'éducation qu'elles étaient vulgaires et même grossières. Est ce que la politesse que nous utilisons chaque jour dans les diverses situations de notre existence ne serait qu'une façade, qu'une parade qui trahit nos vrais sentiments ?

Pourquoi est-ce si difficile d'accepter que la politesse implique un certain nombre d'artifices ? On peut supposer que les scénarios de politesse suscitent un malaise parce que nous sommes alors obligés de jouer un jeu que nous ne ressentons pas. Or, la politesse n'implique pas nécessairement - il faut insister sur ce « *nécessairement* » - que nous devons ressentir ce que nous faisons ou disons. Un enfant ne dit pas merci à sa mère qui lui apporte un verre de lait parce qu'il ressent à ce moment une douce affection pour elle, mais parce qu'il a appris - et on l'a même obligé - à dire merci quand on lui donne un verre de lait. Si son « *merci* » communique en même temps une marque d'affection, c'est tant mieux. Sinon, ce n'est pas plus mal.

Un enfant apprend assez tôt dans sa vie qu'il est facile de détourner la politesse de ses buts premiers. Elle n'est pas, en effet, à l'abri des jeux pervers. Toutefois, dans tous les cas, nous allons ici en discuter, la politesse vise à adoucir les mœurs, c'est-à-dire à prévenir des réactions spontanées de brutalité. Même si elle est parfois trompeuse ou « *trompante* », on la considère nécessaire. La politesse, c'est sa nature, permet de rompre avec les conduites impulsives et non civilisées qui empoisonnent les relations entre individus. En effet, c'est bien pour combattre la brutalité, la vulgarité et l'irrespect que nous devons accepter de pratiquer la politesse. [...]

On peut considérer les règles de politesse comme un raffinement des mœurs. En somme, la politesse implique des rituels de domestication de la violence présente dans les interactions de la vie quotidienne. On aime bien que celui qui nous marche sur un pied ou nous bouscule, volontairement ou involontairement, nous propose ses excuses. Une personne qui nous dérange au cinéma lorsqu'elle passe devant nous va habituellement s'excuser.

C'est un signe de civilité. Remercier une personne à qui on a demandé une information est une marque de gratitude. La politesse est un atout important dans l'art de vivre parce qu'elle permet d'adoucir les mœurs.

L'absence de politesse dans les rapports entre les individus pourrait avoir comme effet d'amplifier la violence d'une interaction. Un tout petit merci, lorsqu'on tient la porte à une personne, quelle qu'elle soit, est toujours très apprécié. De nos jours, on peut dire que la politesse est un grand art qui fait partie du vaste répertoire des arts de l'existence.

L'art de la politesse, dans les faits, réfère à un ensemble de pratiques qui concernent le savoir-vivre. Un geste de politesse attire la sympathie, marque la déférence[2], montre une ouverture à autrui. Les formes de la politesse sont nombreuses, puisque chaque situation appelle des manières particulières d'être poli.

Mais, dans tous les cas, la politesse vise essentiellement à amoindrir la part de violence toujours présente dans les interactions sociales.

1. Fausse, déloyale. – 2. Respect.

Source : *Chronique sur l'éthique et la culture scolaire. La politesse ? Oui, merci ! Denis Jeffrey. CRIFPE-Laval.*
www.crifpe.com/download/verify/229

1 • « L'impolitesse des Québécois est proverbiale » signifie qu'elle est :

    a. célèbre. **b.** discutée. **c.** caricaturée.

2 • Pour l'auteur, être poli c'est avant tout :

    a. une affaire de respect. **b.** la preuve d'un certain savoir-vivre. **c.** faire preuve d'une certaine hypocrisie.

3 • Vrai ou faux ?
Cochez la case correspondante et justifiez votre réponse en citant un passage du texte.

	VRAI	FAUX
Dans le passé, la politesse était une qualité propre aux nobles. *Justification :*		

4 • Trouvez les deux adjectifs qui caractérisaient autrefois les personnes impolies.

....

5 • Vrai ou faux ?
Cochez la case correspondante et justifiez votre réponse en citant un passage du texte.

	VRAI	FAUX
D'après l'auteur, nous n'avons pas besoin d'éprouver ce que nous disons pour être polis. *Justification :*		

6 • Contre quoi la politesse permet-elle de lutter ?

....

7 • Expliquez avec vos propres mots le concept « de domestication de la violence ».

....

8 • L'auteur définit la politesse comme étant :

    a. un art. **b.** une force. **c.** un atout.

Exercice 40 *Lisez le document puis répondez aux questions.*

« La sobriété peut contribuer à nous donner la joie »

Entretien avec Pierre Rabhi, paysan et écrivain.
Propos recueillis par Anne-Emmanuelle Monnier.

Dans l'un de vos ouvrages, Vers la sobriété heureuse, vous insistez sur le fait que la croissance économique telle qu'elle est prônée[1] aujourd'hui est une absurdité, et vous militez pour la sobriété comme un art de vivre. Comment définissez-vous cette sobriété ?

Nous sommes aujourd'hui dans une logique de croissance économique indéfinie, nous consommons sans limites sur une planète limitée. Si nous persistons, nous obtiendrons vite l'épuisement des ressources. Il faut être réaliste : si tout le monde se met à consommer comme nous, la vie va vite devenir impossible. On assiste à une espèce de pillage[2] des ressources, et ce comportement ne pourrait absolument pas être universalisé. Nous avons des besoins réels, tels que se nourrir, s'abriter, se soigner. Or, le superflu a pris la place principale, avec une consommation sans relâche - peut-être pour compenser des manques -, et cela sans être jamais satisfait. Mais cette boulimie[3] ne sera jamais assouvie. Il faut prendre conscience que, dans cette voie, nous sommes et resterons frustrés du point de vue de notre satisfaction intérieure. La sobriété consiste à se délivrer de ces besoins superflus, à cesser de consommer beaucoup et de vouloir posséder toujours plus.

Mais il faut bien insister sur le fait qu'il s'agit d'une sobriété heureuse, qui n'a rien à voir avec un ascétisme[4], dans lequel on se priverait dans la souffrance. Dans cette sobriété, je me libère des besoins superflus et ne suis privé de rien. La sobriété est une option heureuse qui produit une vie allégée, tranquille et libre. Le bonheur n'est pas dans la possession, dans l'avoir, mais dans l'être. Et il faut nourrir son cœur autant que son corps !

Pensez-vous que la modernité soit responsable de cet état de fait ? Les hommes n'ont-ils pas toujours été attirés par le désir de richesse et de domination ?

Je pense effectivement que le phénomène est pire aujourd'hui. Si l'être humain tend davantage vers la possession, c'est sans doute parce qu'il ressent une grande insécurité, par exemple à propos de l'emploi : cela le pousse à chercher la sécurité dans l'avoir. Alors que la modernité promet de libérer l'homme, celui-ci est incarcéré dans un système dominé presque pathologiquement par l'argent. L'être humain est possédé par ce qu'il croit posséder, il devient un être mal dans sa peau qui pousse des caddies dans les supermarchés et prend des anxiolytiques[5]. Je n'appelle pas cela vivre. C'est pour cela que certains chefs d'entreprise, par exemple, ont réussi matériellement mais estiment ne pas avoir réussi leur vie. Leur femme est partie, leurs enfants se sont détournés d'eux, ils n'ont pas trouvé satisfaction dans le souci permanent du gain.

Ce n'est pas dans la matière que l'on va trouver la joie, même si la matière nous est indispensable. Nous sommes faits pour vivre dans la beauté, que ce soit la beauté de la nature ou celle des créations de l'homme. Même s'il est vrai que l'homme a toujours cherché le bonheur dans l'abondance, le phénomène est beaucoup plus marqué aujourd'hui, à cause du fonctionnement de la société.

À quoi pensez-vous en particulier ?

L'une des phrases les plus terribles de la modernité est « Time is money ». L'homme n'a plus de temps pour lui-même, il est pris dans une vie frénétique dans laquelle le temps ne doit jamais être perdu. Il faut aller vite. Or ce n'est pas la cadence normale de l'être humain. Son rythme, c'est celui de son cœur, de ses artères, des saisons. Car je suis la nature. C'est une grave erreur que de dire « la nature et nous », comme si nous en étions dissociables. Les innovations qui ont pour effet de nous faire aller toujours plus vite (la voiture, Internet) sont aussi destinées à nous faire supporter la frénésie. La plupart des hommes n'ont ni les moyens ni le temps de s'arrêter et de se voir faire. […]

Vous insistez sur l'importance d'une certaine éducation en vue d'un changement de cap de l'humanité. Quel en est le contenu ?

Nous formons actuellement des gens extrêmement compétents, mais cette compétence n'empêche pas la stupidité. On le voit aujourd'hui : l'organisation de la planète n'est pas intelligente. On absorbe une nourriture frelatée[6], on respire un air pollué, on boit une eau qui n'est pas pure. L'aptitude[7] n'est pas l'intelligence. Il faudrait donc une éducation qui cesse de fabriquer un humain adapté au système. Aujourd'hui, le système inspire l'éducation et l'éducation nourrit le système. L'éducation devrait oublier la compétitivité et se fonder sur la coopération : l'autre n'est pas mon rival mais mon complément. […]

Comment définiriez-vous le bonheur ?

Le bonheur est difficile à définir, car c'est une chose très variable. Si vous interrogez plusieurs personnes sur ce qui les rendrait heureuses, elles auront certainement des réponses très variées. C'est pourquoi, à la notion de bonheur, je préfère celle de joie. J'ai la joie. La joie est cette sensation, ce quelque chose qui relève d'un état qui n'a pas forcément d'objet. Mais je dirais aussi que l'on n'accède pas à la joie : c'est elle qui nous investit, nous l'accueillons. C'est une jubilation profonde. La joie est la merveille des merveilles, c'est un état de grâce. Et la sobriété peut précisément contribuer à nous la donner, ce que ne fera jamais la consommation outrancière[8], qui ne fait que réactiver nos angoisses et nos insatisfactions.

1. Vantée. - 2. Vol commis de façon violente. - 3. Désir très fort, voire maladif, d'obtenir ou de faire quelque chose. 4. Vie autère, frugale, rigoriste. - 5. Médicament contre le stress. - 6. Qui n'est plus naturelle. - 7. Le fait d'être capable de faire quelque chose. - 8. Excessive.

« La sobriété peut contribuer à nous donner la joie », *L'éléphant, la revue de culture générale* n° 8, pages 36 et 37.

1 • Quel problème soulève Pierre Rabhi au début de l'entretien ?

    a. Le risque d'épuisement des ressources.

    b. Le manque de croissance économique.

    c. L'obligation de la sobriété de par la crise.

2 • D'après Pierre Rabhi, quel type de consommation privilégions-nous ?

....

3 • Expliquez avec vos propres mots la définition de la sobriété, d'après Pierre Rabhi ?

....

4 • Pourquoi consommons-nous autant, d'après Pierre Rabhi ?

....

5 • Vrai ou faux ?

Cochez la case correspondante et justifiez votre réponse en citant un passage du texte.

	VRAI	FAUX
a. D'après Pierre Rabhi, la possession d'objets n'est pas indispensable.		
Justification :		
b. D'après Pierre Rabhi, l'homme et la nature font un.		
Justification :		

6 • Que manque-t-il au système éducatif, d'après Pierre Rabhi ?

    a. Plus de rigueur.   **b.** Plus de coopération.   **c.** Plus de compétitivité.

7 • Pourquoi Pierre Rabhi préfère le terme « joie » à celui de « bonheur » ?

....

8 • Quel est l'effet de la consommation poussée à son extrême, d'après Pierre Rabhi ?

....

Exercice 41 *Lisez le document puis répondez aux questions.* ///

Débat : pour ou contre les vacances entre ados avant 15 ans

Depuis quelques années, les séjours en famille se généralisent, y compris pour les plus de 16 ans. La faute aux parents ?

Ça leur prend vers l'âge de 14 ou 15 ans, à l'approche des grandes vacances d'été, cette première envie d'évasion, loin des parents. Une semaine au camping avec une bande de copains, une maison à l'autre bout de la France prêtée par les parents d'un camarade, ou encore un voyage sac au dos à l'étranger avec un(e) ami(e)... Les vacances en famille ne l'intéressent plus vraiment, votre adolescent a envie de voler de ses propres ailes.

C'est bien connu, les voyages forment la jeunesse. Pourtant, ce désir d'indépendance est vécu avec inquiétude par bon nombre de parents. Depuis quelques années, les vacances avec les parents se généralisent, au détriment des autres formes de voyages encadrés (colonies, camps de vacances, séjours linguistiques). En 2011, c'était le seul mode de vacances pour les deux tiers des 11-16 ans et pour près de la moitié des plus de 17 ans, selon l'Observatoire des vacances et des loisirs des enfants et des jeunes (Ovleg).

Problème de confiance

Si les raisons de cette préférence pour les vacances en famille sont avant tout économiques, les séjours sans les parents sont de plus en plus tardifs. Toujours selon l'Ovleg, près d'un adolescent de moins de 16 ans sur cinq a passé ses vacances chez ses grands-parents en 2011, alors que seulement 2 % d'entre eux sont partis avec des amis, en toute autonomie. Pourtant, les spécialistes le disent : l'adolescent a besoin qu'on lui fasse confiance pour faire ses propres expériences et devenir autonome.

Pour : « Les parents doivent encourager l'autonomie »

Michel Fize, sociologue au CNRS, auteur de *L'Adolescence pour les nuls* (First, 2010), à Paris.

Vérifier les modalités. Le devoir d'un parent n'est pas d'enfermer mais d'encourager l'autonomie par l'expérience, par l'erreur. Lorsque l'enfant a un projet de vacances en solitaire, c'est le divorce d'avec les parents. Il faut l'étudier avec lui, et vérifier les modalités et le budget.

1. Terme militaire qui signifie « sortir les armes ».

Un seuil symbolique. Par définition, le parent est un être inquiet dès qu'il n'a pas son fils ou sa fille sous les yeux. Le rapport à l'enfant doit changer à l'adolescence : le parent d'enfant est tuteur ; le parent d'adolescent, lui, doit apporter des choix. On n'impose rien à un ado. Il ne faut pas dégainer l'artillerie[1] : « *Fais pas ci, fais pas ça !* » Ni exiger un contact téléphonique quotidien. Sinon, c'est de la surveillance à distance et on remet en cause la logique d'autonomie. La dernière phrase des parents avant le départ : « *Amuse-toi bien.* » [...]

Contre : « Il est inutile de les faire grandir trop vite »

Thierry Damien, administrateur de l'association Familles rurales, à Saint-Maur (Indre). [...]

Le manque de maturité. À 14-15 ans, les enfants n'ont pas encore, pour la grande majorité, la maturité nécessaire. Ils ont l'habitude qu'un adulte leur rappelle en permanence ce qu'ils doivent faire. D'ailleurs, ils sont conscients de leurs limites, ils ont encore besoin de l'adulte pour les encourager, pour valoriser leurs initiatives. Mais tant qu'il n'est pas majeur, l'adolescent ne décide pas seul. Il doit donc convaincre ses parents, en leur soumettant un projet de vacances qui élimine au maximum les risques de mésaventures.

Un adulte référent sur place. Les parents ont besoin de savoir à qui ils confient leur enfant. Il y a toujours des imprévus : un orage qui éclate, un jeune qui tombe malade... La présence d'un adulte référent capable d'intervenir en cas de problème se révèle rassurante, autant pour l'adolescent que pour ses parents.

http://www.leparisien.fr/magazine/grand-angle/debat-pour-ou-contre-les-vacances-entre-ados-avant-15-ans-09-07-2014-3988995.php

---

1 • Quel type de voyage les 14/15 ans souhaitent-il faire ?

....

2 • Citez trois types de voyages qui sont moins utilisés par les jeunes.

....

3 • Vrai ou faux ?

Cochez la case correspondante et justifiez votre réponse en citant un passage du texte.

> Attention aux pièges ! Ne répondez pas trop vite et n'oubliez pas de vous relire le jour de l'examen.

	VRAI	FAUX
a. Il y a un avantage financier à voyager en famille. *Justification :*		
b. En 2011, les vacances en famille étaient l'unique mode de voyager pour les jeunes de moins de 16 ans. *Justification :*		

4 • De quoi l'adolescent a-t-il besoin pour devenir autonome ?

....

5 • À quoi Michel Fize compare-t-il le fait de partir seul en vacances pour l'adolescent ?

....

6 • Pour Michel Fize, que doit faire le parent d'un adolescent ?

    a. Le surveiller à distance.   **b.** Lui laisser faire ses expériences.   **c.** Exiger de lui un certain comportement.

7 • Vrai ou faux ?

Cochez la case correspondante et justifiez votre réponse en citant un passage du texte.

	VRAI	FAUX
Pour Thierry Damien, les adolescents ne sont pas encore des êtres autonomes.		
Justification :		

8 • Pour Thierry Damien, qui prend la décision lorsque le jeune est mineur ?

....

9 • Quelle condition est importante pour Thierry Damien ?

....

Exercice 42 *Lisez le document puis répondez aux questions.* //

La violence chez les ados est un signe de malaise profond

Pas facile d'être parent d'un ado. En effet, à l'adolescence l'enfant cherche son identité, il se découvre. Il s'apprête à quitter le monde de l'enfance pour entrer dans celui des adultes. Ni enfant, ni adulte, il cherche sa place. L'adolescent veut se différencier des autres et de ses parents. Alors, il s'affirme et teste ses limites. Si certains ont tendance à se renfermer sur eux-mêmes d'autres deviennent très violents. D'après les spécialistes, l'agressivité est un trait banal chez les adolescents, un trait qui relève de la normalité adolescente, car conquérir son autonomie suppose de secouer le joug[1] de la protection parentale, de se faire confiance plus qu'on ne fait confiance à son parent, quitte à prendre des risques, et même dans le plaisir de prendre des risques.

Mais quand cette agressivité se transforme en violence verbale, voire physique, cela devient dangereux. Quand un adolescent devient soudainement violent [ou] colérique, c'est la preuve qu'il souffre. Par ce comportement, il essaie de masquer ses angoisses. Il est alors nécessaire de comprendre l'origine de ce changement avant qu'il n'aille trop loin et lui permettre de trouver d'autres modes d'expression de cette souffrance. Il est le signe d'un mal-être qui peut nécessiter une aide extérieure. Un comportement violent aggravé dénote[2] de véritables lacunes au niveau des perceptions morales et de l'assimilation des limites. Il est alors urgent d'agir avant qu'il ne devienne un danger pour lui-même ou pour les autres. Souvent, ces comportements ont été engendrés par des parents démissionnaires[3] qui, par peur de décevoir l'enfant ou par leur absence, n'ont pas tenu leur rôle de parents. [...] Quand on sent que l'enfant a un comportement autodestructeur, il est capital de faire preuve de fermeté afin de lui éviter de s'enfermer dans une marginalité, bien lourde à porter, et à solutionner. [...] L'adolescent vit intensément l'instant présent. Il a du mal à prendre appui sur son expérience antérieure. Il s'inscrit dans un temps discontinu qui ne se conjugue qu'au présent.

Il ne connaît ni le passé, ni le futur. [...] L'angoisse est prépondérante[4] dans les situations de forte tension et favorise le passage à l'acte violent. Dans ce cas, l'idéal serait d'essayer de déjouer la violence. Lorsque l'ado se met à crier, à frapper les murs, à jeter des objets au sol, il ne faut pas s'approcher de lui de plus de la longueur d'un bras tendu, voire rester à deux mètres. Il s'agit d'une distance de sécurité, c'est le respect de l'espace territorial minimum. La franchir dans une situation de conflit, c'est un signal d'agression qui peut provoquer une réaction violente. Autre conseil : ne pas se disputer dans la cuisine, où les objets dangereux sont à portée de main. Les pères et les mères peuvent aussi faire baisser la tension en agissant sur leur gestuelle. Il faut essayer de s'asseoir le premier. Cela envoie un signal d'apaisement. Il faut le laisser partir se calmer, et reprendre la discussion plus tard.

Lorsque celle-ci aura lieu, il est essentiel de s'impliquer dans la discussion, dire « *nous n'allons pas bien* » plutôt que « *tu ne vas pas bien* », ne pas accuser, mais s'interroger, rester en position d'ouverture. Si l'ado en arrive aux coups, même minimes (bousculades, agrippements), il faut lui signifier calmement et fermement que son comportement ne sera pas toléré et qu'il a franchi une limite. Plus tard, on pourra ouvrir la discussion. Si le geste a été plus grave (coups, saccages), il est nécessaire de faire intervenir un tiers (psy, thérapeute) le plus vite possible afin que la violence ne devienne pas un mode de relation familial.

1. Domination. - 2. Montre. - 3. Qui ne prennent pas leurs responsabilités, qui ne prennent pas les choses en main. - 4. Dominante.

http://www.lematin.ma/journal/2014/comportement-en-famille_la-violence-chez-les-ados-est--un-signe-de-malaise-profond/196314.html

Comprendre un texte argumentatif

1 • À qui s'adresse cet article ?

    a. Aux parents.   **b.** Aux adolescents.   **c.** Aux éducateurs spécialisés.

2 • Pour l'auteur, l'adolescent :

    a. est toujours violent.   **b.** est dans une période transitoire.   **c.** est un adulte qui manque de maturité.

3 • D'après les spécialistes, l'agressivité chez l'adolescent est :

    a. normale.   **b.** atypique.   **c.** exceptionnelle.

4 • Quand est-ce que les parents doivent s'inquiéter, d'après l'auteur ?

....

5 • Qui sont souvent les responsables de cette violence, d'après l'auteur ?

....

6 • Pour l'auteur, quel comportement doivent avoir les parents face à un enfant qui se fait du mal ?

    a. Être ferme.   **b.** Être indulgent.   **c.** Être compréhensif.

7 • Vrai ou faux ?

Cochez la case correspondante et justifiez votre réponse en citant un passage du texte.

	VRAI	FAUX
Pour l'auteur, les adolescents ne vivent qu'au présent. *Justification :*		

8 • Citez deux conseils face à la violence d'un adolescent.

....

....

9 • Pourquoi le parent doit privilégier le « nous » au « tu » dans sa discussion avec l'adolescent, d'après l'auteur ?

....

10 • Citez dans quel cas il est important de faire appel à un psychologue, d'après l'auteur ?

....

III   Sciences et technologies

Exercice 43 *Lisez le document puis répondez aux questions.*

Neuromarketing : comment les marques entrent dans votre cerveau ?

Atlantico : Depuis une dizaine d'années le neuromarketing offre aux publicitaires des pistes pour toucher au mieux leur cible. Il y a plusieurs semaines, deux psychologues allemands ont réalisé une expérience : faire goûter le même soda estampillé de quatre marques différentes, deux très connues et deux fictives. Les résultats montrent que les personnes interrogées ont mieux noté les sodas de grandes marques, alors qu'en réalité les quatre sodas proposés étaient les mêmes. À quel point l'impact des marques est-il fort dans notre cerveau ?

Michel Badoc : On ne consomme jamais en aveugle : mais avec un ensemble d'idées préconçues, c'est ce qui s'appelle des marqueurs somatiques. Tout notre passé est enregistré à l'intérieur de notre mémoire ; des éléments visuels ou olfactifs vont activer des éléments de mémoire positifs ou

négatifs. Les marques sont intéressantes quand elles sont associées à un certain nombre d'idées mises en tête grâce à la répétition.

Le cerveau va automatiquement attribuer une qualité ou un goût qui peut être complètement indépendant du goût réel. Les premières études de neuromarketing, réalisées avec *Coca Cola* en 2002, ont montré l'importance de la marque. Les personnes interrogées préféraient *Pepsi* en aveugle, et dès que la marque était montrée, le *Coca Cola* l'emportait. À la suite de ça, *Coca Cola* avait lancé le *New Coke,* qui avait un goût de *Pepsi* mais estampillé *Coca Cola,* cela a été un échec retentissant.

Quelles sont les techniques utilisées par les grandes marques pour influencer notre cerveau et nous inciter à consommer ? Existe-t-il un moyen de lutter contre ces pratiques ?

Les grandes marques essaient de mieux comprendre comment réagit le cerveau. Les études ne sont plus réalisées à base d'un questionnaire, mais avec des IRM ou des électro-encéphalogrammes[1]. On observe également la sécrétion des hormones face aux différents stimuli des marques. Les grandes marques utilisent ces techniques modernes, et en dernier recours l'interview car ce dernier est moins fiable puisque les sujets peuvent mentir surtout dans les cas délicats. [...]

Les grands groupes s'intéressent à l'impact de leur marque sur les sens : le marketing sensoriel. Il est très compliqué de mettre des mots sur des sensations comme des odeurs, la vue ou l'ouïe. Les études de neuromarketing permettent d'observer si cela stimule une fonction du cerveau plutôt positive. La mémorisation d'une marque est plus efficace avec les sens d'où la création d'odeurs de marque, ou de musique de marque. Ses études ne sont pas valables dans tous les cas et ont certaines limites techniques. Pour ne pas être influencé en tant qu'individu par le neuromarketing, il faut bien connaître son cerveau. L'achat est un anti-stress, pendant la période des soldes par exemple, le cerveau est dans une mauvaise disposition : trop de monde, trop d'information... donc pour se destresser il va acheter. [...]

À termes, est-ce que toute la publicité sera régie par le neuromarketing ?

Le neuromarketing s'applique à très peu de campagnes de communication car ces études coûtent très cher, on utilise plus facilement des études marketing classiques. Certaines sociétés qui y ont recours, prétendent qu'elles peuvent prédire la réussite d'une campagne.

Les études regardent comment réagit le cerveau, s'ils mémorisent ou non la campagne, ce qui est primordial pour l'efficacité de cette dernière, sans mémorisation la publicité est perdue. Ensuite il s'agit de noter les réactions positives ou négatives, et si cela active l'envie d'acheter ou non. Ce n'est pas une méthode miracle, ce sont des vérifications. En France les études neuromarketing à base d'IRM sont interdites.

1. Technologie médicale pour enregistrer l'activité du cerveau.

Propos recueillis par Manon Hombourge

http://www.atlantico.fr/decryptage/neuromarketing-comment-marques-entrent-dans-votre-cerveau-michel-badoc-759890.html

1 • **Que révèle l'expérience réalisée en Allemagne ?**

   a. Les marques n'influencent pas l'acte d'achat .

   b. Nous avons des a priori positifs sur les marques.

   c. La préférence gustative ne peut être étudiée scientifiquement.

2 • **Vrai ou faux ?**

   Cochez la case correspondante et justifiez votre réponse en citant un passage du texte.

	VRAI	FAUX
Nous ne pouvons pas vraiment nous dire libres de toute influence face aux marques.		
Justification :		

3 • **Par quel procédé la publicité influence-t-elle l'acheteur ?**

   a. Par le neuromarketing.   **b.** Par la justesse des slogans.   **c.** Par un processus de répétition.

4 • **Lors des études de neuromarketing, les patients vont principalement :**

   a. être étudiés.   **b.** être interviewés.   **c.** répondre à des questionnaires.

5 • Expliquez avec vos propres mots en quoi consiste le neuromarketing sensoriel.

....

6 • Vrai ou faux ?

Cochez la case correspondante et justifiez votre réponse en citant un passage du texte.

	VRAI	FAUX
Acheter permet à l'humain de se détendre.		
Justification :		

7 • Pourquoi le neuromarketing est-il encore peu répandu ?

....

8 • D'après l'auteur, quel effet attendu est indispensable pour que la campagne publicitaire fonctionne ?

....

9 • Que veut dire l'auteur quand il écrit « ce n'est pas une méthode miracle, ce sont des vérifications » ?

a. Cette méthode n'est pas autosuffisante.

b. Ça ne peut pas fonctionner tout le temps.

c. On ne connaît pas encore tout le potentiel de cette méthode.

Exercice 44 *Lisez le document puis répondez aux questions.* ///

Nouvelles technologies de communication et relations humaines

Depuis quelques décennies les relations sociales sont influencées par le développement des nouvelles techniques de communication : téléphone, Internet, portable, etc, et ont modifié les échanges entre les êtres humains. Certains y voient des effets pervers mettant à mal les véritables contacts humains, d'autres au contraire pensent que ces techniques sont facteur de progrès.

Qu'est-ce que communiquer ? C'est assurer la transmission d'un message d'un émetteur vers un récepteur via un canal, qu'il soit verbal, textuel, visuel, technique ou autre. Si les relations entre les individus sont perturbées par l'irruption[1] de ces techniques, on peut s'interroger sur la nature d'une véritable relation.

Pour un certain nombre d'intervenants les nouvelles technologies introduisent des effets pervers dans les relations humaines. Elles peuvent constituer un refuge d'une personne qui fuit l'affrontement ou la difficulté d'une relation réelle en lui permettant de trouver l'illusion, [...] de combler sa solitude de manière virtuelle. [...] Internet peut être une véritable source de fascination, notamment chez les jeunes, entraînant parfois une consommation excessive et une dépendance pathologique[2]. Le danger de dérapage existe aussi vis à vis du contenu des informations restituées, qui ne sont pas filtrées et donc d'une fiabilité qui peut parfois être douteuse. C'est la porte ouverte à une utilisation dévoyée[3] à des fins de propagande ou d'action dangereuse (réseaux terroristes).

Les messages échangés peuvent également être mal interprétés, faute d'accès à toute contradiction. Un forum de discussion citoyenne ne pourra jamais remplacer un débat en situation réelle. Par ailleurs ce mode de communication fait souvent appel à un remplissage quantitatif et superficiel au détriment d'un échange de qualité véritablement enrichissant pour les partenaires. L'individu est conditionné à fonctionner dans ce type de communication qui est propulsé par la course à la consommation. L'incivilité de bon nombre d'utilisateurs de portables en est une des manifestations.

Malgré tout ces nouvelles technologies ouvrent des possibilités extraordinaires, font tomber les distances, et permettent aux individus de pouvoir facilement accéder à un savoir plus large et sans cesse actualisé. L'outil Internet n'interdit pas non plus une vraie communication quand la teneur des courriers échangés dépasse le simple bavardage. Quelqu'un cite l'exemple d'une correspondance avec un prisonnier qu'on ne peut rencontrer d'une autre manière. C'est aussi un outil pour travailler ensemble, au sein de groupes de collaborateurs. Internet a aussi permis le développement de réseaux de militants en créant un circuit d'échange favorisant la création de contre-pouvoirs. Il en va de même au sein de l'entreprise où ces technologies permettent également aux salariés de s'organiser et de réagir.

En conclusion on peut affirmer que les NTIC ne sont qu'un outil qui peut être positif ou négatif suivant l'usage que chacun est amené à en faire. Toutefois rien ne remplacera le contact humain (Un prof ne pourra jamais être remplacé par un ordinateur), et il appartient aux adultes et aux enseignants de former les jeunes à l'utilisation intelligente de ces techniques afin qu'elles soient complémentaires à la communication humaine, en apportant une plus grande ouverture tout en évitant le piège de la futilité et de la dépendance.

1. L'apparition soudaine. - 2. Maladive. - 3. Pervertie/qui ne respecte pas les normes.

http://www.cafes-citoyens.fr/comptes-rendus/250-nouvelles-technologies-de-communication-et-relations-humaines

1 • Dans cet article, le point de vue sur les nouvelles technologies est :

    a. positif.   **b.** neutre.   **c.** négatif.

2 • D'après l'auteur, les nouvelles techniques de communication ont transformé :

    a. la manière de communiquer.   **b.** l'image que l'on se fait de soi.   **c.** la perception de la technologie.

3 • Citez trois arguments contre les nouvelles technologies.

....

....

4 • Que reproche l'auteur aux utilisateurs de téléphone portable ?

....

5 • Quelle condition est nécessaire pour qu'un échange par Internet ait la même valeur qu'une communication réelle ?

....

6 • Vrai ou faux ?

Cochez la case correspondante et justifiez votre réponse en citant un passage du texte.

	VRAI	FAUX
Internet facilite l'accès à la connaissance. *Justification :*		

7 • Relevez deux exemples qui soulignent l'intérêt de l'Internet collaboratif.

....

....

8 • Quelle est la conclusion de l'auteur ?

    a. Il faut former les jeunes à utiliser correctement ces technologies.

    b. Il faut à tout prix éviter qu'Internet ne remplace la vraie communication entre humains.

    c. Le monde de demain sera forcément meilleur que celui d'aujourd'hui.

Exercice 45 *Lisez le document puis répondez aux questions.* ////////////////////////////////////

Sommes-nous capables de renoncer aux progrès de la science quand ils ont un coût humain ?

Google Glaces, PMA[1], cellules souches, euthanasie... La société occidentale commence à s'interroger sérieusement sur le bien-fondé de certaines avancées scientifiques. Et si l'idée de progrès, sacralisée par les Lumières, ne faisait plus aujourd'hui consensus ? Deuxième épisode de la série « Tous allergiques aux limites ? ».

Tous allergiques aux limites ?

Peut-on aujourd'hui affirmer que notre civilisation a du mal à définir ce qui représente le progrès ?

Axel Kahn : Il y a effectivement plusieurs définitions du progrès qui parfois provoquent une sorte de confusion. Cela dépend de si on met un grand « P » ou un petit « p » sur le mot. Le progrès avec un petit « p » définit toute forme d'amélioration de la qualité ou de la quantité d'un objet, d'un processus et ainsi de suite. Par conséquent, lorsqu'une nouvelle méthode ou invention permet de faire ce que l'on ne savait pas faire auparavant, on peut parler, sur le plan purement technique, d'un progrès matériel. Il y a ensuite le progrès avec un grand « P » qui est celui qui nous vient à l'esprit lorsque l'on parle du mouvement du progrès, sous-entendre ici le progrès pour l'Homme. Deux citations seront ici plus éloquentes qu'un long discours : Sartre le définit comme « *une ascension permanente vers un terme idéal* » tandis que Condorcet le décrit comme « *la marche de l'humanité d'un pas ferme et sûr, sur la route de la vérité du bonheur et de la vertu* ».
Si vous me demandez si tous les progrès avec un petit « p » constituent la somme d'un Progrès plus grand je vous répondrais bien évidemment que ce n'est pas le cas et qu'il faut y regarder à deux fois avant d'assimiler une avancée scientifique à un « perfectionnement de l'Homme ».

Pierre Le Coz : Le progrès avait jusqu'à aujourd'hui une signification plutôt consensuelle[2], de par sa capacité à améliorer le niveau de vie des masses dans les pays développés. Il correspondait aussi dans l'idéal des Lumières à une certaine idée du perfectionnement humain, qui s'améliore et devient meilleur au fil du temps, définition qui exclut totalement la notion d'avancée scientifique. La science ne peut ainsi représenter que l'aspect matériel du progrès mais pas directement son aspect moral ou éthique. Il y a en conséquence une certaine crise de l'idée même de progrès face aux possibilités qui s'offrent à nous. L'éthique se retrouve aujourd'hui questionnée par des inventions qui remettent profondément en cause nos habitudes mais aussi la façon de penser notre identité. Ainsi sur plusieurs sujets, on peut en effet affirmer qu'invention et progrès ne vont plus forcément de soi. On peut penser par exemple au clonage humain qui pourrait être possible scientifiquement mais dont les conséquences sont encore difficilement envisageables, le bénéfice du doute l'emportant toujours pour l'instant.
Les avancées réalisées dans la génétique posent aussi problème dans le sens où nous sommes aujourd'hui capables de décrypter avec précision le génome[3] humain : il est désormais possible de savoir à quelles maladies ou complications telle ou telle personne peut être prédisposée, ce qui pose le problème de « l'intimité biologique ». Comment être sûr en effet qu'un individu sera plus épanoui s'il sait pertinemment que son espérance de vie ne dépassera pas la quarantaine ?
Il y a aussi des inquiétudes dans le domaine des tests de dépistage, qui deviennent de plus en plus transparents et efficaces, mais qui remettent sérieusement en cause le secret médical. La circulation des informations est telle aujourd'hui qu'il n'est ainsi pas impossible d'imaginer à l'avenir des piratages de dossiers médicaux personnels, ce qui peut porter atteinte à la vie privée des personnes concernées. Il s'agit là d'un danger voire même d'une régression pour la médecine au lieu d'un « progrès » à proprement parler. [...]

1. Procréation médicalement assistée. – 2. Admise par tous. – 3. Ensemble des gènes des chromosomes propre à une espèce.

Propos recueillis par Théophile Sourdille
http://www.atlantico.fr/decryptage/allergiques-aux-limites-sommes-capables-renoncer-aux-progres-science-quand-ont-cout-humain-pierre-coz-axel-kahn-752838.html?page=0

1 • Ce texte est :

    a. un recueil d'opinions.   **b.** un article informatif.   **c.** un mémoire universitaire.

2 • D'après les informations données dans le chapeau de l'article, le progrès est aujourd'hui :

    a. sacralisé.   **b.** discuté.   **c.** renié.

3 • Pourquoi le terme de progrès porte à confusion ?

    ....

4 • Donnez, avec vos propres mots, la définition du progrès avec un grand « P », d'après Axel Kahn.

    ....

5 • Vrai ou faux ?

Cochez la case correspondante et justifiez votre réponse en citant un passage du texte.

	VRAI	FAUX
a. Dans l'idéal des Lumières, l'amélioration éthique de l'homme est possible grâce au progrès de la science. *Justification :*		
b. La problématique actuelle du progrès pose des questions identitaires. *Justification :*		

6 • Pourquoi n'avons-nous encore cloné aucun humain, d'après Pierre le Coz ?

    a. Car cela est scientifiquement impossible.

    b. Car nous ne savons pas encore comment faire.

    c. À cause des conséquences éventuelles.

7 • Pourquoi la question d'intimité biologique apparaît aujourd'hui ?

....

8 • Que craint Pierre le Coz ?

    a. La fuite de certaines informations médicales.

    b. Le manque d'éthique dans le domaine de la génétique.

    c. Le manque de transparence des tests de dépistage.

Exercice 46 *Lisez le document puis répondez aux questions.* //

Pour ou contre les Google Glass ?

À quoi ça sert ?

Avant tout, à accéder à son téléphone portable sans avoir à utiliser ses mains. En effet, les lunettes de Google se connectent à un smartphone (via une liaison sans fil Bluetooth ou wi-fi) pour vous permettre de passer un appel, répondre à un correspondant, envoyer un SMS, rechercher un trajet, prendre des photos ou des vidéos, afficher des mails... À cela s'ajoute une autre fonction bien pratique : la traduction automatique. Vous êtes en Chine ou en Russie et vous voulez lire un panneau de signalisation ? Eh bien, vous n'avez qu'à le regarder avec vos lunettes pour qu'une traduction s'affiche automatiquement. Toutes ces informations apparaissent sur le petit écran fixé, non pas devant mais au-dessus des yeux (ainsi il n'empiète pas trop[1] sur le champ de vision).

Cette liste des fonctionnalités est loin d'être exhaustive. En effet, comme pour les téléphones portables, les possibilités des lunettes de Google se multiplieront [...] grâce à l'arrivée d'applications. On sait déjà, par exemple, que des journaux comme *L'Équipe* travaillent sur leur propre appli Google Glass, qui permettra de recevoir des alertes d'événements importants et d'entendre rapidement un résumé dans l'oreillette intégrée à une des branches des lunettes.

Dans la rue, n'est-ce pas un peu dangereux ?

Oui et non.

Il faut comprendre que c'est comme un portable : si on a les yeux rivés dessus[2], on court le risque de ne pas voir une bouche d'égout ouverte et de s'aplatir comme un personnage de *cartoon* ! Mais le véritable danger survient en voiture ou à vélo.

En effet, quand un appel ou un message arrive sur les lunettes connectées, une sonnerie retentit et le nom du correspondant s'affiche sur l'écran. Or, celui-ci est situé sur le bord supérieur du champ de vision. On doit donc lever les yeux pour le lire puis décider si on répond ou pas. Autant de secondes pendant lesquelles on ne regarde pas la route, ce qui est plutôt risqué tant qu'on conduit. La réponse de Google est très claire : c'est toujours moins dangereux que de se pencher pour récupérer un portable qui sonne au fond d'un sac... quoi qu'il en soit, plusieurs états américains (Illinois, Delaware, New Jersey et Virginie occidentale) songent à interdire les Google Glass au volant. En octobre dernier, une automobiliste californienne a déjà été verbalisée parce qu'elle portait les lunettes connectées - éteintes, a-t-elle assuré - alors qu'elle conduisait.

Menacent-elles notre vie privée ?

Oui. Grâce à ces lunettes, on pourra tout savoir sur tout le monde en permanence !

Imaginez qu'à l'école, le professeur de physique porte des Google Glass pendant le cours. Grâce à elles, il peut savoir immédiatement à quand remonte votre dernière colle[3], l'avis du professeur d'espagnol ou si vous avez mis à jour votre profil Facebook pendant son cours. Flippant[4], non ?

Pour l'instant, Google refuse les applications qui reconnaissent les visages, donc le prof de physique ne pourra pas, d'un seul regard, connaître vos derniers exploits. Mais la société américaine ne s'interdit pas de changer d'avis...

Du coup, certains préfèrent prévenir que guérir en interdisant purement et simplement les Google Glass. Ainsi, certains bars et restaurants américains arborent sur leur porte d'entrée un insigne interdisant aux clients le port de lunettes connectées afin de préserver l'intimité de leurs clients. Dans les casinos, elles sont également prohibées car elles pourraient faciliter la triche des joueurs. Et puis, ne pensez pas aller au cinéma ou au théâtre avec de telles montures, car vous pourriez filmer le film ou la pièce en douce[5] (notons qu'à l'heure actuelle, elles ne permettent d'enregistrer que 45 minutes maximum). Il en ira sûrement de même à l'entrée des tribunaux ou à l'hôpital, toujours pour préserver la vie privée des gens.

Et au collège ou au lycée ? Peu de chances qu'on les autorise en classe. Imaginez : pendant un devoir surveillé, il suffirait de surfer discrètement sur le Net pour trouver la solution du problème de maths...

Google a-t-il des arrières pensées ?

Bien sûr. La société américaine ne dépense pas des millions de dollars par pure philanthropie. Son intérêt est double. Le premier : devenir numéro un du marché des objets connectés et inciter les développeurs à créer des applications pour ses lunettes. En effet, Google a bien vu que la force commerciale des iPhone d'Apple n'est pas tant l'appareil que toutes les applis disponibles sur lesquels Apple touche un petit pourcentage à chaque vente.

Second intérêt : récupérer le plus d'informations sur nos vies. Il ne s'agit pas de nous « espionner » pour tout savoir de nos mœurs et agissements, mais en récupérant un maximum de données et en les analysant pour établir des statistiques, Google est capable de cibler les publicités qu'il nous envoie. Ainsi, si vous passez du temps dans un magasin de BD avec vos Google Glass, vous recevrez probablement des annonces pour les derniers titres parus. Grâce à ces lunettes interactives, Google espère bien s'assurer des revenus confortables pour les années à venir.

1. Il ne prend pas trop de place sur... – 2. Fixés dessus. – 3. Punition qui consiste à rester une heure de plus à l'école. – 4. Terrifiant (familier). – 5. En cachette.

« Pour ou contre les Google Glass », *Science et vie Junior* n° 294, mars 2014, pages 18-21.

1 • **Quel est le ton de l'article ?**

    a. Amusé.   **b.** Sérieux.   **c.** Neutre.

2 • **Qu'est-il possible de faire avec des lunettes Google (à la date de parution de l'article) ?**

    a. Filmer en 3 dimensions.

    b. Répondre au téléphone.

    c. Traduire instantanément une conversation.

3 • **Pourquoi les messages qui s'affichent ne gênent pas trop la visibilité ?**

    ....

4 • **Comment Google se défend-il des critiques sur l'utilisation de ses lunettes en voiture ?**

    ....

5 • **À ce jour, la possibilité que les professeurs obtiennent des informations sur leurs élèves grâce aux Google glass est :**

    a. un fait établi.   **b.** une supposition du journaliste.   **c.** un acte légal dans certains états.

6 • **Pourquoi les lunettes sont-elles interdites dans certains bars américains ?**

    ....

7 • **Pourquoi les lunettes Google seront certainement interdites en classe ?**

    ....

8 • **Vrai ou faux ?**

Cochez la case correspondante et justifiez votre réponse en citant un passage du texte.

	VRAI	FAUX
a. Google souhaite développer seul des applications pour ses lunettes. *Justification :*		
b. Google veut connaître chaque détail de notre vie privée. *Justification :*		

Comprendre un texte informatif

... / 25 points

Exercice 1 *Répondez aux questions en cochant (√) la bonne réponse ou en écrivant l'information demandée.*

... / 13 points

Voyagez autrement grâce au *couchsurfing*

Chers globe-trotters, oubliez les hôtels hors de prix ! Lors de vos voyages, profitez de l'hospitalité des habitants du monde entier qui vous offrent gratuitement leur canapé ou leur chambre d'amis. Le « couchsurfing », c'est le concept à la mode qui promet des expériences uniques et inoubliables.

Imaginez l'espace d'un instant un immense réseau social de plus de 9 millions de personnes prêtes à héberger chez eux des voyageurs venus du monde entier. C'est ce qu'offre depuis 2004 couchsurfing.org ; premier hébergeur mondial du concept avec 120 000 villes disponibles dans 247 pays différents. Le *couchsurfing*, qui pourrait se traduire par « *passer d'un canapé à l'autre* » permet de se loger gratuitement dans le monde entier et, surtout, offre la possibilité de rencontrer les habitants des pays visités, de partager pour quelques jours leur quotidien et de bénéficier de leurs conseils lors de votre voyage.

Le principe du *couchsurfing* est simple : par le biais d'un unique site Internet, on peut trouver un canapé, voire un lit pour dormir, gratuitement, chez l'habitant, dans presque n'importe quelle ville du monde entier. Et vice-versa : on peut proposer son canapé ou sa chambre d'amis à quiconque cherche un endroit où dormir. Le principe est donnant-donnant. Si le concept séduit, c'est avant tout car il offre la possibilité de rencontrer des personnes extraordinaires, de se fondre dans leur culture, de vivre des moments inoubliables... Car ce n'est pas un hôtel qui rend votre voyage exceptionnel mais bel et bien les gens qui vous entourent. L'essence même du voyage, c'est le partage. « *Le voyage est un élément moteur qui relie des millions de personnes à travers le monde. Nous vivons à une époque où les gens peuvent être connectés les uns aux autres et partager leurs expériences* », confie Jennifer Billock, directrice de Couchsurfing.org à *Paris Match*.

Faire avancer la paix entre les peuples

L'hospitalité, cette valeur presque oubliée, revient à la surface grâce à la magie d'Internet. Le but revendiqué : de promouvoir les rencontres afin de faire avancer la tolérance entre les peuples. Le mouvement s'appuie sur une idée claire : les individus peuvent changer le monde. On peut lire sur le site couchsurfing.org : « *Participez à la création d'un monde meilleur ; canapé après canapé* ». Toujours dans le but de se fondre[1] dans la vie d'un inconnu et de se familiariser avec son mode de vie. Gratuit et surprenant, ce concept séduit et convient particulièrement aux jeunes de 18 à 35 ans. Une communauté qui a joué « *un rôle prépondérant dans la construction et la réussite du réseau* », explique Jennifer Billock.

Jade, 24 ans, a voyagé en Thaïlande grâce au *couchsurfing* et en garde un très bon souvenir : « *Je me suis lancée dans l'aventure car je rêvais de comprendre la culture asiatique. Et il n'y avait pour moi pas d'autres moyens que d'aller directement vivre chez eux. C'était fantastique, je me suis retrouvée dans une famille adorable et mon regard sur leur mode de vie a véritablement changé* », confie-t-elle. Lorsque Jade est arrivée, elle a pu compter sur les précieux conseils de sa famille d'accueil : les lieux à éviter ou les spécialités culinaires à tester. « *Cet esprit de fraternité montre à quel point il existe encore beaucoup d'amour dans ce monde* », explique Jade, très émue en se replongeant dans ses souvenirs. Oui, un moment pareil laisse des traces indélébiles. Car c'est en voyageant autrement que l'on découvre qui l'on est vraiment.

1. S'introduire dans la vie de la personne.

Aurélien Tardieu

http://www.parismatch.com/Vivre/Voyage/Voyagez-autrement-grace-au-couchsurfing-634404

1 • Ce texte est : ... / 1 point

    a. une publicité de *Couchsurfing*.

    b. un article de presse sur un concept d'hébergement original.

    c. une annonce pour les personnes désirant louer une chambre.

2 • Quelle est la particularité du *Couchsurfing* ? ... / 1 point

    a. Être gratuit.   **b.** Être accessible à tous.   **c.** Être possible partout dans le monde.

3 • Citez les 3 premiers avantages du *Couchsurfing* mis en avant dans l'article. ... / 1,5 point

    (0,5 point par réponse)

....

4 • Vrai ou faux ? ... / 3 points

Cochez la case correspondante et justifiez votre réponse en citant un passage du texte.

1,5 point par affirmation à traiter. Le candidat obtient la totalité des points si le choix Vrai/Faux ET la justification sont corrects, sinon aucun point.

	VRAI	FAUX
a. On ne peut faire une demande qu'à partir du site couchsurfing.org. *Justification :*		
b. Avec le *Couchsurfing* on ne peut dormir que sur un canapé. *Justification :*		

5 • Expliquez avec vos propres mots l'expression « donnant-donnant ». ... / 2 points

....

6 • Qu'est-ce qui est le plus important en voyage, d'après le journaliste ? ... / 1 point

....

7 • Pourquoi notre époque est adaptée à ce mode de logement, d'après Jennifer Billock ? ... / 1,5 point

....

8 • Pourquoi Jade a-t-elle voyagé en Thaïlande en utilisant le *Couchsurfing* ? ... / 1 point

    a. Pour ses études.   **b.** Pour voyager gratuitement.   **c.** Pour vivre chez des Thaïlandais.

9 • Qu'apprend-on grâce au voyage, d'après le journaliste ? ... / 1 point

....

Comprendre un texte informatif

Exercice 2   *Répondez aux questions en cochant (√) la bonne réponse ou en écrivant l'information demandée.*

... / 12 points

Faut-il payer les élèves ?

Acheter la présence et l'application des collégiens : l'idée a fait scandale en France, mais elle est pratiquée ailleurs, où l'on se demande surtout si elle est efficace.

En septembre 2012, Baptiste Marsollat, chroniqueur sur Slate.fr, relançait un débat enterré en France par une expérience malheureuse : celle des « cagnottes[1] » des lycées professionnels de Créteil destinées à récompenser l'assiduité des élèves. Après avoir déploré[2] que cette unique tentative, noyée dans la polémique, n'ait jamais fait l'objet d'une évaluation véritable, il affirmait que des programmes d'incitation financière développés ailleurs dans le monde avait « *globalement démontré leur efficacité* », et invitait donc à reconsidérer le problème. [...]

Le 2 octobre 2009, une nouvelle insérée dans *Le Parisien* déclenchait en effet un fameux tohu-bohu[3]. Sous le titre « une cagnotte pour les lycéens qui ne sèchent[4] plus les cours », le quotidien annonçait l'expérimentation, dans trois lycées professionnels de l'académie de Créteil très absentéistes, d'un dispositif inédit : à condition d'atteindre un certain niveau de présence de comportement correct, les élèves des classes concernées pourraient accumuler une cagnotte par tranches successives, pouvant atteindre dans le meilleur des cas, 10 000 € pour l'année. Une belle somme en vérité, dont les cancres repentis ne pourraient cependant pas jouir à leur guise, mais devraient consacrer au financement de projets collectifs : sorties culturelles, voyages en groupe ou cours de code de la route.

La réaction ne se fit pas attendre. Des journalistes, des syndicalistes, des représentants de parents d'élèves, des pédagogues et des responsables politiques exprimèrent dans la journée même leur réprobation, sinon leur indignation, face à cette initiative qualifiée de « *carotte inutile* », de « *jeu dangereux* », ou encore d'acte de « *perversion du sens de l'école* ».

Authentique scandale moral ?

Les commentaires les plus furieux émanaient d'internautes anonymes débordant [...] d'indignation sur la « *chance de recevoir une éducation gratuite alors que des fillettes afghanes risquent leur vie pour se rendre à l'école* ». Pendant une semaine, l'affaire occupa les pages, les ondes et les écrans des médias. Les défenseurs de l'expérience, dont le ministre de l'Éducation de l'époque, invoquaient l'urgence d'une « *guerre contre le décrochage scolaire* », ou bien ramenaient le dispositif à la dimension d'un « *financement de projets de classe* ». D'autres faisaient preuve d'un hardi[5] pragmatisme. Martin Hirsh, haut-commissaire à la Jeunesse, arguait que ce « *choc culturel* » pouvait être surmonté s'il démontrait son efficacité : la fin valait bien les moyens. L'économiste Ides Nicaise faisait valoir, lui, que des dispositifs comparables dans le principe existaient dans divers pays et qu'ils s'en trouvaient bien. Il a ajouté que souvent le versement de bourse à des conditions d'assiduité et de résultats n'avait rien de très nouveau, même en France. Beaucoup de bruit pour rien, donc, ou authentique scandale moral ? Les deux positions méritent d'être examinées.

[...]

D'abord, il y a l'argument de l'injustice, décliné de différentes manières. L'idée de payer des élèves, individuellement ou collectivement, parce qu'ils sont *a priori* moins assidus que les autres, si on y réfléchit, a quelque chose de troublant : ceux qui sont « naturellement » assidus n'ont aucune chance d'avoir accès à ce genre de récompense. Le dirigeant syndical FSU Gérard Aschieri déclarait en 2009 qu'un tel dispositif pouvait nourrir le sentiment d'injustice et « *augmenter la violence scolaire* ». Sans invoquer une telle menace, il est clair que la tradition méritocratique[6] était malmenée : au lieu de féliciter les meilleurs, on récompense les moins bons.

[...]

Toutefois, soulignait le psychologue Fabien Fenouillet, il ne fallait pas se tromper de cible : les notes et les sanctions existent depuis toujours à l'école, et peuvent être vécues comme des déterminants d'une motivation intrinsèque. Sans oublier que, dans les familles un peu aisées, il est courant d'assortir les résultats scolaires des enfants à des récompenses [...] (argent de poche, permis de conduire, scooter, etc.). La cagnotte, vue sous cet angle n'était pas une révolution, mais ajoutait à l'attirail des incitations externes déjà existantes.

1. Sommes d'argent. - 2. Regretté. - 3. Importante confusion. - 4. Ne vont pas aux cours. - 5. Courageux. - 6. Fondée sur le mérite individuel.

« Faut-il payer les élèves ? » *Sciences Humaines*, **juin 2013, n° 249, pages 56-57.**

1 • **Le thème de l'article est :** ... / 1 point

    a. polémique.   **b.** historique.   **c.** académique.

2 • **Que demande-t-on aux collégiens qui reçoivent cette somme ?** *(Plusieurs réponses attendues)* ... / 1 point

....

3 • **Vrai ou faux ?** ... / 3 points

    Cochez la case correspondante et justifiez votre réponse en citant un passage du texte.
    1,5 point par affirmation à traiter. Le candidat obtient la totalité des points si le choix Vrai/Faux
    Et la justification sont corrects, sinon aucun point.

	VRAI	FAUX
a. Baptiste Marsollat regrette que la seule expérience réalisée en France n'ait pas été évaluée en profondeur. *Justification :*		
b. D'après Baptiste Marsollat, les programmes similaires à l'étranger ont tous démontré leur efficacité. *Justification :*		

4 • **Comment les apprenants de Créteil devaient-il utiliser cette somme d'argent ?** ... / 1,5 point

....

5 • **Qu'est-ce qui avait été reproché à cette initiative ?** ... / 1 point

    a. De coûter trop cher à l'État Français.
    b. De dénaturer les principes de l'éducation.
    c. De diviser les élèves riches et les moins riches.

6 • **Quels sont les arguments « pour » :** ... / 1,5 point
                                                (0,5 point par réponse)

a. le Ministre de l'Éducation	....
b. le Haut commissaire à la Jeunesse	....
c. l'économiste Ides Nicaise (2 arguments)	....

7 • **Pourquoi ce programme peut-il sembler injuste ?** ... / 1,5 point

....

8 • **Vrai ou faux ?** ... / 1,5 point

    Cochez la case correspondante et justifiez votre réponse en citant un passage du texte.
    1,5 point par affirmation à traiter. Le candidat obtient la totalité des points si le choix Vrai/Faux ET la
    justification sont corrects, sinon aucun point.

	VRAI	FAUX
D'après Fabien Fenouillet, la récompense financière des résultats scolaires existe déjà dans plusieurs familles. *Justification :*		

Production écrite

L'épreuve de production écrite

Conseils pratiques

La production écrite, qu'est-ce que c'est ?

La production écrite est le troisième exercice des épreuves collectives. Vous devez écrire un texte d'environ 250 mots.

Combien de temps dure la production écrite ?

La production écrite dure 1 heure. Profitez-en pour soigner votre travail et vous relire.

Comment dois-je répondre ?

Vous pouvez utiliser une feuille de brouillon pour y noter vos idées, les organiser et faire un plan. Ne rédigez pas tout votre texte sur votre brouillon, vous risquez de perdre du temps.

Combien y a-t-il d'exercices ?

Il y a un exercice.

Qu'est-ce que je dois faire ?

Procédez par étape :

1. Lisez **attentivement** le **texte déclencheur** et **la consigne** : identifiez le contexte de communication (qui s'adresse à qui ?) et le **genre** d'écrit (lettre, mail, article critique, etc.) que vous devez réaliser dès le **début** de l'épreuve.
2. Notez sur votre feuille de **brouillon** vos **idées**, puis **organisez-les** (en les numérotant ou en utilisant de la couleur, par exemple) pour savoir dans quel ordre vous allez présenter vos **arguments**.
3. Passez à la rédaction de votre travail : soignez la **mise en page** et adaptez-la en fonction du contexte de communication et faites un nombre adéquat de paragraphes. Ceux-ci doivent être équilibrés et **pertinents**. Soignez la **ponctuation** !
4. Essayez de **varier** les structures de phrases et le vocabulaire utilisés.
5. Illustrez vos idées et vos arguments d'exemples **pertinents.**
6. Utilisez des **connecteurs logiques** pour indiquer l'opposition, la cause, la conséquence, etc. entre les phrases.
7. **Relisez** votre travail ! Vous pourrez ainsi vous débarrasser de fautes d'orthographe et de grammaire et ajouter des mots oubliés. Vérifiez également la cohérence et la fluidité de votre travail.

Exercices	Types d'exercice	Questions	Nombre de points
Exercice 1	Prendre position de façon argumentée.	Dans cet exercice, on vous demande de rédiger un texte détaillé et argumenté de 250 mots environ et dans lequel vous donnerez votre point de vue. **On peut vous demander :** **1.** Participer à un débat. **2.** Rédiger une lettre formelle. **3.** Rédiger un article critique.	25 points

Conseils du coach

1 • **Lisez** plusieurs fois et **analysez** le texte déclencheur et la consigne : ils contiennent les **informations** et les **mots clés** indispensables à la réalisation de l'exercice. Cela vous permettra d'établir clairement l'**objectif** à atteindre (contexte, style, nombre de mots attendus, etc.) et la forme que devra prendre votre production (lettre, essai, etc.). Ne bâclez pas cette étape : elle détermine la réussite de l'épreuve ! Inspirez-vous des modèles sur lesquels vous avez travaillé (présentation, style, etc.).

2 • Soignez la **mise en page** : elle permet au correcteur de se faire une idée rapide sur la qualité de votre travail (identification du type d'écrit attendu, organisation, etc.) !

3 • Vous devez prouver que vous savez argumenter : vos idées doivent être **organisées** et **pertinentes** pour rendre votre production **convaincante**. Illustrez-les d'exemples **précis** et **variés** en pensant à bien lier vos idées grâce à des **connecteurs** adéquats.

4 • Attention à ne pas être trop radical : prouvez que vous avez réfléchi à la question et apportez de la **nuance** à votre jugement.

5 • Au niveau B2, vous devez savoir **adapter** votre style, syntaxe et vocabulaire en fonction du contexte de communication.

6 • **Variez** la syntaxe et le vocabulaire : au niveau B2, vous êtes censé posséder un vocabulaire riche et maîtriser des types de phrases variés. C'est le moment de les utiliser !

7 • **Relisez** systématiquement et attentivement votre travail ! Vérifiez si vous avez respecté les règles d'accord, la concordance des temps, l'orthographe des mots, etc. Mettez-vous aussi à la place de celui qui lira votre travail : est-ce que c'est lisible ? Compréhensible ?

Grille d'évaluation de la production écrite commentée

Pour bien réussir l'épreuve de production écrite, vous devez répondre à des critères précis résumés dans une grille. Le correcteur utilisera la grille pour vérifier si le candidat a correctement répondu au sujet et si ce dernier possède l'ensemble des compétences attendues pour le DELF B2.

La grille se divise en trois parties :

- La première partie concerne le respect de la consigne et la capacité du candidat à exprimer ses idées de façon claire et cohérente.
- La deuxième partie concerne la correction lexicale du candidat et sa capacité à utiliser des termes appropriés au contexte de communication.
- La troisième partie concerne le niveau de grammaire attendu au niveau B2.

Essai argumenté – lettre formelle – article critique — 25 points

Respect de la consigne La production écrite doit respecter le genre exigé (essai, article, lettre) et la longueur demandée. → *Identifiez immédiatement le type d'écrit attendu.*	2 points
Correction sociolinguistique Le style de la production écrite doit s'adapter à la situation de communication (type de destinataire, contexte formel, etc.) et au destinataire. → *Choisissez un style approprié et utilisez les codes de politesse nécessaires.*	2 points
Capacité à présenter des faits Le candidat doit raconter avec précision et clarté des faits, des événements...→ *Vous devez donner des exemples pour illustrer vos propos ou justifier votre position.*	3 points
Capacité à argumenter une prise de position Le candidat doit pouvoir développer son argumentation et insister sur les points les plus utiles. → *Choisissez des formules exprimant l'opinion, mais aussi la nuance, l'insistance, etc. Votre argumentation doit être claire et convaincante.*	3 points
Cohérence et cohésion L'ensemble de l'argumentation doit être correctement articulée et la plus fluide possible. → *Utilisez des connecteurs logiques appropriés, soignez votre ponctuation et la mise en page (titres, paragraphes, etc.) qui donnent du sens à votre argumentation.*	4 points
Étendue du vocabulaire Le candidat doit prouver qu'il possède une gamme de vocabulaire relativement riche. → *Utilisez un vocabulaire varié. Utilisez des synonymes pour éviter les répétitions.*	2 points
Maîtrise du vocabulaire Le candidat doit utiliser un vocabulaire adapté au contexte de communication et au registre attendu. → *Veillez à ne pas confondre les registres formels et informels. Réutilisez des expressions idiomatiques.*	2 points
Maîtrise de l'orthographe → *Pensez à bien vous relire !*	1 point
Choix des formes Le candidat doit maîtriser les différentes catégories grammaticales et les différentes règles d'accord. Au niveau B2, les erreurs commises par le candidat ne doivent pas nuire à la compréhension de sa production écrite. → *Vérifiez la construction de vos phrases et les terminaisons des mots.*	4 points
Degré d'élaboration des phrases Le candidat doit utiliser des constructions de phrases variées. → *Prouvez que vous maîtrisez différents types de construction de phrases pour éviter notamment à votre production écrite d'être trop monotone.*	2 points

Production écrite

Copie témoin de production écrite

Aujourd'hui, la téléréalité est de plus en plus présente sur nos écrans et dans nos vies. Selon vous, pourquoi sommes-nous aussi nombreux à regarder ce type de programme ? Est-ce que la téléréalité est devenue incontournable ?

Faites-nous part de votre opinion sur le forum de *Cogito* !

Bonjour,

Je m'appelle Fred et j'ai 16 ans. Si je participe à ce débat, c'est parce que je me pose également des questions sur ce type d'émissions.

Comme d'autres adolescents, je passe beaucoup de temps devant la télévision et j'adore fréquenter les réseaux sociaux. Cela me détend de discuter avec les autres et d'être au courant de ce qui se passe dans leur vie, ça m'aide à oublier le lycée et à me vider l'esprit.

À mon avis, c'est aussi le principe des émissions de téléréalité : on se détend en regardant la réalité des autres. Or, tout le monde a besoin de nos jours d'évacuer son stress : les jeunes à cause des études, les adultes à cause du travail... Par conséquent, quand on voit des personnes comme nous affronter d'autres difficultés que les nôtres, ça peut nous faire rire mais aussi nous faire réfléchir, car les émissions de téléréalité ne sont pas toutes mauvaises.

Par exemple, j'ai déjà eu l'occasion de visionner des programmes plutôt originaux dans lesquels les participants devaient réaliser des projets ou venir en aide aux autres : ce n'est donc pas toujours si « abrutissant » que cela ! En revanche, je reconnais que de nombreuses émissions sont proches du voyeurisme ! C'est honteux !

Finalement, je suis persuadé qu'on ne peut pas vraiment échapper aux émissions de téléréalité, même si on les déteste ! Mais selon moi, il existe non pas « une » mais « des » téléréalités et certaines valent la peine qu'on les découvre.

Et vous, qu'en pensez-vous ?

Fred

250 mots

Analyse de la copie

Respect de la consigne : Il s'agit bien d'un essai argumenté. Le candidat participe bien à un débat et utilise les codes linguistiques adaptés (salutations, invitation à participer au débat, etc.). Le nombre de mots imposé est respecté (250 mots).

Correction sociolinguistique : Le style utilisé (standard : ni formel ni familier) est **adapté** à la situation de communication.

Capacité à présenter des faits : Le candidat donne des exemples pour illustrer ses propos.

Capacité à argumenter une prise de position : Le candidat donne son opinion en utilisant des expressions adéquates : « à mon avis », « je reconnais que », « je suis persuadé que », « selon moi ». D'autre part, le candidat utilise des expressions exprimant la nuance : « pas toutes », « pas si », « pas toujours », « plutôt ».

Cohérence et cohésion : La production est structurée : le candidat utilise des connecteurs logiques.

Étendue du vocabulaire : Le candidat utilise un vocabulaire varié (utilisation de synonymes) et riche (utilisation de termes liés au thème abordé).

Maîtrise du vocabulaire : Le vocabulaire utilisé par le candidat est adapté au registre attendu et au contexte de communication.

Maîtrise de l'orthographe : Il n'y a pas d'erreur orthographique, la ponctuation est correcte et le candidat utilise des paragraphes adéquats pour aérer son écrit.

Choix des formes : Le candidat ne commet pas d'erreur de structure et utilise des expressions idiomatiques et des structures complexes.

Degré d'élaboration des phrases : Le candidat varie ses structures de phrases :
- longueur variée (courte « c'est honteux » - longue « par conséquent (...) pas toutes mauvaises. »)
- type de phrases varié (déclarative - exclamative - interrogative)
- utilisation de phrases subordonnées (si (...), c'est parce que..., des programmes (...) dans lesquels (...)

Etc.

Production écrite

Prendre position et argumenter

///////// **I** **Contribution à des débats, forums ou à des courriers des lecteurs** /////////////////////////

Exercice 1 En vous rendant sur un forum francophone, vous découvrez un débat concernant l'alimentation « bio »:

> *Adorum - Questions Actualité*
> Que penser des plats et aliments issus de l'agriculture biologique ? Sont-ils réellement bénéfiques ? Coûtent-ils trop cher ?
> *Anaïs (15 ans) :* Bonjour ! Moi, je ne comprends pas vraiment l'intérêt du bio. Je trouve ça super cher : le lait bio coûte presque 4 euros ! En plus, qu'est-ce que c'est finalement le « bio » ?
> *Thomas (16 ans) :* Personnellement, je ne consomme que des produits bios ! Je trouve que les aliments ont beaucoup plus de goût ! Depuis que je me nourris exclusivement bio, je fais moins d'allergies, ça me fait du bien !

À votre tour, vous envoyez un mail pour participer au débat.

Votre mail devra faire 250 mots minimum.

> Vous devez argumenter, c'est-à-dire donner des exemples pour illustrer vos propos. Essayez d'être précis et convaincant !

Exercice 2 Vous êtes scolarisé en France pour une année. Le journal du lycée, *Le Canard de Paul Éluard*, souhaite introduire une rubrique « astrologie » à la demande de certains élèves. D'autres, au contraire, s'y opposent fermement. Vous écrivez au journal pour défendre votre point de vue.

Votre lettre devra faire 250 mots minimum.

> Attention au registre utilisé : évitez les tournures trop familières et bannissez les expressions vulgaires !

Exercice 3 Sur le forum *françado*, vous découvrez le débat suivant :

> ## Concours pour être les stars de demain : les concurrents sont-ils trop jeunes ?
> *Agnès (17 ans) :* Salut à tous ! Je suis très intéressée par ce sujet parce que l'une de mes cousines a participé à ce type d'émission alors qu'elle avait 13 ans ! Eh bien elle en garde un très mauvais souvenir ! On n'a pas arrêté de se moquer d'elle au collège : les gens de sa classe n'ont pas arrêté de lui dire qu'elle était nulle et qu'elle chantait mal ! On peut être vraiment cruel quand on est un adolescent... Ma cousine en a été malade pendant plusieurs semaines, elle était trop jeune pour ce type de concours très stressant ! Même quand on chante très bien, je pense qu'on ne devrait pas participer à ces concours avant ses 16 ans, c'est trop difficile à supporter sinon. En plus, c'est une période où on a du mal avec sa propre image alors voir notre tête à la télé, ça stresse encore plus !
> *Fatou (16 ans) :* Bonjour à tous ! Alors moi je ne suis pas du tout d'accord avec Agnès : je trouve que c'est une super idée de faire participer des adolescents à ce type de jeu ! J'adore les émissions comme « Stars de demain » ou « Du talent à revendre » ! Je soutiens souvent les candidats, surtout quand ce sont des jeunes de notre âge ! En fait, c'est super motivant de participer à des concours où des gens de tous les âges partagent la même passion ! Ça change complètement de l'ambiance scolaire ! En plus, on a souvent des modèles qu'on a envie d'imiter : ça donne envie d'avancer, de progresser ! Je ne pense pas qu'on ait besoin d'une limite d'âge tant qu'on est bien encadré. C'est vrai que ça peut être stressant mais la vie de tous les jours est stressante ! On doit faire avec, on n'a pas trop le choix !

Vous décidez de participer au débat. Votre mail devra faire 250 mots minimum.

> Les textes « déclencheurs » doivent vous aider et vous guider dans votre réflexion.

Production écrite

Question de la semaine sur le blog de *CinéPassion* :

FAN = FANATIQUE ? Avez-vous des idoles ?

Est-ce que certains fans vont trop loin ?

Coco75 (16 ans) : Bonsoir tout le monde ! Je pense qu'on a tous des idoles ! Après, les gens ont des caractères différents et certains sont un peu extrêmes quand ils manifestent leur admiration. Je pense que c'est aussi de notre âge ! En tout cas, c'est ce que ma mère me répète quand elle m'entend parler de Max Hubert, mon acteur préféré ! Attention, j'admire son talent, pas uniquement son physique ! Je pense être une fan plutôt sage : j'ai pas mal de posters de lui mais je ne vais pas l'attendre devant sa chambre d'hôtel à minuit !

Pat (17 ans) : Salut ! J'ai souri quand j'ai lu la question de la semaine parce que franchement, je trouve les fans insupportables ! Je suis allé à l'avant-première du film *Nuits noires* et il y avait une foule de fans qui hurlaient parce qu'ils attendaient l'arrivée de l'actrice principale. Certains ont même fait des malaises ! C'est de la folie ! Je déteste cette attitude : si je vois une personne connue et que j'admire, Jean Rivière par exemple, je ne vais sûrement pas me mettre à crier ou à le harceler ! Le problème avec les fans, c'est qu'ils manquent de respect envers leurs idoles parce qu'ils oublient que ce sont des être humains avant tout...

Vous décidez de participer au débat et vous envoyez un mail. Ce mail fera 250 mots minimum.

> Vous participez à un débat, ce qui signifie que vous acceptez d'échanger avec des gens qui ont des opinions parfois très différentes des vôtres. Faites preuve de courtoisie en toute circonstance et modérez vos propos. Cela fait aussi partie des règles du débat !

Vous êtes intéressé par le sujet du débat du site *Cogito* :

L'art moderne : un domaine réservé à une minorité ? Une arnaque ?

Mina (18 ans) : Bonjour, je profite de ce sujet pour défendre l'art moderne qui est l'une de mes grandes passions. Je me sens parfois incomprise par les jeunes de mon âge mais je trouve cela fascinant. Je ne comprends pas toujours les réactions extrêmes des gens quand on leur parle de l'art moderne : ils disent ne pas comprendre. C'est normal : il ne faut pas chercher à comprendre l'art... Alors, pourquoi autant de mépris envers les artistes ?

Vous participez au débat. Votre mail devra faire 250 mots minimum.

Vous découvrez ce débat sur le forum *Educaction.fr* :

Séparer les filles et les garçons à l'école : la solution ?

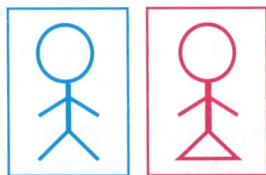

La remise en question de la mixité scolaire alimente de nombreux débats. On s'interroge sur l'effet bénéfique que pourrait avoir ce retour aux écoles pour filles d'un côté et pour les garçons d'un autre. Qu'en penser ? Est-ce que cela permettrait une amélioration du niveau des élèves ? Idée trop radicale ou prometteuse ? Faites-nous part de votre avis sur notre site !

Vous décidez de participer au débat. Votre mail devra faire 250 mots minimum.

> Répondez à toutes les questions posées. Faites preuve de réflexion en pesant bien le pour et le contre.

Exercice 7 En vous rendant sur le forum de *françado*, vous découvrez ce débat :

LE VÉGÉTARISME :
SIMPLE PHÉNOMÈNE DE MODE OU NOUVEAU MODE DE VIE ?

On en parle, on en connaît forcément autour de soi : les végétariens sont de plus en plus nombreux ! Mais s'agit-il d'une mode ou d'une révolution ? Êtes-vous attiré ou agacé par ce phénomène ?

EmilieJolie : Bonjour à tous ! J'ai 17 ans et je suis végétarienne depuis 6 mois. Pour moi, c'est bien plus qu'un phénomène. Avant de prendre ma décision, je me suis renseignée, j'ai interrogé des végétariens que je connais et j'ai lu de nombreux ouvrages consacrés à l'alimentation végétarienne. J'ai eu l'impression que c'était une sorte de philosophie ! Depuis que j'ai arrêté de manger de la viande, je me sens mieux dans ma peau. Au début, c'était difficile, parce que c'est assez contraignant, mais je ne regrette pas mon choix.

Alix-93 : Bonjour ! Je suis désolée si je vexe certains d'entre vous mais je dois avouer que les végétariens m'énervent ! Déjà, c'est clair que j'associe ce phénomène à une mode : on nous incite à devenir végétariens et il y en a de plus en plus, notamment parmi les stars. En plus, quand je vais au restau avec des copines végétariennes, on doit vérifier si on propose des plats sans viande, c'est un critère un peu difficile à respecter, surtout dans de petites villes. Quand je reçois mes copines, je dois réfléchir à ce que je vais leur préparer à manger quand je cuisine dans mon petit appartement d'étudiante : pas de steak, pas de jambon ! Bref, c'est plutôt énervant et contraignant et je ne suis pas vraiment convaincue par les bienfaits du végétarisme : je trouve les végétariens souvent trop maigres !

Vous décidez de participer au débat et vous envoyez un mail. Votre mail devra faire 250 mots minimum.

> Même si vous ne connaissez pas de végétarien, rien ne vous empêche de réfléchir sur ce sujet ! Ici, on ne vous demande pas de raconter mais d'argumenter.

Exercice 8 En lisant le journal *Cogito*, vous découvrez l'article suivant :

Constat d'échec ou prise de conscience, 75 % des parents se jugent eux-mêmes trop peu autoritaires avec leurs enfants. C'est ce que révèle une enquête Ixos pour le magazine *Cogito*.

Et vous, qu'en pensez-vous ? En tant qu'adolescent(e), pensez-vous que les parents d'aujourd'hui devraient faire preuve de plus de sévérité ou, qu'au contraire, les parents sont justes avec leurs enfants ? Participez à notre débat en envoyant votre réponse sur notre site !

Vous décidez de participer au débat et vous envoyez un mail. Votre mail devra faire 250 mots minimum.

> Prenez bien en considération les données dont vous disposez (ici, les chiffres) : ils doivent orienter votre réflexion.

Production écrite

Exercice 9   Voici le dernier débat lancé sur le forum *d'Adorum* :

> Bientôt le 14 février et qui dit 14 février, dit Saint-Valentin, la fête des amoureux ! Mais cette fête divise : est-elle synonyme de romantisme ou est-elle trop commerciale ?
>
> *Mimi :* Bonjour ! Je ne suis pas une grande romantique à la base mais j'adore les fêtes de façon générale, ça apporte un peu de gaieté ! Je sais que beaucoup estiment que la Saint-Valentin est la fête des commerçants, mais je pense qu'on n'est pas obligé d'acheter quoi que ce soit finalement : c'est le moment de passer des moments agréables avec sa moitié ! Les gens qui trouvent toutes les fêtes « commerciales » sont des rabat-joie !
>
> *Mel :* Bonjour à tous ! C'est vrai que même si c'est la fête de l'amour et des sentiments, on nous incite en permanence à consommer et à acheter de cadeaux : les publicités, les décorations des vitrines, etc. On se sent un peu obligé d'acheter quelque chose, sinon on passe pour un radin ou une radine ! Le problème, c'est que ça manque de spontanéité ! L'idéal, ce serait de donner à l'autre des preuves d'amour tous les jours, pas seulement pour la Saint-Valentin !

Vous décidez de participer au débat et vous envoyez un mail. Votre mail devra faire 250 mots minimum.

> Pas besoin d'avoir un copain ou une copine pour répondre à cette question !

Exercice 10   Vous lisez le magazine *Cogito*, vous découvrez le débat suivant :

> ## L'augmentation du prix de la cigarette peut-il dissuader les jeunes de fumer ?
>
> *Matteo :* Pas du tout ! Le seul effet que peut avoir l'augmentation du prix du tabac est le développement du marché noir ! Les adolescents adorent braver les interdits et se mettre en danger, ce n'est pas le prix qui va les détourner de la cigarette !
>
> *Lila :* C'est une bonne initiative car les jeunes doivent gérer leur budget. Si la cigarette n'est plus abordable, ils peuvent finir par y renoncer. Mais ce n'est peut-être pas suffisant, il faut des mesures plus radicales !

Vous participez au débat et vous envoyez un mail. Votre mail devra faire 250 mots minimum.

> Les lois réglementant l'usage du tabac varient d'un pays à l'autre. Vous pouvez tout à fait parler des mesures qui sont prises chez vous, surtout si elles contribuent à votre réflexion.

Exercice 11   Sur le forum de *Françado*, vous découvrez le débat suivant :

> ### QUE PENSEZ-VOUS DE LA VIDÉOSURVEILLANCE ?
>
> Caméras à tous les coins de rue, développement de la cybercriminalité, puces sous la peau, etc. Avons-nous encore droit à une vie privée à l'ère du « tout numérique » ? Qu'est-ce qui vous paraît le plus important : vous sentir surveillés mais en sécurité ou libres mais peut-être en danger ?
>
> *Laëtitia (16 ans) :* Je suis gênée de me sentir filmer en permanence mais cela ne me choque pas du tout. Aujourd'hui, on ne peut pas y échapper. Il faut savoir vivre avec son temps et tout est filmé aujourd'hui ! En plus, les caméras de surveillance, c'est pour notre sécurité, c'est plutôt rassurant, en tout cas, si on n'a rien à se reprocher !
>
> *Mat (19 ans) :* Moi, je suis super choqué ! Déjà, ce n'est pas normal de filmer ou de surveiller les gens sans qu'ils le sachent ! En plus, je ne suis pas sûr du tout que ce soit efficace ! J'ai l'impression que c'est du gaspillage toutes ces caméras...

Vous souhaitez participer au débat et vous envoyez un mail. Votre mail devra faire 250 mots minimum.

Exercice 12 Sur le site de *CinéPassion*, vous découvrez le débat suivant :

Films en 3D : pour ou contre ?

Cinéphile-75 : J'adore aller au cinéma et être ébloui par les effets spéciaux mais la 3D n'est pas toujours bien utilisée : quelquefois, je ne comprends pas du tout pourquoi le film est en 3D. Pour les films de science-fiction, c'est justifié, on a plus de sensations ! Mais pour les autres types de films, la 3D n'améliore pas la qualité du film, ça n'a pas trop d'intérêt, c'est juste une mode. Je trouve ça positif d'utiliser de nouvelles techniques cinématographiques mais il faut que ce soit adapté au film. Vivre avec son temps, c'est savoir quand on doit avoir recours à la modernité. Elle ne doit pas être excessive, sous peine de nuire à la qualité de l'œuvre.

Delph-974 : J'entends souvent les gens dire que ce n'est pas « naturel ». En fait, j'ai l'impression que c'est plus une question d'habitude : on a du mal à s'adapter au visionnage de films en 3D. On a longtemps vu des films en 2D, il faut que notre cerveau se familiarise avec cette technique. Personnellement, j'aime bien la 3D, surtout pour les films d'animation. Après, je pense que la 3D doit être encore améliorée.

Dédé : Je déteste la 3D ! J'ai le sentiment d'être devant un jeu vidéo, ça ne m'intéresse pas ! En plus, ça fatigue beaucoup les yeux, je trouve. Je ne vais pas au cinéma pour voir un « clip » d'une heure trente ! Rien ne vaut un bon scénario et un jeu d'acteur professionnel ! Les effets spéciaux excessifs me semblent masquer un manque de créativité et d'émotion...

Vous décidez de participer au débat et vous envoyez un mail. Votre mail devra faire 250 mots minimum.

> Repérez les différents arguments avancés mais ne reprenez pas mot pour mot les arguments des autres : votre réflexion doit être personnelle !

Exercice 13 En vous rendant sur le forum d'*Educaction.fr*, vous lisez le sujet du prochain débat :

La bande dessinée a-t-elle sa place en cours ?

Présente depuis près d'un siècle dans notre vie quotidienne, la bande dessinée est devenue un art populaire incontournable. Aujourd'hui, on l'étudie aussi à l'école, ce qui suscite des polémiques : peut-on apprendre avec la bande dessinée ? Est-ce un support suffisamment « sérieux » ou n'est-ce qu'un art mineur ?

Vous décidez de participer au débat et vous envoyez un mail. Votre mail devra faire 250 mots minimum.

> Vous devez apporter des réponses ou des éléments de réponses aux différentes questions posées.

Exercice 14 En vous rendant sur le forum d'*Educaction.fr*, vous découvrez le sujet du prochain débat :

Les langues régionales doivent-elles être protégées ? Doit-on les enseigner en classe ?

Alors qu'on incite de plus en plus les élèves à apprendre plusieurs langues étrangères, le débat sur l'enseignement des langues dites « régionales » n'est pas clos. Que penser de cet engouement pour les dialectes ou patois de nos grands-parents voire de nos arrière-grands-parents ? Considérez-vous cet enseignement enrichissant ou peu utile ?

Vous décidez de participer au débat et vous envoyez un mail. Votre mail devra faire 250 mots minimum.

> Il n'existe pas de « bonnes » réponses à ce type de question, il faut surtout savoir argumenter pour défendre son point de vue !

Exercice 15 Sur le forum de *Françado*, vous découvrez le débat suivant :

LES JEUNES ONT LEUR MOT À DIRE !

Vous sentez-vous discriminé parce que vous êtes jeune ? Avez-vous le sentiment qu'on n'accorde pas suffisamment de crédibilité à votre opinion en raison de votre âge ? Selon vous, doit-on donner davantage la parole aux ados ?

MissKarine : C'est frustrant de passer pour quelqu'un d'immature et d'inintéressant juste parce qu'on a 15 ans ! Beaucoup d'adultes ont le droit de participer à des émissions de débat alors qu'ils ne cherchent qu'à faire de la publicité, alors que nous, on ne nous invite presque pas, sauf pour parler des problèmes de « jeunes », comme si on ne pouvait pas avoir d'avis sur d'autres sujets ! Je trouve ça très réducteur et injuste !

Lulu77 : Je crois qu'il faut savoir s'exprimer correctement et avoir un certain talent d'orateur pour qu'on vous accorde de la crédibilité, ce n'est pas forcém   ent lié à l'âge ! Je connais des personnes charismatiques jeunes et moins jeunes, c'est une question de personnalité !

Vous décidez de participer au débat et et vous envoyez un mail. Votre mail devra faire 250 mots minimum.

N'hésitez pas à avoir recours à un style original pour rendre votre argumentation plus efficace !

Exercice 16 En surfant sur le site d'*Adorum*, vous découvrez le débat suivant :

Les films d'horreur sont-ils trop violents ?

Souvent montrés du doigt, les films d'horreur sont critiqués notamment pour l'influence négative qu'ils auraient sur les jeunes. Qu'en pensez-vous ?

Débo : C'est ridicule, la pire violence que nous voyons vient des faits divers, pas des films d'horreur ! À partir de l'adolescence, on fait clairement la différence entre réalité et fiction ! En plus, dans les films d'horreur il y a souvent un héros qui doit affronter sa peur : c'est plutôt encourageant finalement !

Pauline : Je suis partagée parce que, même si ces films ont pour objectif de détendre le public, certains spectateurs manquent vraiment de recul et en viennent parfois à reproduire ce qu'ils voient dans des films ou des jeux vidéo extrêmement violents, sans parler des traumatismes liés à des scènes choquantes...

Vous décidez de participer au débat et et vous envoyez un mail. Votre mail devra faire 250 mots minimum.

Si vous n'avez jamais vu de film d'horreur, pensez aux affiches ou bandes annonces de ce type de films et aux sentiments qu'elles peuvent susciter.

Exercice 17 En vous rendant sur le site d'*Education.fr*, vous découvrez le débat suivant :

Le portable : à quel âge ?

Cette question alimente souvent les débats entre spécialistes de la santé, de l'éducation mais aussi les familles. Et vous, qu'en pensez-vous ? Participez au débat sur le site *Education.fr*

Vous décidez de participer au débat et vous envoyez un mail. Votre mail devra faire 250 mots minimum.

Attention à bien adapter votre style au contexte de communication...

II **Rédaction de textes critiques en réaction à des documents sur des faits de société**

Exercice 18 Le journal français *Ado Hebdo* interroge les jeunes sur leur rapport à Internet :

> **Q**uelle place a Internet dans votre vie de lycéen ? Pourriez-vous vivre sans Internet ? Selon vous, peut-on devenir dépendant d'Internet ?

Vous écrivez au magazine. Votre mail devra faire 250 mots minimum.

> N'hésitez pas à utiliser l'actualité pour répondre à ce type de question, cela pourra vous servir d'exemples illustrant votre prise de position.

Exercice 19 Le magazine parisien *Métro, boulot, ado* mène une enquête sur le rôle des marques dans le quotidien des jeunes et notamment des lycéens.

Vous écrivez au journal pour faire part de votre analyse de la situation. Votre texte devra faire 250 mots minimum.

> Les publicités, films, clips, etc. devraient aussi vous inspirer !

Exercice 20 En feuilletant le magazine *Cogito*, vous découvrez l'appel à témoin suivant :

> **P**ilules fluo, steaks d'algues, œufs liquides, insectes grillés : que mangerons-nous demain ? Nous sommes nombreux à nous interroger sur l'alimentation du futur ! Entre la crise et la surexploitation des réserves mondiales, cette question angoisse de plus en plus ! Et vous, qu'en pensez-vous ? Comment imaginez-vous les aliments du futur ? Est-ce que vous pensez que, demain, les humains se nourriront mieux qu'aujourd'hui ? Réagissez sur le forum de *Cogito* !

Vous décidez de répondre à l'enquête. Votre mail devra faire 250 mots minimum.

> Vous pouvez laisser libre cours à votre imagination, à condition d'argumenter de façon cohérente.

Exercice 21 En lisant votre journal *Ado Hebdo* , vous découvrez la publicité suivante :

> **Perdez du poids grâce à Mincivit !**
> Le premier produit 100 % naturel et efficace à consommer sans modération !
> Mincivit

Vous décidez d'écrire au journal pour faire part de votre opinion sur ce type de publicité. Votre texte devra faire 250 mots minimum.

> Pensez à utiliser des connecteurs logiques pour donner du rythme et de l'efficacité à votre argumentation.

Exercice 22 Votre magazine français *Eco Hebdo* mène une enquête sur les jeunes et l'argent :

Jeunes et argent : un duo dangereux ?

Comment les adolescents actuels parviennent-ils à gérer leur budget ? Comment perçoivent-ils la valeur de la récompense financière ? Est-ce que l'argent est un sujet tabou entre adolescents ?

Vous participez à cette enquête. Votre texte devra faire 250 mots minimum.

Exercice 23 Des scientifiques français cherchent à mieux comprendre le lien entre l'adolescence et les troubles du comportement alimentaire : ils mènent donc une enquête pour déterminer ce qui contribue au manque de confiance en soi, à l'éventuelle influence de l'entourage et des médias chez les adolescents et la façon de s'alimenter. Intéressé(e) par ce sujet, vous décidez de participer à cette enquête.

Votre texte devra faire 250 mots minimum.

> Ayez en tête l'image d'un avocat qui défend une cause lorsque vous argumentez : des exemples pertinents et un style « accrocheur » peuvent contribuer à l'efficacité de votre argumentation !

Exercice 24 ***Parents-enfants, comment garder le contact à l'adolescence ?*** C'est le titre de la prochaine enquête du magazine *Cogito*.

Vous participez à cette enquête en envoyant un courrier.
Votre texte devra faire 250 mots minimum.

> N'oubliez pas d'analyser les mots du sujet ! Pensez aux différents types de « contacts » (concrets, virtuels...) qui existent pour répondre.

Exercice 25 Vous découvrez cette publicité dans votre quotidien français :

SOLEIL +

À bas les teints blafards ! Adieu la grise mine ! Bye bye les gambettes pâlichonnes !
Découvrez la magie des UV dans nos cabines *Soleil +* et bronzez à la vitesse de la lumière !

Trouvant ces pratiques néfastes pour la santé, vous décidez d'écrire au journal pour faire part de votre colère face à ce type de publicité. Votre courrier devra faire 250 mots minimum.

> Le fond mais aussi la forme du texte peuvent guider votre travail...

Exercice 26 En lisant le magazine français *PASSEPORT*, vous découvrez l'appel à témoin suivant :

ADO : TOUS ACCROS ?

Notre magazine mène une enquête sur les addictions touchant les adolescents : alimentation, jeux, drogue... Nous avons besoin de vos témoignages !

Alors, merci de nous écrire à l'adresse suivante :

PASSEPORT MAGAZINE,
42 RUE D'HERMES
75002 PARIS

Vous décidez de participer à cette enquête. Votre texte devra faire 250 mots minimum.

> Vous pouvez vous appuyer sur une émission, un documentaire ou un article pour répondre.

Exercice 27 En lisant votre magazine *Métro, boulot, ado*, vous découvrez l'article suivant :

> *Aujourd'hui, hommes et femmes prennent soin de leur apparence : épilation, gommage mais aussi maquillage ! Ce souci du paraître touche également les jeunes et de plus en plus de jeunes hommes fréquentent les salons de beauté et consacrent un budget important aux produits pour la peau : est-ce que ça vous amuse ? Vous choque ? Vous plaît ? Réagissez et envoyez-nous votre mail à :*
>
> metroboulotado@gmail.com

Vous décidez de réagir et vous écrivez au journal. Votre texte devra faire 250 mots minimum.

> Un style décalé et humoristique pourrait être utilisé ici, à condition d'éviter des tournures inappropriées.

Exercice 28 En feuilletant le magazine *Cogito*, vous découvrez l'appel à témoin suivant :

> Comment les jeunes imaginent-ils l'entreprise idéale ? De quoi avez-vous envie dans le cadre de votre futur travail : plus d'autonomie ou plus de solidarité ? Quelles sont les qualités du manager idéal ? Voilà les questions auxquelles nous allons tenter de répondre dans notre prochain numéro ! Alors, écrivez-nous pour nous faire part de votre opinion !

Vous décidez de répondre à l'enquête. Votre mail devra faire 250 mots minimum.

> Même si vous n'avez jamais réfléchi à la question, vous connaissez des gens qui travaillent et qui ont sûrement parlé de leur travail en votre présence : inspirez-vous-en !

Exercice 29 En lisant *Passeport Magazine*, vous découvrez l'article suivant :

> Malgré les efforts réalisés pour réduire l'écart entre Paris et les villes de Province, la suprématie parisienne est encore perceptible, notamment dans le milieu scolaire : les plus grandes écoles se trouvent en effet dans la capitale et il semblerait que fréquenter des établissements parisiens soit très favorable à certains jeunes au moment des sélections d'entrée dans des écoles supérieures ou lors des entretiens d'embauche.

Vous décidez alors d'écrire au journal pour faire part de votre opinion sur ce phénomène et parler des écarts existant entre la capitale et les autres villes de votre pays. Votre texte devra faire 250 mots minimum.

> Essayez toujours d'adapter le style de votre production écrite à celui utilisé dans le texte déclencheur.

Exercice 30 Vous voyez cet appel à témoin dans le magazine *En français* :

> **Être polyglotte :** est-ce un atout ? Une fierté ? À quel âge peut-on commencer à apprendre des langues étrangères ? Combien de langues peut-on apprendre ?
>
> Venez à nos conferences et débats ou écrivez-nous sur notre forum !
>
> *enfrançais@gmail.com*

Intéressé, vous répondez à l'enquête en envoyant un mail. Votre mail devra faire 250 mots minimum.

> Vos arguments ne sont pas censés être « vrais » ou « faux » mais convaincants : c'est l'objectif que vous devez garder en tête dans ce type de travail.

Production écrite

Exercice 31 Vous commencez déjà à penser à votre vie étudiante et lisez le témoignage suivant dans le magazine *Ado Hebdo* :

La colocation : un mode de vie idéal ?

Après le bac, je n'ai pas eu le choix : j'ai dû vivre en coloc' ! La vie à Paris est super chère, surtout pour les étudiants, mais la colocation peut être une solution quand on doit se serrer la ceinture. Du coup, j'ai vécu avec 3 autres étudiants qui sont devenus de véritables amis ! Pendant 3 ans, on a tout partagé : ménage, fêtes, fous rires... Et même si on avait des caractères très différents, on a réussi à profiter à fond de cette aventure ! C'était vraiment super formateur : ça m'a permis d'entrer dans le monde adulte. Des fois, je suis un peu nostalgique de ce mode de vie...

Stéphane, 23 ans

Vous décidez d'écrire au magazine pour faire part de votre opinion et de vos appréhensions concernant la colocation. Votre courrier devra faire 250 mots minimum.

> Votre argumentation doit être développée et élaborée : prenez en considération les points positifs et négatifs pour répondre.

Exercice 32 Vous lisez cet appel à témoin dans le magazine *Cogito* :

Pourquoi les adolescents sont-ils tentés par la chirurgie esthétique : effet de mode ? Influence des médias ? Poids d'insupportables complexes ? Blessure de l'égo plus complexe et plus profonde ? Même si ces interventions chirurgicales se banalisent, on peut se demander si modifier son apparence, surtout aussi jeune, peut être dangereux. Faites-nous part de vos réflexions sur notre site !

Vous décidez de donner votre avis et vous envoyez un mail. Votre mail devra faire 250 mots minimum.

> Vous pouvez aussi avancer d'autres hypothèses que celles contenues dans le texte. L'essentiel est de les justifier.

Exercice 33 Dans le magazine *Eco Hebdo*, vous lisez l'article suivant :

Une mode se développe depuis ces dernières années :

celle du « volontourisme ». Il s'agit pour certains touristes, souvent occidentaux, de profiter de leurs vacances dans un pays étranger pour apporter de l'aide à la population locale. Ce genre de séjours est vendu par des agences de voyages de plus en plus dénoncées pour leur « voyeurisme » : on les accuse de transformer des pays pauvres en gigantesques « parcs d'attractions » destinés à soulager les consciences et satisfaire les fantasmes des touristes issus de pays développés.

Vous décidez de réagir à cet article et vous envoyez un courrier. Ce courrier devra faire 250 mots minimum.

> Le texte contient peut-être des notions nouvelles pour vous : vous devez vous assurer de les avoir bien comprises avant de commencer à répondre pour éviter le hors-sujet.

Exercice 34 En vous promenant sur le site de *Françado*, vous découvrez cet article :

Les sociologues ne cessent de le répéter : tous les jeunes abandonnent la lecture à l'adolescence ! Ils lisent encore un peu, certes, mais c'est généralement plus par obligation que par plaisir. Adieu les contes et aventures des héros de leur enfance ! Les adolescents s'ennuient devant leurs livres et préfèrent largement jouer aux jeux vidéos ou s'envoyer des SMS !

Vous décidez de réagir en faisant part de votre propre expérience de lecteur, de vos goûts et de votre opinion. Votre texte devra faire 250 mots minimum.

> « Lire » ne signifie pas obligatoirement « lire des romans » : n'hésitez pas à défendre le style littéraire que vous préférez !

III Lettres formelles, lettres de candidature, propositions de projets ou réponses à des projets, réclamations, protestations

Exercice 35 Vous venez d'arriver dans le lycée où vous allez passer une année. Scandalisé par l'attitude de certains jeunes fumeurs de l'établissement et inquiet pour votre santé, vous écrivez au courrier des lecteurs du journal du lycée pour les sensibiliser aux dangers du tabagisme passif.

Votre lettre devra faire 250 mots minimum.

> Utilisez un vocabulaire varié pour évoquer les thèmes abordés : prouvez que vous avez conscience des nuances entre les différents mots.

Exercice 36 Vous êtes scolarisé depuis plusieurs mois dans un lycée en France. Or, on annonce la fermeture prochaine de cet établissement où vous avez vos repères et où vous vous êtes fait beaucoup d'ami(e)s. Vous écrivez au maire de la ville pour faire part de votre colère et de votre tristesse. Dans votre courrier, vous expliquez pourquoi ce projet vous choque.

Votre lettre devra faire 250 mots minimum.

> N'oubliez pas de respecter les codes de la politesse écrite : cela fait partie des critères de notation de votre travail !

Exercice 37 Vous venez d'arriver dans un lycée français. Vous lisez cette affiche sur le portail d'entrée du lycée :

Choqué, vous décidez de rédiger un courrier pour expliquer au chef d'établissement les avantages de cet outil de communication et comment les élèves peuvent s'en servir de façon intelligente et raisonnée. Votre lettre devra faire 250 mots minimum.

> Mesdemoiselles, Messieurs,
> Pour des questions de sécurité et de civisme, nous vous prions de laisser vos téléphones portables à l'entrée de l'établissement. Nous vous rappelons que leur utilisation n'est pas tolérée dans l'enceinte du lycée.
> Le non-respect de cette règle entraînera des sanctions.
> Le Proviseur

> Comprenez bien ce qu'on attend de vous : il s'agit d'être à la fois convaincant et respectueux !

Exercice 38 Vous êtes scolarisé dans un lycée en France. Plusieurs affaires de racket ont éclaté dernièrement dans l'établissement. Vous décidez de rédiger un courrier au journal local pour dénoncer ces pratiques honteuses et violentes dont certains de vos camarades ont été victimes. Votre courrier devra faire 250 mots minimum.

> Vous pouvez ici utiliser des formules « percutantes » pour convaincre les lecteurs.

Production écrite

Exercice 39 Des tensions régnant dans votre cours de français, vous souhaitez organiser une réunion entre élèves et professeurs pour en discuter. Malheureusement, la plupart de vos camarades de classe ne jugent pas utile ce type de rencontre. Vous leur envoyez un mail pour les convaincre de l'importance de la communication et pour les inciter à participer à la réunion. Votre mail devra faire 250 mots minimum.

Vous devez adopter un style et des formules particulièrement efficaces pour convaincre le plus grand nombre !

Exercice 40 Vous êtes bouleversé par la lecture d'un roman francophone. Vous rédigez un courrier à son auteur pour lui faire part de votre admiration et pour lui demander de le rencontrer. Votre lettre devra faire 250 mots minimum.

Soignez votre style : vous êtes censé vous adresser à un écrivain !

Exercice 41 Vous souhaitez créer un site consacré aux cours de français de votre établissement pour inciter les élèves à étudier cette langue et à progresser. Vous envoyez un mail à votre professeur de français pour lui faire part de votre projet. Votre mail devra faire 250 mots minimum.

N'oubliez pas à qui vous vous adressez quand vous choisissez vos arguments !

Exercice 42 Vous lisez ce témoignage sur le site *Françado* :

> Bonjour à tous,
> Je m'appelle Charles et je suis français. Comme beaucoup de jeunes de mon âge, j'adore les réseaux sociaux ! J'aime bien partager des photos et des vidéos avec mes amis et ma famille. Malheureusement, il y a quelques semaines, je me suis fait piéger : on a utilisé mes photos contre moi, elles ont été détournées avec des commentaires très désobligeants. C'est super difficile à supporter parce que tout le monde est au courant. On se moque beaucoup de moi au lycée et on me harcèle sur Internet. Je ne sais pas quoi faire...
> Si vous avez des conseils, merci de m'aider !
> À bientôt,
> Charles

Vous décidez de lui répondre pour lui apporter votre soutien et pour lui donner des conseils afin qu'il puisse faire face à cette épreuve. Votre mail devra faire 250 mots minimum.

Dans ce type de situation, il est préférable de commencer par dire à l'autre qu'on le comprend. Puis de proposer des pistes et des idées pour remédier à ses difficultés.

Exercice 43 Vous trouvez cette annonce sur le site de l'*Organisation Internationale de la Francophonie* :

> **Vous aimez la langue française** et vous souhaitez participer à sa promotion dans **votre pays** ?
>
> Vous avez des idées et des projets pour contribuer au rayonnement de la langue française ? Alors, faites-nous part de vos propositions à l'adresse suivante : **oif-international@gmail.com**

Vous envoyez un mail pour répondre à cette annonce. Votre mail devra faire 250 mots minimum.

Essayez d'être créatif et original tout en gardant le style requis dans ce type de contexte.

Exercice 44 Vous êtes un fidèle auditeur *d'Ado.fm*, une station francophone. Cependant, vous leur reprochez de ne pas diffuser tous les styles de musique. Vous écrivez à la radio pour les convaincre que le style que vous préférez (classique, rock, hip-hop, etc.) doit être mieux représenté. Votre mail devra faire 250 mots minimum.

> Vous ne devez pas vous attaquer aux styles que vous n'aimez pas mais bien défendre la diffusion des styles musicaux que vous aimez !

Exercice 45 Vous lisez la petite annonce suivante :

> **Vacances – Stages Les cours Floriant**
> Nous avons le plaisir de vous annoncer que notre prestigieux établissement organise des stages de comédie et de photographie pendant les vacances scolaires.
> Ouverts aux jeunes de 13 à 18 ans, ces stages permettront aux amateurs d'art de vivre une immersion totale et exceptionnelle dans le monde du cinéma, du théâtre et de la photographie.
> Le nombre de places étant limité, les personnes intéressées devront envoyer une lettre de motivation afin que le jury puisse sélectionner les candidatures les plus intéressantes.

Vous rédigez une lettre de motivation de 250 mots minimum.

> Attention à bien respecter les codes attendus dans ce type d'écrit !

Exercice 46 Lisant le magazine *En français*, vous découvrez l'annonce suivante :

> **✿ Concours – *Fondation Langue de Molière***
> Gagnez un fabuleux voyage à Paris, la ville lumière ! Pour participer, rien de plus simple : expliquez-nous pourquoi vous étudiez cette langue (et pas une autre) et ce que vous appréciez le plus dans la culture française !
> Les gagnants auront rédigé les courriers les plus convaincants et originaux !
> Envoyez votre courrier à l'adresse suivante :
> ✿ • ✿ Fondation Langue de Molière ✿ • ✿
> 16, rue de La Fontaine
> 75006 Paris

Vous décidez de participer au concours. Votre texte devra faire 250 mots minimum.

> Attention, il s'agit d'un concours ! Vous devez particulièrement soigner votre style et choisir des arguments de poids !

Exercice 47 En surfant sur un site francophone, vous découvrez l'annonce suivante :

> Bonjour à tous !
> Nous sommes les parents de Renaud et Chloé qui ont 9 et 6 ans. Nos enfants ont besoin d'un grand pour les garder le mercredi après-midi et le vendredi soir.
> Nous avons besoin de jeunes qui ont l'habitude de s'occuper d'enfants francophones.
> Vous serez bien sûr rémunéré et déclaré.
> Si vous êtes intéressé(e) par notre annonce, envoyez-nous une lettre de motivation à cette adresse mail :
> **marcetalice@gmail.com**
> À bientôt ! Marc et Alice

Vous décidez d'y répondre et vous rédigez une lettre de motivation de 250 mots minimum.

> Dites-vous que votre lettre doit rassurer et convaincre ses lecteurs. Mettez-vous à la place des parents : qu'aimeraient-ils lire ?

Rédiger un texte critique en réaction à un document sur un fait de société ... / 25 points

Un institut de sondage francophone mène une enquête auprès des jeunes sur leur rapport à la science :

Science : *confiance ou méfiance ? Est-ce que vous croyez que la science est toujours synonyme de progrès ? Devrions-nous faire attention aux nouvelles technologies ?*

Vous répondez à cette enquête. Votre texte devra faire 250 mots minimum.

Production orale

Monologue suivi : défense d'un point de vue argumenté

Exercice en interaction : débat

L'épreuve de production orale

Conseils pratiques

L'épreuve de production orale, qu'est-ce que c'est ?
La production orale est l'épreuve individuelle du DELF. Au niveau B2, elle est composée de 2 parties :
- partie 1 : monologue suivi : défense d'un point de vue argumenté
- partie 2 : exercice en interaction : débat

Combien de temps dure la production orale ?
Vous avez 30 minutes pour préparer votre argumentation à partir d'un document court. Vous passez ensuite devant le jury. La durée de passation de l'épreuve est de 20 minutes.
- monologue suivi : 12 à 15 minutes
- exercice en interaction : 5 à 8 minutes

Comment dois-je répondre ?
Vous devez tirer au sort deux sujets et en choisir un. Chaque sujet est un texte (extrait d'article) d'environ 160 mots.
Pendant les 30 minutes de préparation, vous organisez votre argumentation en faisant un plan. Lorsque vous êtes devant l'examinateur vous réalisez les deux exercices décrits ci-dessous.

Il y a combien d'exercices ?
Il y a deux exercices.

Qu'est-ce que je dois faire ?

1. **Saluer** le surveillant.
2. Tirer au sort les sujets, les lire et en **choisir un**.
3. **Préparer votre argumentation** sur une feuille de brouillon pendant 30 minutes.
4. S'asseoir devant le jury et **le saluer.**
5. **Dégager le thème de réflexion** et introduire le sujet en 3 ou 4 phrases.
6. Donner **votre point de vue** de manière **claire et argumentée.**
7. **Répondre aux questions** de l'examinateur pour **défendre et nuancer vos propos**.
8. **Remercier** et **saluer** le jury.
9. Quitter la salle d'examen.

Exercices	Type d'exercice	Questions	Nombre de points	
Exercice 1	monologue suivi	Dans un premier temps, vous devez introduire en quelques phrases le thème et la problématique du sujet. Puis vous expliquez votre point de vue de manière claire et argumentée. Il n'y a aucune interaction lors de cet exercice.	7 points	Niveau de langue (vocabulaire, grammaire, prononciation) pour l'ensemble des 2 parties : 12 points.
Exercice 2	exercice en interaction	Vous répondez aux questions de l'examinateur pour confirmer et nuancer votre point de vue.	6 points	

Pour choisir le sujet
- Tirez au sort les sujets, prenez le temps de les lire et de les comprendre. Vous pouvez demander la signification d'un mot au surveillant ou examinateur. Choisissez le sujet qui vous paraît le plus simple et pour lequel vous avez des choses à dire. Demandez-vous tout de suite si vous aurez suffisamment d'arguments et d'exemples à exposer sur ce thème.

Pour dégager le thème de réflexion
- Commencez par dégager le thème et la problématique du sujet. Nous vous conseillons pour cela de :
  - souligner les informations les plus importantes puis de décrire le thème avec vos propres mots. Évitez toutes les informations secondaires. Vous devez vous concentrer sur l'essentiel ;
  - rédiger la problématique du sujet en une seule phrase ;
  - noter la source (nom du journal, de l'article et éventuellement de l'auteur) ;
  - mémoriser ces informations pour être le plus clair possible lors de l'introduction du débat.

Pour préparer votre argumentation
- D'après le CECRL, le candidat de niveau B2 doit savoir développer **méthodiquement** une argumentation **claire** et **détaillée** accompagnée d'exemples **pertinents**.
  Notez bien ces mots clés, car ils définissent ce que le jury attend de vous !
- Pour rendre votre argumentation méthodique, claire et détaillée, vous devez établir un plan, pendant les 30 minutes de préparation. Privilégiez le plan dialectique. Vous exposez votre opinion en mettant en avant

les aspects positifs, puis les aspects négatifs suivis d'une conclusion pour nuancer vos propos. Le plan dialectique est utilisé pour les sujets qui invitent à la discussion, confrontent des opinions (pour ou contre) ou commencent par « Faut-il... ».

- N'oubliez pas d'intégrer des exemples pertinents si possible pour chaque argument. Vous pouvez, par exemple, parler de votre expérience personnelle ou de celle d'un ami, d'un article que vous avez lu ou d'un reportage que vous avez vu.
- Identifiez les mots que vous risquez de répéter souvent selon la thématique. Par exemple, « études » ou « étudiants » pour le sujet « Faut-il étudier à l'étranger ». Recherchez des synonymes de ces mots et écrivez-les de manière visible sur votre brouillon.
- N'écrivez pas de longues phrases sur votre brouillon, mais plutôt des mots qui vont vous aider à vous souvenir de vos idées, arguments et exemples.
- Vous pouvez utiliser un schéma (carte mentale) pour rédiger votre plan. Vous aurez ainsi une représentation visuelle de votre argumentation et pourrez repérer les manques ou déséquilibres.

Exemple de plan par carte mentale pour le sujet : *Faut-il étudier à l'étranger ?* (Voir une passation entière sur la séquence 2 de la vidéo).

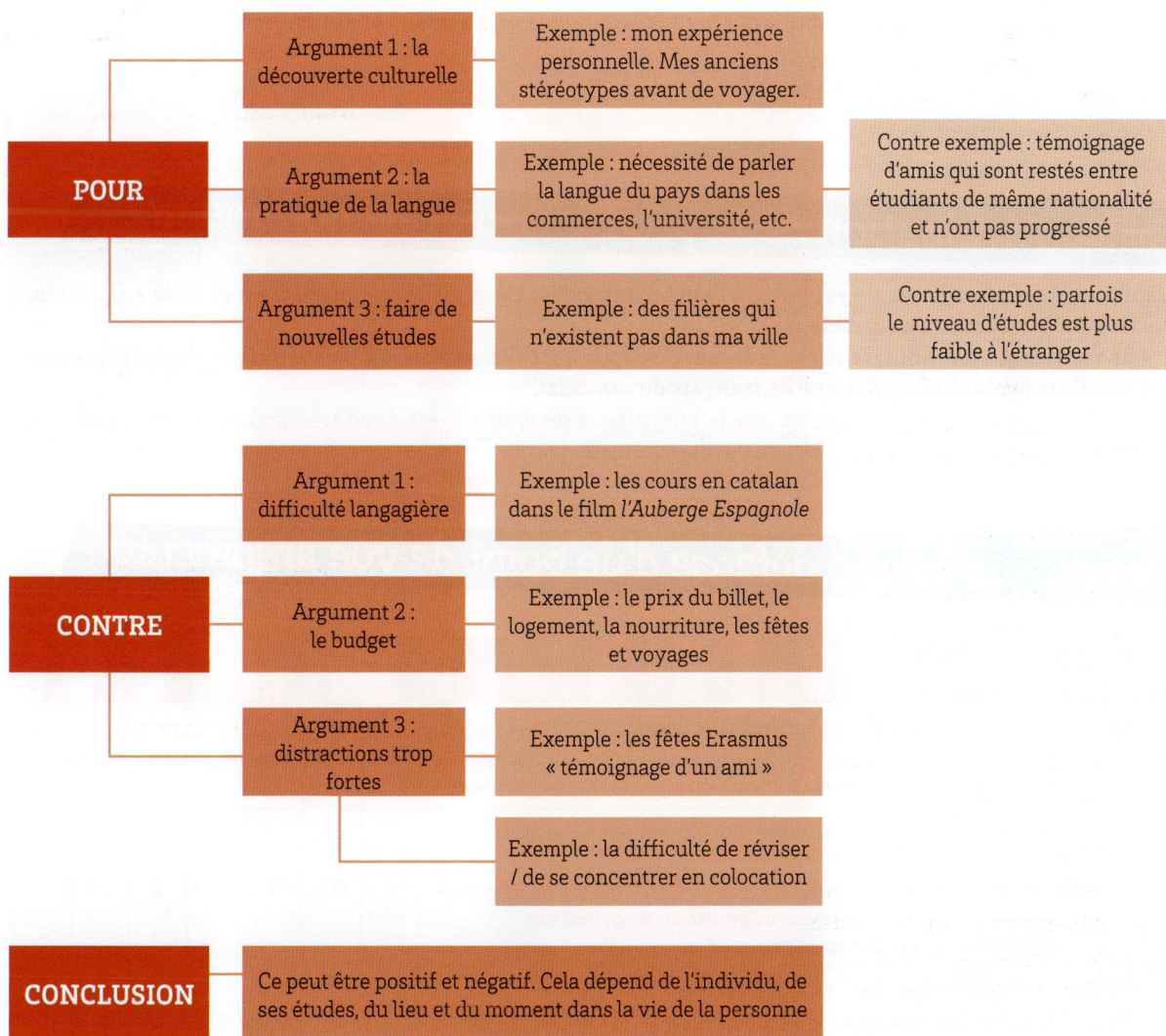

POUR

- **Argument 1 : la découverte culturelle** — Exemple : mon expérience personnelle. Mes anciens stéréotypes avant de voyager.
- **Argument 2 : la pratique de la langue** — Exemple : nécessité de parler la langue du pays dans les commerces, l'université, etc. — Contre exemple : témoignage d'amis qui sont restés entre étudiants de même nationalité et n'ont pas progressé
- **Argument 3 : faire de nouvelles études** — Exemple : des filières qui n'existent pas dans ma ville — Contre exemple : parfois le niveau d'études est plus faible à l'étranger

CONTRE

- **Argument 1 : difficulté langagière** — Exemple : les cours en catalan dans le film *l'Auberge Espagnole*
- **Argument 2 : le budget** — Exemple : le prix du billet, le logement, la nourriture, les fêtes et voyages
- **Argument 3 : distractions trop fortes** — Exemple : les fêtes Erasmus « témoignage d'un ami » — Exemple : la difficulté de réviser / de se concentrer en colocation

CONCLUSION — Ce peut être positif et négatif. Cela dépend de l'individu, de ses études, du lieu et du moment dans la vie de la personne

Production orale

Pour la passation devant le jury

Conseils du coach

1 • Vous passez l'oral du DELF, un examen du Ministère français de l'Éducation nationale. Vous devez donc **porter des vêtements corrects et bien vous tenir devant le jury d'examen.**

2 • Souriez, soyez **poli**, montrez-vous **coopératif** avec le jury.

3 • Dégagez le thème en **4 phrases maximum**. Vous pouvez par exemple commencer par « Cet article du journal...., intitulé...., soulève le problème de... ». Lorsque vous avez terminé d'**introduire** le débat, marquez une courte pause puis poursuivez par « Maintenant, je vais vous donner mon opinion sur le sujet ».

4 • Marquez **clairement** les relations entre vos idées à l'aide de connecteurs logiques.

5 • Ne restez pas dans des considérations générales. Accompagnez vos arguments d'exemples **précis et pertinents**.

6 • Lors du débat, reformulez votre opinion en ajoutant si possible de nouveaux éléments. Montrez au jury que vous êtes **capable de nuancer vos propos**.

7 • Veillez à **varier votre vocabulaire** en vous aidant des expressions et synonymes annotés sur votre brouillon.

Grille d'évaluation de la production orale commentée

L'épreuve de production orale est notée à l'aide d'une grille. Cette grille de notation est divisée en plusieurs parties qui permettent au correcteur :

• de vérifier que le candidat a effectué de manière appropriée l'ensemble des tâches qui composent l'épreuve ;
• d'évaluer le niveau linguistique en français du candidat.

Connaître cette grille, c'est savoir ce que le jury attend de vous ! Il est donc très important de la garder en mémoire le jour de l'examen pour obtenir le maximum de points.

Monologue suivi / défense d'un point de vue argumenté

Peut dégager le thème de réflexion et introduire le débat. **Ce critère vérifie que vous avez compris le document et que vous savez identifier sa problématique. Soyez clair et concis : environ 3 ou 4 phrases.**	0	0,5	1	1,5		
Peut présenter un point de vue en mettant en évidence des éléments significatifs et/ou des exemples pertinents. **Ce critère vérifie que vous êtes capable d'exposer votre opinion de manière cohérente. Vous obtiendrez le maximum de points en associant des arguments logiques avec des exemples précis.**	0	0,5	1	1,5	2	2,5	3
Peut marquer clairement les relations entre les idées. **Ce critère vérifie que vous savez ordonner vos idées et les rendre cohérentes. N'oubliez pas d'utiliser des connecteurs pour relier les différentes étapes de votre argumentation.**	0	0,5	1	1,5	2	2,5

orale

Exercice en interaction : débat

Peut confirmer et nuancer ses idées et ses opinions, apporter des précisions. **Ce critère vérifie que vous êtes capable de reformuler vos opinions. Utilisez des expressions comme « Effectivement… », « J'admets que… » pour nuancer vos idées et « D'ailleurs… », « Il est également à noter que… » pour les préciser.**	0	0,5	1	1,5	2	2,5	3			
Peut réagir aux arguments et déclarations d'autrui pour défendre sa position. **Ce critère vérifie que vous savez défendre votre opinion de manière juste et aimable. Prenez en considération l'avis ou l'argumentation de votre interlocuteur : « Je comprends votre point de vue, cependant je pense que… » puis consolidez votre argumentation de préférence avec des éléments nouveaux.**	0	0,5	1	1,5	2	2,5	3			

Pour l'ensemble de l'épreuve

Lexique (étendue et maîtrise) Possède une bonne variété de vocabulaire pour varier sa formulation et éviter des répétitions ; le vocabulaire est précis mais des lacunes et des confusions subsistent. **Vous devez avoir suffisamment de vocabulaire pour éviter les répétitions. Vous devez utiliser la plupart du temps des mots justes et appropriés.**	0	0,5	1	1,5	2	2,5	3	3,5	4	
Morphosyntaxe A un bon contrôle grammatical, malgré de petites fautes syntaxiques. **Vous devez avoir une bonne syntaxe, utiliser correctement les temps de la conjugaison et savoir formuler des phrases complexes. Cependant, il vous arrive de faire des fautes sans gravité.**	0	0,5	1	1,5	2	2,5	3	3,5	4	4,5	5
Maîtrise du système phonologique A acquis une prononciation et une intonation claires et naturelles. **Vous devez savoir vous exprimer sans effort. Vous parlez de manière naturelle et articulée. Prenez garde à ne pas parler trop vite ou trop lentement.**	0	0,5	1	1,5	2	2,5	3			

Production orale

Exercice 1

Vous dégagez le problème soulevé par le document puis vous exposez votre opinion de manière claire et argumentée.

Pour ou contre les concours de Mini-Miss ?

À Mios, en Gironde, devait se tenir le 1er juin un concours de Mini-Miss. Sous la pression des élus locaux, du Planning familial et d'associations, le maire et les organisatrices ont décidé d'annuler cet événement qui devait accueillir une centaine de jeunes filles, âgées de 5 à 12 ans.

Dans un rapport sur l'hypersexualisation des petites filles, la sénatrice Chantal Jouanno préconisait l'interdiction des concours de beauté pour les filles de moins de 16 ans.

Depuis janvier 2012, la charte du concours de Mini-Miss (une marque déposée depuis 1989) impose des règles strictes : maquillage, faux cils, faux ongles, perruques, maillot de bain et talons hauts sont interdits et les filles de moins de 7 ans ne sont pas autorisées à défiler. Une charte qui n'est pas toujours appliquée et que le rapport Jouanno juge pas assez stricte : « *Ces adaptations de forme ne changent pas la philosophie de ces manifestations, qui reposent sur les talents de séduction* ».

Selon vous, faut-il supprimer purement et simplement les concours de Mini-Miss ?

D'après : **http://www.mesdebats.com/societe/942-pour-ou-contre-les-concours-de-mini-miss**

> Pour vous aider à dégager le thème, soulignez les mots clés du texte. Devant l'examinateur, expliquez le thème et soulevez la problématique en quelques phrases seulement, puis marquez une pause avant d'exprimer votre opinion.

Exercice 2

Vous dégagez le problème soulevé par le document puis vous exposez votre opinion de manière claire et argumentée.

L'ascenseur social

Il est de notoriété publique que la majorité des fils d'ouvriers finissent... ouvriers. Même chose concernant les classes plus aisées ou un papa bien placé, ayant les moyens financiers d'ouvrir certaines portes à ses enfants, est bien utile dans un monde du travail où la compétition est très importante.

Le coût exorbitant de certaines formations et études semble fermer nombre de portes à des gens au budget limité... à moins d'avoir un excellent dossier, les établissements les plus réputés éjectent ceux provenant de zones connues pour être « difficiles ».

Et vous, croyez-vous que tout le monde soit en possession des mêmes chances face au monde des études et encore plus du travail ?

D'après : **http://forum.aufeminin.com/forum/loisirs4/__f20678_loisirs4-L-ascenseur-social.html**

> Citez des expériences de vie de personnes provenant de milieux sociaux différents pour illustrer vos propos. Parlez de préférence de personnes que vous connaissez et, sinon, de personnages de livres ou de films.

Exercice 3

Vous dégagez le problème soulevé par le document puis vous exposez votre opinion de manière claire et argumentée.

Protection des animaux

Plusieurs associations luttent pour la reconnaissance des animaux comme « êtres vivants et sensibles ». Les animaux doivent-ils être considérés ou traités comme les égaux des êtres humains ? Dans le code civil, et ce depuis Napoléon, les animaux sont considérés comme des « biens meubles », rappelle le journal *Le Monde* […]
Un statut qui fait débat et que plusieurs associations tentent de réformer depuis plusieurs années. […] De nombreuses autres revendications sont également formulées par les défenseurs des animaux. Au premier rang desquelles, la lutte contre l'industrie de la fourrure, le gavage des oies, les conditions de transport en cage, l'abattage sans étourdissement, etc.
Certains vont même plus loin et s'interdisent de manger de la viande. Tuer un animal pour le manger serait tout simplement comparable au meurtre d'un être humain. D'autres souhaitent seulement bannir les aspects scandaleux de l'exploitation animale.
[En France] l'animal est considéré comme un être inférieur à l'homme, dénué d'âme, de raison, de conscience ou tout simplement d'intelligence. Pourtant, l'animal n'est pas simplement une chose, mais aussi un être vivant. Faut-il alors le considérer comme notre égal ?

> Pensez à des actions dont les animaux sont capables pour donner votre opinion sur leur niveau de conscience ou d'intelligence. Vous pouvez, par exemple, citer les dauphins pour le langage, les rats pour la logique, les éléphants pour la mémoire, etc. Identifiez également les limites des capacités animales.

D'après : **http://www.mesdebats.com/societe/773-faut-il-considerer-les-animaux-comme-nos-egaux/71401-notre-comportement-envers-les-animaux-est-le-reflet-ce-que-nous-sommes**

Exercice 4

Vous dégagez le problème soulevé par le document puis vous exposez votre opinion de manière claire et argumentée.

Faut-il autoriser les gens à changer de prénom ?

Dans une chronique publiée simultanément sur *Slate* et sur le site de *L'Express*, […] Jacques Attali […] propose [de] permettre à chaque personne de choisir son prénom en toute liberté, à partir de 18 ans.
Jacques Attali rappelle qu'en France il n'est actuellement possible de modifier son prénom que dans deux cas : soit dans le but de le franciser[1], ou lorsqu'il fait du tort à celui qui le porte. […]
De nos jours, de nombreux chercheurs se penchent sur l'importance du prénom. Certains psychologues, adeptes de ce qu'on appelle le « déterminisme du prénom », associent au prénom des individus une probabilité donnée de réussir sa carrière, d'être heureux, d'être en bonne santé ou de trouver un conjoint... Comme le rappelle *Slate*, le sociologue et blogueur Baptiste Coulmont a même été jusqu'à établir un classement des prénoms par taux de mention « très bien » obtenue au bac en 2012.
Qu'en pensez-vous ? Faut-il autoriser les gens à changer de prénom ?

1. Le rendre français.

http://www.mesdebats.com/societe/1447-faut-il-autoriser-les-gens-a-changer-de-prenom

Camille   Nathan   Léo   Enzo
Emma   Alexandre   Zoé   Lucie

//

Vous dégagez le problème soulevé par le document puis vous exposez votre opinion de manière claire et argumentée.

La richesse est-elle immorale ?

Accumulation de profits colossaux[1] de certaines entreprises, revenus astronomiques des sportifs de haut niveau ou de certaines stars de cinéma, fortunes immenses d'héritiers ou de « fils de », nés au berceau de fées au porte-monnaie bien rempli : de telles situations choquent parfois. Le fait qu'il y ait de tels écarts de richesse peut même apparaître comme « immoral » au regard de la justice sociale.

Une étude de l'Institut national de la statistique et des études économiques (Insee), publiée le jeudi 25 novembre 2011, montre que le fossé entre les ménages les plus riches en patrimoine (immobilier ou portefeuille financier) et les familles les plus pauvres n'a cessé d'augmenter. En six ans, entre 2004 et 2010, il s'est accru de 30 %. À l'échelle de la France comme à l'échelle du monde, les riches sont devenus plus riches.

1. Gigantesque.

http://www.mesdebats.com/philo/132-la-richesse-est-elle-immorale

---

//

Vous dégagez le problème soulevé par le document puis vous exposez votre opinion de manière claire et argumentée.

Égalité des sexes : doit-on proscrire les différences de genre dès l'enfance ?

Chaque année l'association Mix-Cité et le Collectif contre le publisexisme dénoncent au moment de Noël la misogynie[1] de certains jouets, qui « participent à la construction du genre féminin, du genre masculin et de la norme hétérosexuelle. » Dans une interview accordé à *L'Express*, le Collectif explique que ces jouets sont « *calqués sur*[2] *le monde des adultes et contribuent à perpétuer la mauvaise répartition des tâches. [...] Les enfants sont conditionnés dès leur plus jeune âge et enfermés dans un rôle.* »

En Suède, la question du genre à l'école fait débat. Des auteurs relatent les aventures de héros ni fille, ni garçon. Des crèches proposent aux enfants des poupées asexués et change les « il » et « elle » par le pronom sexuellement neutre, « hen » (utilisé dans les milieux féministes et gays depuis les années 1960). Mais même au pays de la parité, ces expériences sont loin de faire l'unanimité.

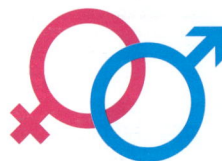

« *Pratique politiquement correcte*[3] » ironisent certains. « *Conduite risquée* » s'inquiètent d'autres. Dans quelle mesure l'enfant est-il acteur de sa construction identitaire ? Et vous, qu'en pensez vous ?

1. Haine ou mépris des femmes.

2. Qui imite exactement.

3. Expression qui signifie adoucir excessivement les formulations pour ne pas choquer.

D'après : http://www.mesdebats.com/societe/172-les-jouets-sexistes-sont-ils-une-fatalite et http://www.mesdebats.com/societe/1151-egalite-des-sexes-doit-on-proscrire-les-differences-de-genre-des-lenfance

Exercice 7

Vous dégagez le problème soulevé par le document puis vous exposez votre opinion de manière claire et argumentée.

Doit-on prendre la télé-réalité à la légère ?

Si ce genre d'émissions est souvent l'objet de mépris et de moqueries, il n'empêche que l'on ne peut nier leur succès, condition de leur durabilité. Mais d'où vient ce succès qui semble inaltérable[1] malgré les années ?

Selon Christophe André, psychiatre et psychothérapeute : « *La "télé-réalité" délivre une image artificielle et factice[2] de l'existence et des rapports humains [...] toutes les émotions y sont fabriquées ou au moins préparées en vue de faire de l'audience* ». « *La "télé-réalité" est une sorte de gigantesque miroir tendu à nous-mêmes, dans lequel nous aimons à nous regarder, pour le meilleur et pour le pire. Car toute la* question est de savoir si ce regard sur nous va nous faire ensuite réellement réfléchir, ou si nous en resterons simplement au constat narcissique du "Moi, je suis comme ça" ou "Moi, je ne suis pas comme ça"* », explique le spécialiste. Reste à savoir si la télé-réalité a vraiment une utilité. Peut-on la prendre au sérieux ?

> Prenez le temps de lire et de comprendre le titre du texte pour bien identifier la problématique et ainsi éviter le hors sujet.

1. Qui ne change pas.

2. Fabriqué.

http://www.mesdebats.com/medias-tech/4037-doit-on-prendre-la-tele-realite-a-la-legere

Exercice 8

Vous dégagez le problème soulevé par le document puis vous exposez votre opinion de manière claire et argumentée.

Doit-on *ralentir* ?

« *Peut-on ralentir le temps ?* », s'interroge Christophe Rymarski, coordinateur du dossier publié dans le magazine *Sciences Humaines* de juillet 2012. Il y fait un constat alarmant : alors que nous disposons aujourd'hui de plus de temps que nos ancêtres, grâce aux évolutions techniques, nous sommes absorbés par le présent et constamment débordés.

Temps de transports, de travail, d'écrans, de tâches domestiques, de relations sociales, tout est gérer par notre agenda, qui domine notre mode de vie et ne laisse que peu de place à l'oisiveté[1]. C'est ce que décrit Gilles Finchelstein dans « La Dictature de l'urgence », un ouvrage où l'essayiste français explique que les rythmes de vie se sont accélérés alors que le temps de l'horloge est resté le même.

[...] En réponse à ce stress moderne, le mouvement « Slow » préconise de lever le pied. « Slow food », « slow city », « slow science », « slow education », « slow love » sont ces nouvelles tendances qui prônent désormais la lenteur. Le congrès de la Société pour la décélération[2] du temps propose chaque année, à Wagrain en Autriche, de repenser l'avenir de l'homme et de la planète. Parmi les initiatives originales, les 700 participants ont même imaginé une récompense olympique pour les athlètes les plus lents. [...]

1. Fait de ne rien faire.

2. Le ralentissement.

D'après : http://www.mesdebats.com/philo/1114-doit-on-ralentir

Exercice 9

Vous dégagez le problème soulevé par le document puis vous exposez votre opinion de manière claire et argumentée.

Pour ou contre la cigarette électronique ?

Marisol Touraine, la ministre de la Santé, reçoit ce mardi 28 mai le rapport sur la cigarette électronique, commandé en mars dernier au pneumologue Bertrand Dautzenberg. Alors que la France compte plus de 500 000 « vapoteurs » (1 million selon le rapport), la ministre avait en effet souhaité *« faire une évaluation bénéfice-risque de ce dispositif, qui pose un certain nombre de questions »*. Parmi les 28 recommandations de cette enquête, l'interdiction de « vapoter » dans les lieux publics fait polémique. Les fabricants accusent ainsi d'ores et déjà le rapport de *« menacer le marché éminent de la cigarette électronique »*. Déjà, en 2011, l'agence du Médicament était méfiante quant à l'utilisation de cet appareil. L'agence avait alors recommandé *« de ne pas consommer de cigarettes électroniques »* car elles pouvaient *« conduire à des effets indésirables graves »*. Certains pays l'ont purement interdite à l'instar du Brésil, d'Israël ou de Singapour. En France, leur vente est interdite en pharmacie, puisqu'elles ne sont pas considérées comme un médicament, mais de plus en plus de magasins spécialisés voient le jour, profitant de la hausse du prix du tabac et de la volonté de nombreux fumeurs d'arrêter de fumer.

Alors, êtes-vous pour ou contre la cigarette électronique ?

http://www.mesdebats.com/societe/3555-pour-ou-contre-la-cigarette-electronique

Exercice 10

Vous dégagez le problème soulevé par le document puis vous exposez votre opinion de manière claire et argumentée.

Le voyage est-il encore une aventure ?

Dans « Tous touristes », pamphlet[1] ironique paru en 2010, l'essayiste Marin de Viry s'attaque au tourisme contemporain. Critiquant les voyages organisés - symbolisés selon lui par les séjours dans les innombrables Clubs Med aux quatre coins du globe, l'auteur dénonce une forme de voyage qui fait la part belle à la fête au détriment de la découverte. *« Il est plus exotique de se trouver soi-même en restant sur place que de se trouver vide en se déplaçant »*, suggère-t-il à la fin de son ouvrage. De fait les vols low-cost […] et les forfaits tout compris (« all-inclusive ») qui permettent aux touristes de voyager sans quitter leur hôtel semblent aux antipodes[2] de la conception du voyage vantée par les écrivains de toutes les époques. Pour beaucoup, le voyage tel qu'on le pratiquait par le passé était affaire d'âme et de rencontres plutôt que de photos-souvenirs. On y recherchait moins l'exotisme et le dépaysement qu'une véritable expérience. Pour d'autres, il ne tient qu'aux voyageurs de s'affranchir[3] des circuits organisés pour sortir des sentiers battus[4] et voyager au sens où l'entendaient les écrivains.

Qu'en pensez-vous ? Le voyage est-il encore une aventure ?

> Appuyez-vous sur votre expérience personnelle et celle de vos proches pour parler de voyages.

1. Court écrit satirique.

2. À l'extrême opposé.

3. Se libérer.

4. Ici, des circuits habituels.

http://www.mesdebats.com/societe/1154-le-voyage-est-il-encore-une-aventure

Exercice 11

Vous dégagez le problème soulevé par le document puis vous exposez votre opinion de manière claire et argumentée.

Pour ou contre les zoo ?

Les parcs zoologiques sont controversés et comme souvent dans ces cas-là, les « pour » et les « contre » sont difficilement réconciliables. Ce que personne ne peut nier, c'est que dans un monde idéal, les animaux sauvages (au moins eux) ont vocation à vivre en liberté, à l'état sauvage justement. Mais on n'est pas dans un monde idéal, le nôtre est violent, injuste (et les animaux en souffrent au moins autant que les humains).

On ne peut commencer ce débat sur les zoos sans rappeler que chacun, par son mode de vie, a un impact sur les terres et les animaux sauvages. Donc, les zoos existent, il y en a plus de 2 000 dans le monde, qui attirent chaque année 350 millions de visiteurs. Si leur vocation première était la gloire et le spectacle, elle s'est peu à peu étendue à l'observation et l'étude des animaux. Depuis la fin du xxe siècle, les parcs zoologiques mettent en avant le rôle qu'ils jouent dans la préservation des espèces.

Cherchez toujours à nuancer vos propos. Évitez d'être entièrement pour ou contre le sujet proposé.

D'après : **http://www.rebelle-lion.fr/debats/pour-ou-contre-les-zoos/**

Exercice 12

Vous dégagez le problème soulevé par le document puis vous exposez votre opinion de manière claire et argumentée.

Pour ou contre la corrida ?

Fascinant pour les uns, acte de torture pour les autres, le spectacle tauromachique divise.

Pour Jean-Pierre Garrigue c'est « *un spectacle insupportable* ». Il ajoute « *Selon l'article 521-1 du Code pénal sur la souffrance animale, un torero lors d'une corrida est coupable de « sévices[1] graves » et d' « actes de cruauté » et encourt deux ans de prison et 30 000 euros d'amende. Sauf dans quelques régions, sous couvert de tradition. Nous voulons mettre fin à cela. La corrida doit être un délit partout en France. C'est une torture, point. Dans un abattoir, aucun public n'applaudit.* »

À cela Patrick Colleoni, président de l'Association des critiques taurins du Sud-Est, répond : « *La corrida fait partie de l'histoire méditerranéenne. [...] On y puise des valeurs de courage, de loyauté... Dans le Sud, on n'imagine pas une fête sans taureau. [...] Un taureau de combat est choyé[2] pendant quatre ans dans un environnement préservé de l'agriculture intensive, où l'on trouve une biodiversité unique. [...] Je pense qu'il vaut mieux, pour un taureau, vivre quatre ans comme ça et mourir en combattant, que naître en batterie[3] et finir à l'abattoir.* »

N'oubliez pas de citer le nom des personnes qui donnent leur opinion dans le texte lorsque vous introduisez la problématique. Exemple : « Jean-Pierre Garrigue dénonce la corrida car il pense que... contrairement à Patrick Colleoni pour qui la corrida est... ».

1. Violences.

2. Gâté, qui reçoit de la tendresse.

3. Dans une exploitation bovine (dans des boxes).

D'après : **http://www.leparisien.fr/magazine/grand-angle/debat-pour-ou-contre-l-interdiction-de-la-corrida-10-04-2014-3757543.php**

///

Vous dégagez le problème soulevé par le document puis vous exposez votre opinion de manière claire et argumentée.

Pour ou contre la fourrure ?

Pour beaucoup, la fourrure est associée à la souffrance animale. Marquées par certaines images de torture aperçues à la télévision, un grand nombre de consommatrices ne porteraient cette matière pour rien au monde. C'est le cas de Pougnky et Marion :

Pougnky : La fourrure est souvent présentée comme le comble du[1] raffinement et de l'élégance, mais les publicités se gardent bien de montrer ce qu'ont enduré les animaux qui les portaient.

Marion : Tuer pour manger, c'est dans la nature des choses. Mais tuer pour pouvoir briller en société, non, là je ne comprends pas.

Mais tous ne sont pas du même avis. Comme le témoigne Chris : « *La fourrure reste pour moi synonyme d'élégance, de confort et de sensualité. Elle se travaille de manières différentes et offre, de nos jours, un large éventail d'aspects et de couleurs originales qui donnent un ton nouveau aux collections. [...] J'ai porté et je continue à porter des fourrures, pour la douceur, la chaleur et le confort incomparables que n'apportent pas les textiles synthétiques.* »

1. Le plus haut degré.

D'après : **http://www.journaldesfemmes.com/luxe/magazine/temoignages/pour-ou-contre-la-fourrure-le-debat.shtml**

///

Vous dégagez le problème soulevé par le document puis vous exposez votre opinion de manière claire et argumentée.

L'Armée, utile ou inutile ?

Trois adolescents répondent à la question.

- Pour reprendre une phrase célèbre «si vis pacem parabellum » (si tu veux la paix prépare la guerre). On comprendra bien que, pour éviter toute agression ou pour pouvoir répondre à une agression, il faut avoir la possibilité de se défendre. Il est important qu'un pays possède une armée pour préserver sa liberté. *Jimmy, (Var 83)*

- L'armée est inutile car elle n'engendre que la peur. Si tous les pays du monde n'avaient plus d'armes le monde serait bien meilleur car il n'y aurait pas de guerre. *Florian, (Isère 69)*

- J'ai toujours été contre la guerre et je suis du genre à dire que l'humanité peut les éviter, etc. Puis j'ai réfléchi longuement suite à une discussion avec plusieurs amis et j'en conclus une chose qui ne m'a pas plu mais qui me paraît « logique » : la guerre, ça peut être utile. Étant un adepte du pacifisme je me demande si le drapeau «No war » que je porte n'est pas un drapeau «anti-évolution humaine » ? Même si pour moi l'évolution est d'arriver à des accords pacifiques. Il reste des problèmes majeurs du genre surpopulation, inventions technologiques, des facteurs d'expériences humaines, politiques, commerciales, morales, etc. *Maverick, (Yvelines, 78)*

Et vous, quelle est votre opinion ?

D'après : **http://www.momes.net/forum/armee.html**

Exercice 15

Vous dégagez le problème soulevé par le document puis vous exposez votre opinion de manière claire et argumentée.

PouR ou contre la publicité

La publicité est partout et sous les formes les plus diverses. Mais cette omniprésence de la publicité est loin de susciter l'enthousiasme de tout le monde.

Ses détracteurs lui reprochent surtout son caractère mensonger et manipulant. Il nous semble illusoire de vouloir renoncer complètement à la publicité. Mais il serait important qu'elle devienne plus honnête et objective. Comment faire ? Par des lois qui obligeraient le producteur à informer exactement le consommateur sur la nature du produit (composition, origine, date de fabrication, quantité exacte…). […] Une telle publicité permet au consommateur de choisir entre différentes marques celle qui est vraiment la meilleure. Et finalement il faudrait interdire, ou réglementer très strictement la publicité pour des produits nuisibles à la santé (tabac, boissons alcoolisées, médicaments…). Il ne s'agirait donc pas de condamner la publicité en général, mais d'exiger une publicité plus objective, qui suscite chez le consommateur une attitude plus critique et active, une publicité qui l'informe sans le tromper. Une publicité qui s'intéresse davantage au bien-être du consommateur qu'à celui des producteurs.

Source : http://www.google.fr/url?sa=t&rct=j&q=&esrc=s&source=web&cd=1&ved=0CCMQFjAA&url=http%3A%2F%2Fwww.ltma.lu%2Fscheerware%2Fdownloads%2Fdissertations%2FDPCpub.pdf&ei=_A_jVP7SI8SwUbWjg_gH&usg=AFQjCNEzQRY8qZAGPQikPnFcyIQiIxFgJQ&sig2=ukeqv9W3-QOPVe9GTC3cLg&bvm=bv.85970519,d.d24

II Éducation

Exercice 16

Vous dégagez le problème soulevé par le document puis vous exposez votre opinion de manière claire et argumentée.

L'argent de poche : bon ou mauvais ?

Selon les spécialistes de l'enfance, l'argent de poche a toute son utilité dans le développement des jeunes. […] Les montants varient en fonction de l'âge, des revenus des parents, de la finalité de l'argent. Le but principal de ces « dimanches », comme l'argent de poche est parfois surnommé, est de responsabiliser les enfants puis adolescents face à l'argent. « *C'est à ça que ça sert en priorité et comme tous les problèmes de l'enfance, il y a une gradation suivant les âges* », confirme Jean-Marie Gauthier, psychologue de l'enfance au CHR de la Citadelle et professeur de psychologie de l'enfance à ULg. […] Pour le psychologue, il est capital que les parents gardent un œil[1] sur certaines dépenses. « *On voit bien ici à l'hôpital comment certaines sommes d'argent peuvent être dépensées dans de la drogue, dans des choses comme ça. Donc il faut quand même donner une somme d'argent raisonnable et dont la gestion est quand même un peu contrôlée par les parents* », fait-il remarquer.

1. Être vigilant.

http://www.plurielles.fr/parents/enfants-bebes/pour-ou-contre-l-argent-de-poche-6046232-402.html

Exercice 17

Vous dégagez le problème soulevé par le document puis vous exposez votre opinion de manière claire et argumentée.

Pour ou **contre** le redoublement ?

En France, près d'un tiers des élèves redoublent au moins une fois dans leur scolarité. Une spécialité française qui coûte chaque année deux milliards d'euros à l'État. Environ 8 000 euros par élève, selon la Cour des comptes.

À quoi sert cet investissement ? […] Il serait, en principe, efficace dans bien des cas :

- rattraper le retard si l'année scolaire a été perturbée par un événement ;
- aider les élèves qui ont des capacités mais n'ont pas travaillé ;
- faire un choix stratégique si l'élève tient à obtenir une filière généraliste ;
- rattraper un bac de français raté ;
- permettre à l'enfant de gagner en maturité…

Pourtant, nombreuses sont les personnalités de l'éducation à critiquer le redoublement. Jean-Jacques Hazan, président de la FCPE[1], est résolument contre : « *Le redoublement dévalorise l'élève surtout en primaire. Et il n'a aucune efficacité démontrée sur sa réussite.* » Valérie Marty, présidente de la Peep[2], est moins radicale mais ne se montre pas moins critique : « *Il faut voir au cas par cas, mais le redoublement est rarement bénéfique.* »

1. Fédération des Conseils de Parents d'Élèves.

2. Fédération des Parents d'Élèves de l'Enseignement Public.

http://www.mesdebats.com/societe/988-pour-ou-contre-le-redoublement

Exercice 18

Vous dégagez le problème soulevé par le document puis vous exposez votre opinion de manière claire et argumentée.

Comment « cadrer[1] » les adolescents

Yan : La télévision et les jeux vidéo font partie de leur époque et de leur quotidien. Comment ne pas les mettre en marge sans tout leur interdire et rentrer en conflit avec leur désir qui semble d'être en phase avec leur temps ?

Pourquoi dit-on que les parents doivent cadrer le temps de jeu ? Parce qu'à l'adolescence, les jeunes n'ont pas encore acquis la possibilité de réguler eux-mêmes leurs impulsions. Ils ont de la difficulté à suivre les décisions qu'ils jugent pourtant les plus raisonnables pour eux. C'est pourquoi les parents doivent veiller à ce que les jeux vidéo n'occupent qu'une partie du temps de loisirs. Mais en même temps, cadrer est totalement insuffisant. Parce que les jeux vidéo comportent beaucoup d'aspects positifs et que les parents ont tout à gagner à s'y intéresser.

Quand les parents accompagnent en s'intéressant aux jeux de leurs enfants, ils savent cadrer avec beaucoup plus d'intelligence et d'efficacité. Cadrer sans accompagner est aussi inutile que vouloir accompagner sans cadrer. Les deux sont indispensables.

1. Donner des limites à.

http://www.lemonde.fr/societe/article/2011/03/01/les-jeux-video-et-les-reseaux-sociaux-modifient-le-rapport-a-l-espace-au-temps-a-la-construction-de-l-identite_1486378_3224.html

Exercice 19

Vous dégagez le problème soulevé par le document puis vous exposez votre opinion de manière claire et argumentée.

L'âge idéal pour le premier portable divise en Europe

Le téléphone portable divise les classes moyennes européennes. Selon une étude de la société de crédit à la consommation Cetelem, l'âge auquel un enfant devrait posséder son propre téléphone portable varie grandement d'un pays à l'autre. Il est globalement plus précoce en Europe de l'Est (11,8 ans en moyenne, les Russes et les Tchèques optant même pour 10 ans et 10,6 ans) qu'en Europe de l'Ouest (13,4 ans en moyenne, la France étant lanterne rouge en suggérant 14,5 ans). Alors que dans les faits, la téléphonie mobile fait massivement son entrée à l'école dès le début du collège, les parents situent le bon moment plutôt vers la fin de cette période ou le début du lycée. « *L'âge recensé dans cette étude est un âge idéal pas forcément celui que l'on observe dans les faits,* précise Flavien Neuvy, de l'Observatoire Cetelem. *En Europe orientale, il doit y avoir une forme de rattrapage et on estime qu'il est légitime d'être équipé très tôt. À l'inverse, à l'Ouest, il peut y avoir une forme de culpabilité où l'on se dit que les enfants ont leur propre téléphone trop tôt.* » Pour vous quel est donc l'âge idéal ?

http://www.lefigaro.fr/conso/2012/01/25/05007-20120125ARTFIG00765-l-age-ideal-pour-le-premier-portabledivise-en-europe.php

Exercice 20

Vous dégagez le problème soulevé par le document puis vous exposez votre opinion de manière claire et argumentée.

Le divorce : Quelles incidences sur le développement de l'enfant ?

Il n'y a pas de divorce heureux, ni pour les grands, ni pour les petits. […] Quelles en sont les conséquences ? Comment réagissent les enfants qui vivent déjà depuis plusieurs années dans un climat familial sous tension ? La séparation n'est-elle pas plutôt un soulagement dans ce cas-là ? Une longue étude québécoise […] a cherché à répondre à ces questions. […] Selon cette étude, la séparation des parents a bien un impact négatif sur le bien-être des enfants, quelle que soit la situation familiale antérieure. […] En revanche, la séparation des parents ne semble pas provoquer de bouleversements au niveau du comportement (désobéissance, opposition). En effet, dans les familles au climat familial pesant, les enfants sont déjà davantage opposants bien avant la rupture. Le choc semble donc moins important lorsque le climat familial a toujours été plus ou moins chaotique. Pour autant, on ne peut pas parler d'un effet apaisant. Au-delà de ces conclusions, il ne faut pas oublier que certains enfants s'accommodent[1] très bien de la séparation de leurs parents. […]

Marc Olano

1. S'adapter sans problème.

Source : **« Quelles incidences sur le développement de l'enfant ? », revue Science Humaine n° 250, juillet 2013, page 15.**

Exercice 21

Vous dégagez le problème soulevé par le document puis vous exposez votre opinion de manière claire et argumentée.

Les parents doivent–ils espionner leurs enfants sur Facebook ?

Ma fille, dort-elle vraiment chez sa copine ? Mon fils, boit-il de l'alcool quand il fête l'anniversaire d'un copain ? Postent-ils des photos qu'ils pourraient regretter plus tard ? […] Sur Facebook, les mises à jour des statuts, la publication des photos ou encore les commentaires des copains permettent d'accéder sans difficulté à la vie sociale et à l'intimité de ses enfants. Au-delà de la consultation des informations rendues publiques, certains parents accèdent au compte Facebook de leur enfant, à leur insu[1]. Selon le JDD, une étude publiée par la société de sécurité AVG, réalisée sur Internet dans 11 pays auprès de 4 400 personnes dont les enfants sont âgées de 14 et 17 ans, montre que 45 % des Français ont ainsi visité le profil de leur enfant sans son accord.

Guetter[2] les faits et gestes de sa progéniture, est-ce une intrusion dans sa vie privée ou bien est-ce simplement la volonté légitime de la protéger ?

1. Sans leur autorisation. 2. Espionner.

D'après : **http://www.mesdebats.com/societe/859-est-on-en-droit-despionner-ses-enfants-sur-facebook**

Vous dégagez le problème soulevé par le document puis vous exposez votre opinion de manière claire et argumentée.

Enfants : faut-il leur faire croire au Père Noël ?

Chaque année, les parents font d'énorme efforts pour faire en sorte que leurs enfants continuent de croire en l'existence du vieil homme vêtu de rouge censé descendre du ciel avec des « jouets par milliers ». [...] Mais certains parents ne le font pas, soit parce qu'ils refusent de mentir à leurs enfants, soit parce qu'ils appréhendent le choc de la déception une fois la vérité révélée. D'autres encore refusent cette fiction « consumériste », soutenant l'idée que la figure du Père Noël doit aujourd'hui bien plus à Coca-Cola qu'aux mythes d'Europe du Nord.

Pourtant le Père Noël reste une figure légendaire indissociable des fêtes de fin d'année et quasi-sacrée, comme en témoigne la réaction violente qu'ont suscité les propos l'année dernière d'une présentatrice américaine, qui a osé déclarer en direct à la télévision que le Père Noël n'existait pas. Devant les nombreux appels téléphoniques et messages de protestation, Robin Robinson a dû présenter formellement ses excuses le lendemain de l'émission.

D'après : **http://www.mesdebats.com/societe/110-enfants-faut-il-leur-faire-croire-au-pere-noel**

Vous dégagez le problème soulevé par le document puis vous exposez votre opinion de manière claire et argumentée.

Pour ou contre les notes à l'école ?

Dans un discours prononcé, mardi 9 octobre à la Sorbonne, le président de la République a plaidé pour la mise en place d'un système de notation qui « indique un niveau plutôt que de sanctionner ». Celui-ci pourrait prendre la forme d'évaluations faites par la classe ou d'auto-évaluations des élèves. [...] Les Français y seraient très défavorables [...]

Certains soulignent cependant que les notes sanctionnent l'erreur plutôt que de récompenser l'effort et le progrès. Cependant les notes sont également un point de repère pour les parents, qui ont ainsi l'impression de mieux suivre la scolarité de leurs enfants.
Entre le bien-être des élèves et les exigences de l'avenir, quelle place pour les notes à l'école ?

D'après : **http://www.mesdebats.com/societe/1217-pour-ou-contre-les-notes-a-lecole**

Vous dégagez le problème soulevé par le document puis vous exposez votre opinion de manière claire et argumentée.

Avoir accès à Internet dans sa chambre est-il un facteur de réussite scolaire ?

En rendant accessible un monde de connaissances et de découvertes, les nouvelles technologies ont redéfini la notion de devoirs à la maison.
[...] Mais Internet n'est pas qu'une mine d'informations, c'est aussi une source de distraction infinie. Comme le révèle une étude réalisée pour E-enfance, la plupart

des enfants et adolescents utilisent aussi le réseau pour communiquer avec leur entourage et regarder des vidéos, ou encore pour jouer à des jeux en ligne. Les réseaux sociaux sont eux-mêmes très chronophages[1] et ne poussent pas vraiment à adopter une attitude studieuse.

1. Qui prend beaucoup de temps et fait perdre du temps.

http://www.mesdebats.com/medias-tech/1032-avoir-acces-a-internet-dans-sa-chambre-est-il-un-facteur-de-reussite-scolaire

Vous dégagez le problème soulevé par le document puis vous exposez votre opinion de manière claire et argumentée.

Le numérique peut-il faire disparaître les manuels scolaires ?

[…] Cartes géographiques animées, inclusion d'animation et de sons, extraits de pièces de théâtre à regarder pour appuyer une description, jeux éducatifs voire personnalisation… Au-delà du manuel lui-même, les atouts pédagogiques des ressources numériques ne manquent pas, et sont de plus en plus exploitées dans les écoles françaises.

En revanche, une telle évolution représente des coûts conséquents. L'opération du Conseil général de Corrèze visant à équiper 2 500 collégiens et 800 professeurs en iPad a nécessité un investissement d'1,5 million d'euros par an. Et quid de[1] la fragilité d'un lecteur numérique ? Passée la difficulté financière, il reste à former les enseignants qui vont utiliser ces outils. Enfin, le bon vieux livre ayant déjà fait ses preuves, il se peut qu'une évolution technologique d'envergure[2] paraisse quelque peu gadget, que le bénéfice ne vaille pas la hauteur de l'investissement.

1. Expression familière qui introduit une question = que dire de… ? **2.** De grande ampleur.

http://www.mesdebats.com/societe/975-le-numerique-peut-il-mettre-au-placard-les-manuels-scolaires

Vous dégagez le problème soulevé par le document puis vous exposez votre opinion de manière claire et argumentée.

L'école est-elle le meilleur moyen d'apprendre ?

Pour Nathalie « *Elle n'est peut-être pas le meilleur moyen, mais elle forme la base de l'apprentissage, le premier rapport avec les sciences, l'analyse, la réflexion, le travail intellectuel… Le rôle de l'école est faire aimer aux enfants la culture, l'art, la lecture et surtout de l'ambition et l'envie d'y croire et de se réaliser.* » À cela Rémi répond : « *Exact, sauf que je trouve qu'on devrait ajouter quelques matières… j'en ai appris des choses à l'école, trouver des solutions à des problèmes, conjuguer le verbe* tel…, *etc., mais est-ce qu'on nous a déjà appris par exemple comment recoudre le bouton d'une chemise ?, j'ai un bouton qui éclate "ah zut ! je ne saurai comment le recoudre, on ne m'a pas appris à l'école !" sachant qu'on passe beaucoup de temps à l'école… et puis certaines matières sont de la pure perte de temps, je ne dis pas que c'est inutile, non, mais on ne nous apprend pas comment utiliser ces informations dans notre vie courante… on apprend… on comprend et puis on se dit : ça va nous servir à quoi tout ces trucs là ??? »*

D'après le forum : **http://www.casafree.com/modules/newbb/viewtopic.php?topic_id=6564**

Vous dégagez le problème soulevé par le document puis vous exposez votre opinion de manière claire et argumentée.

Y a-t-il un âge idéal pour quitter ses parents ?

Adolescent, on rêve de partir de chez ses parents et on attend la majorité avec impatience pour pouvoir enfin mener sa propre vie, dans la plus grande indépendance ! Mais quand sonne l'heure des études supérieures ou du premier job, on n'est finalement plus forcément si pressé(e) de quitter le cocon familial, plutôt confortable. Mais au fait, quand faut-il partir ?

Les enfants restent de plus en plus tard chez leurs parents, c'est un fait. En France, l'âge moyen du départ est de 22 ans pour un garçon, 20 ans et demi pour une fille. Les causes sont multiples : études plus longues, loyers coûteux, chômage, mais aussi éducation plus libre, pression sociale moindre… Si on ne part pas, c'est aussi parce que rien ne nous pousse à le faire ! Mais en fait, y a-t-il un âge idéal pour partir ? Selon Stéphane Clerget, psychiatre spécialisé dans les problématiques adolescentes : « *Il y a d'abord un âge minimal de 18 ans, puisque c'est à ce moment que l'on devient légalement adulte, quoique l'on puisse demander une majorité anticipée à 16 ans en cas de relations très conflictuelles avec les parents.* » Âge idéal ou non, il existe un moment où il faut partir…

D'après : **http://www.e-sante.fr/y-t-il-age-ideal-pour-quitter-ses-parents/actualite/1310**

Production
orale

Exercice 28

Vous dégagez le problème soulevé par le document puis vous exposez votre opinion de manière claire et argumentée.

Pour ou contre l'argent après de bonnes notes ou des services à la maison ?

La question est loin d'être anodine, car elle interroge tout parent sur les valeurs qu'il souhaite transmettre à ses enfants. Celles du travail accompli, de l'argent, du geste gratuit ou de la solidarité. Elle intervient aussi dans un contexte où le monnayage est omniprésent, relève le pédiatre et thérapeute familial établi à Lausanne Nahum Frenck : « *Notre société devient malheureusement de plus en plus vénale*[1] *et néglige les valeurs fondamentales. [...] Faire un geste pour l'autre sans contrepartie, par générosité et par solidarité familiale, est un apprentissage essentiel dans la vie d'un enfant* », poursuit-il. [...]

1. Cupide.

Maman de deux enfants de 12 et 8 ans, Patricia accepte de rémunérer occasionnellement ses enfants, mais à des conditions très précises. « *Il doit s'agir de tâches qui sortent de l'ordinaire. Ma fille a par exemple reçu un peu d'argent après être allée passer l'aspirateur chez sa grand-mère ou après avoir ramassé les feuilles mortes dans le jardin.* » Les tâches quotidiennes, comme mettre la table ou ranger sa chambre, ne sont pas rémunérées, tout comme les bonnes notes. « *Je veux que mes enfants apprennent à travailler à l'école pour eux-mêmes et pas dans le but de recevoir de l'argent* ».

http://www.migrosmagazine.ch/au-quotidien/education/article/de-l-argent-contre-des-bonnes-notes

III Relations sociales

Exercice 29

Vous dégagez le problème soulevé par le document puis vous exposez votre opinion de manière claire et argumentée.

Amitié homme-femme

Être ami avec une personne du sexe opposée n'est pas si anodin. En tout cas cela n'enlèverait pas tout désir et idée de relation romantique surtout chez les hommes…
Une première étude sur le sujet a été menée sur des étudiants de l'université du Wisconsin. Des couples d'amis, en moyenne depuis deux ans, de sexe opposé ont été placés dans des pièces séparées afin de répondre à des questions sur leur relation amicale, leur degré d'attirance pour l'autre et l'attirance qu'ils imaginent que l'autre a pour eux.

Comme les chercheurs le pensaient, les hommes sont globalement plus attirés physiquement par leurs amies filles, que l'inverse. Ils croient aussi que leurs amies féminines sont plus attirées par eux qu'en réalité. Les femmes sont plus enclines à développer une relation romantique avec leurs amis si elles sont célibataires. Par contre, pour les hommes, le fait qu'il soit seul ou en couple ne modifie pas leur attirance pour leurs amies…

D'après : http://www.topsante.com/sante-au-quotidien/Actus/Amitie-homme-femme-elle-n-est-pas-vraiment-possible

Exercice 30

Vous dégagez le problème soulevé par le document puis vous exposez votre opinion de manière claire et argumentée.

Peut–on se faire des amis sur Internet ?

Loin d'être nombreuses et frivoles, les amitiés virtuelles sont soumises à des exigences très strictes et à une sélection impitoyable. Les femmes ont tendance à se montrer intraitables sur la qualité d'écriture de leurs interlocuteurs. Les fautes d'orthographe sont inacceptables pour la plupart d'entre elles. Les échanges doivent, par ailleurs, être de bonne qualité. Il est attendu des partenaires qu'ils se montrent aptes au dialogue, qu'ils aient des choses à dire autres que des banalités. Et qu'ils aient un «bon comportement relationnel», notamment dans le cadre des jeux en réseau : des valeurs de respect, de partage et d'entraide sont non seulement appréciées mais indispensables pour envisager d'aller plus loin dans la relation amicale. Les relations par Internet sont donc au moins aussi sélectives que les relations sociales réelles. Le véritable ami virtuel, comme l'ami réel, est celui sur qui l'on peut compter et à qui l'on peut tout dire. Les relations virtuelles reposent sur la confiance et s'établissent graduellement, menant parfois à une rencontre dans la «vraie vie»…

Virginie Lethiais et Karine Roudaut, «*Les amitiés virtuelles dans la vie réelle. Profils, motifs et modalités de construction* », *Réseaux*, n° 164, 2010/6.

D'après : **http://www.scienceshumaines.com/l-amitie-sur-le-net-une-relation-a-part_fr_26943.html**

Exercice 31

Vous dégagez le problème soulevé par le document puis vous exposez votre opinion de manière claire et argumentée.

Journée de la femme : un moment de solidarité loin de faire l'unanimité

Au Burkina-Faso, en Russie ou encore au Laos, le 8 mars est un jour férié. La journée de la Femme a été officialisée en France le 8 mars 1982 par le gouvernement socialiste. Les origines de la journée internationale des femmes font débat au sein des historiens. La petite histoire raconte que le 8 mars 1857, une manifestation spontanée d'ouvrières aurait éclaté aux États-Unis aboutissant à une amélioration spectaculaire de leurs conditions de travail. Cependant, aucun journal américain ne relate cet épisode.

L'idée d'une journée des femmes a été lancée en 1910, selon l'ONU, par une journaliste allemande, Clara Zetkin, alors que des femmes socialistes de tous pays étaient réunies à Copenhague pour défendre leurs droits et réclamer le droit de vote. Pourtant tous les ans, aux alentours du 8 mars, c'est le même débat. Pourquoi une journée des femmes ? Est-ce que cela signifie que les autres jours sont ceux des hommes ? Faut-il supprimer cette journée ? Les revendications féministes sont-elles encore d'actualité ?

http://**www.mesdebats.com/societe/463-faut-il-supprimer-la-journee-des-femmes**

Exercice 32

Vous dégagez le problème soulevé par le document puis vous exposez votre opinion de manière claire et argumentée.

Vivre seul, quel bonheur !

La solitude, le mal du siècle ? En France, près de la moitié des jeunes adultes affirment se sentir seuls. C'est ce que montre une étude publiée mardi 5 juin dans le quotidien *La Croix*. [...] Internet jouerait sur la vie sociale (la réelle) puisque 55 % des sondés estiment que la toile « *favorise la solitude* ». D'autres raisons sont avancées : le « *manque d'argent* » (35 %), un « *comportement solitaire* » (34 %), des « *difficultés à entrer en relation avec autrui* », et le « *manque de confiance en [soi], la peur* » (31 %).

Pour certains la vie en solitaire est donc un mal à combattre (en 2011, la lutte contre la solitude avait été décrétée Grande Cause nationale). Pour d'autres, majoritaires, elle serait d'abord un choix : ainsi, 58 % des personnes qui se sentent « *souvent* » seules affirment l'avoir « *voulu* », et non « *subi* ». Pour eux, comme pour les 15 millions de Français célibataires, solitude ne rime donc pas nécessairement avec isolement mais aussi avec liberté et indépendance. Et si vivre seul, c'était le bonheur ?

http://www.mesdebats.com/societe/960-vivre-seul-quel-bonheur

Exercice 33

Vous dégagez le problème soulevé par le document puis vous exposez votre opinion de manière claire et argumentée.

Peut-on s'aimer sans se voir ?

[...] Internet, gigantesque nœud d'interconnexions, a entièrement redessiné la carte de l'amour et des rapports amoureux. Le grand « jeu de l'amour et du hasard » s'est largement déplacé sur *Meetic*, *AdopteUnMec* et les sites de rencontres, mais aussi sur *Facebook* ou *Linkedin*. Et on peut désormais se consumer d'amour pour une personne rencontrée dans ce vaste monde virtuel à la portée de chacun.

Les psychanalystes s'étonnent ainsi de voir débarquer dans leurs cabinets des hommes et des femmes ébranlés par des relations nouées en ligne. Au cœur des préoccupations de ces patients déboussolés, le passage à la réalité d'un amour qui est né sur la Toile.

L'écran favorise projections et mirages amoureux. L'imagination tient alors une place essentielle dans les relations qui naissent de ces échanges virtuels. Mais peut-on nommer « amour » ce lien tissé par les projections imaginaires de deux individus ? Peut-on s'aimer sans se voir ?

D'après : **http://www.mesdebats.com/medias-tech/372-peut-on-saimer-sans-se-voir**

Exercice 34

Vous dégagez le problème soulevé par le document puis vous exposez votre opinion de manière claire et argumentée.

Faut-il interdire les écouteurs aux piétons ?

Les accidents qui mettent en cause des piétons, portant des écouteurs, ne sont pas rares. À Pully, une jeune fille y a même perdu la vie à la fin mai.

Les chauffeurs et autres conducteurs professionnels crient leur ras-le-bol[1]. Ils militent désormais pour l'interdiction pure et simple des oreillettes et autres casques audio dans la rue. [...]

1. Le fait d'être excédé par quelque chose.

Chauffeur poids lourd de 24 ans, Fabian Pfister explique que « *dans la rue, il faut pouvoir utiliser tous les sens* » et est donc en faveur d'une telle interdiction.

Ces revendications sont relayées par Ulrich Giezendanner, transporteur argovien et conseiller national UDC : « *C'est un véritable problème. Les gens avec des écouteurs ne sont pas seulement distraits mais ils sont coupés du trafic. Raisons pour laquelle une interdiction s'impose.* » À votre avis, faut-il interdire aux gens d'écouter de la musique dans la rue ?

http://www.tdg.ch/suisse/veut-interdire-ecouteurs-pietons/story/13360378

Exercice 35

Vous dégagez le problème soulevé par le document puis vous exposez votre opinion de manière claire et argumentée.

Faut-il être beau pour séduire ?

La question de l'importance de la beauté et du look pour séduire est posée dans la communauté depuis longtemps, et malgré tous les articles qui ont tenté d'y répondre, cela reste toujours un mystère. [...] Le vrai problème, ce n'est pas si une fille ou un garçon vous trouve moche, c'est si vous, vous vous considérez comme tel. [...]

Ce qui compte, c'est de changer ce que vous pouvez changer. Par exemple, une fille ne vous reprochera pas d'être petit ou d'avoir un visage laid, parce que vous n'y êtes pour rien et vous ne pouvez rien y faire. En revanche, bien vous habiller, avoir une belle dentition, prendre soin de vos mains, ce genre de choses... c'est éliminatoire, parce que c'est sous votre contrôle. En ce sens, on pourrait dire que la beauté n'est pas importante mais que le look, lui, l'est. Vous n'avez pas à complexer pour ce que vous ne pouvez pas changer, mais vous devez faire un effort pour ce que vous pouvez améliorer ! Sinon, cela revient à dire que vous avez choisi d'être négligé comme cela, et il va sans dire que c'est très négatif pour vous...

D'après : **http://www.comprendrelesfemmes.com/faut-il-etre-beau-pour-seduire/**

Exercice 36

Vous dégagez le problème soulevé par le document puis vous exposez votre opinion de manière claire et argumentée.

Doit-on toujours dire la vérité ?

Dans notre société, il y a des règles morales élémentaires : aider son prochain, ne pas se moquer d'un plus faible que soi, ne pas voler, dire la vérité. Arrêtons-nous sur l'interdiction du mensonge et demandons-nous jusqu'où l'appliquer. A-t-on le droit de faire des exceptions à la règle ? Car nous sentons bien qu'il y a des situations où il est préférable de ne pas dire la vérité. Car si une vérité est dite c'est pour être entendue et il est possible que mes paroles aient des conséquences graves, blessantes[1] ou plus dangereuses encore auxquelles je dois penser avant de parler. On en vient naturellement à douter du caractère absolu de l'interdiction du mensonge : « doit-on toujours dire la vérité ? » Peut-on parfois mentir ou taire une vérité, tout en restant moralement irréprochable ? Si oui, dans quelles circonstances ? Si non, qu'est-ce qui nous en empêche ? Ce sujet nous invite donc à réfléchir sur la légitimité du mensonge, et de manière plus générale, à réfléchir sur les exigences de la morale.

1. Qui font du mal.

http://www.philosophie-surlefil.net/article-26729371.html

Exercice 37

Vous dégagez le problème soulevé par le document puis vous exposez votre opinion de manière claire et argumentée.

Peut-on rire de tout ? Y a-t-il des limites à ne pas franchir ?

Les thèmes du rire sont ancrés dans la vie quotidienne, cependant certains sujets sont plus comiques que d'autres. [...] N'y a-t-il aucune censure ni même aucun tabou ? L'homme peut-il rire de tout ou y a-t-il des limites à ne pas franchir ? Pouvons-nous traiter des sujets graves et sérieux sur le mode plaisant ou humoristique ? « On peut rire de tout, mais pas avec n'importe qui », nous dit l'humoriste Pierre Desproges. Reste que les pires malheurs, les pires terreurs peuvent être traitées sur le ton humoristique. [...] Les thèmes que l'on pourrait qualifier de sérieux ont sans cesse intéressé les auteurs comme La Fontaine, par exemple, qui évoque la mort, le pouvoir, le malheur tout en instruisant et en plaisant car une morale seule apporte de l'ennui. [...] Le rire et l'humour détendent et nous rendent plus réceptifs (thérapie par le rire). Et vous, y a-t-il certaines choses dont vous ne rirez jamais ? Pourquoi ?

http://www.etudier.com/dissertations/Selon-Vous-Peut-On-Rire-De/192961.html

############ **IV** | **Sciences et technologies**

Exercice 38

Vous dégagez le problème soulevé par le document puis vous exposez votre opinion de manière claire et argumentée.

Une petite fille de 14 mois a acheté une voiture en quelques clics sur l'application eBay[1] du smartphone de son père.

Les courses sur Internet en cachette, même les bébés s'y mettent ! Paul Stoute, résident à Portland aux États-Unis, a eu l'heureuse surprise de découvrir un e-mail d'ebay dans sa boîte de réception, l'informant qu'il était désormais l'heureux propriétaire d'une Austin-Healey Sprite de 1962 en très mauvais état, pour la modique somme de 225 dollars.

D'abord pris de panique, l'homme a réalisé que sa jeune fille de 14 mois, Sorella, qui aime beaucoup jouer avec le téléphone de son papa s'était connectée sur le site d'enchères en ligne eBay. Comme Paul Stoute avait déjà cherché une voiture à réparer, il a suffi de quelques clics à sa progéniture pour devenir l'heureuse propriétaire de l'épave[2] [...]. Finalement, le propriétaire n'étant qu'à quelques kilomètres de chez eux, Paul et sa femme ont décidé de la garder pour en faire cadeau à leur fille, quand elle sera en âge de conduire. [...] Que penser de ce choix et du côté « permissif » des parents ? Faut-il interdire les technologies aux jeunes enfants et si oui à quel âge ?

1. Site de vente aux enchères sur Internet.

2. Moyen de locomotion en très mauvais état. Littéralement, un bateau échoué sur une côte.

http://www.latribune.fr/actualites/economie/international/20130711trib000775268/a-14-mois-elle-achete-sur-ebay-sa-premiere-voiture.html

Exercice 39

Vous dégagez le problème soulevé par le document puis vous exposez votre opinion de manière claire et argumentée.

Le jeu vidéo est-il un art ?

Le jeu vidéo est-il un art ? Cette question s'est en réalité posée avant cela pour un autre support : le cinéma. Considéré à l'époque comme un divertissement, il est maintenant qualifié d'art par la majorité des critiques. « *Le cinéma arrive après les autres arts, non pas seulement au sens technique ou chronologique, mais parce qu'il entretient des relations [...] avec les arts apparus avant lui* », expliquait, en octobre 2010, Alain Badiou à *Ecrans*. Un argument qu'il serait possible d'adapter au jeu vidéo, qui lui aussi réutilise de nombreux arts et les fusionne. De plus, à l'instar du cinéma, on peut trouver de nombreuses différences entre les jeux vidéo. Si certains peuvent être considérés comme de simple divertissements, d'autres, parfois moins connus, arrivent à créer un véritable monde, à développer une philosophie, raconter une histoire.

D'après : http://www.mesdebats.com/philo/739-le-jeu-video-est-il-un-art

Exercice 40 ///

Vous dégagez le problème soulevé par le document puis vous exposez votre opinion de manière claire et argumentée.

Éthique : faut-il condamner le transhumanisme ?

Serons-nous demain tous bioniques ? Améliorés, augmentés, transformés par la technologie ? C'est ce qu'envisage très sérieusement le transhumanisme. Un mouvement de pensée, que certains diront philosophique, et qui a pour horizon l'humain du futur. Pour les transhumanistes, qu'ils soient scientifiques ou philosophes, l'humain tel que nous le connaissons n'est pas une chose fixe. L'homme est le résultat d'une évolution de plusieurs milliers d'années, et rien ne nous dit que cette évolution soit aujourd'hui terminée. [...] L'idée est « d'augmenter »

l'homme, mais surtout de développer ses capacités physiques et mentales, pour qu'il puisse survivre plus longtemps et dans de meilleures conditions. [...]
Le transhumanisme connaît cependant quelques ennemis, car il soulève des questions éthiques délicates, comme le clonage humain, le choix des gamètes ou la sélection génétique. Or, mesuré et encadré, le transhumanisme pourrait apporter beaucoup à la médecine et pourrait permettre une meilleure survie de l'espèce humaine. Faut-il donc avoir peur du transhumanisme avant même qu'il ne soit devenu une réalité ?

D'après : **http://www.mesdebats.com/planete-sciences/330-ethique-faut-il-condamner-le-transhumanisme/73337-cest-en-partie-lavenir-de-lhumanisme**

Exercice 41 ///

Vous dégagez le problème soulevé par le document puis vous exposez votre opinion de manière claire et argumentée.

Les écrans nous rendent-ils plus intelligents ?

Ces dernières décennies sont en effet marquées par la prolifération des écrans dans nos vies : ordinateurs, consoles de jeux vidéo, smartphones, tablettes ou liseuses... nous sommes cernés. Nos perceptions, nos représentations et nos savoirs transitent[1] aujourd'hui par des écrans.
Les spécialistes s'interrogent régulièrement sur l'effet de cette prolifération d'écrans, en s'intéressant notamment aux enfants. [...] Certains s'inquiètent des effets nocifs des écrans, devant lesquels les enfants seraient passifs et qui les

rendraient de surcroît violents. [...]
D'autres rejettent ces critiques et défendent au contraire l'idée selon laquelle les écrans révolutionnent l'intelligence. En stimulant leurs facultés cognitives de manière différente, les nouvelles technologies façonneraient le cerveau des nouvelles générations.
[...] Les écrans rendent-ils plus intelligents ou rétrécissent-ils notre univers en bridant[2] la créativité ?

1. Passer.

2. Freiner.

http://www.mesdebats.com/medias-tech/311-les-ecrans-nous-rendent-ils-plus-intelligents

Vous dégagez le problème soulevé par le document puis vous exposez votre opinion de manière claire et argumentée.

Faut-il autoriser Facebook aux moins de 13 ans ?

La question revient de manière récurrente depuis la création du plus grand réseau social du monde et il semblerait que Facebook se décide enfin à agir. D'après le Wall *Street Journal*, Facebook développerait une technologie qui permettrait aux mineurs de moins de 13 ans (qui n'ont théoriquement pas le droit de s'inscrire) de créer un compte et de rejoindre les 900 millions d'utilisateurs du réseau à travers un « accès sécurisé ».

Il s'agirait de connecter les comptes des enfants à ceux de leurs parents. Ainsi, les parents pourraient filtrer l'utilisation de Facebook et interdire l'accès à certaines applications ou filtrer les demandes d'amis. Déjà en mai 2011, Mark Zuckerberg annonçait que l'ouverture de Facebook aux moins de 13 ans était prévue, rappelle *20minutes*.

Facebook affirme « *ne pas avoir le choix* » et se justifie en affirmant que de nombreux mineurs de moins de 13 ans sont déjà inscrits en mentant sur leur âge. Une chose est sûre : l'ouverture du réseau social à un nouveau public permettra à l'entreprise de toucher de nouvelles cibles publicitaires.

http://www.mesdebats.com/medias-tech/976-faut-il-autoriser-facebook-pour-les-moins-de-13-ans

Vous dégagez le problème soulevé par le document puis vous exposez votre opinion de manière claire et argumentée.

La géolocalisation vous inquiète-t-elle ?

Se géolocaliser pour trouver son chemin ou pour connaître les bons restaurants près du lieu où l'on se trouve est devenu une habitude pour la plupart des utilisateurs de smartphones. Voire annoncer dans quel restaurant on vient de s'attabler, ou annoncer à quel concert on assiste. […]

Selon l'étude *Mobile Life* de TNS Sofres publiée le 24 avril 2012 (PDF), 64 % des utilisateurs français de mobiles souhaitent partager leur position, soit un peu plus que la moyenne des 58 autres pays étudiés. Principaux usages de la géolocalisation : la navigation avec cartes et GPS pour 42 % des utilisateurs, la localisation des restaurants et lieux de sortie pour 30 %, et celle des points d'intérêts de proximité pour 29 %.

Mais les Français restent méfiants. La géolocalisation ne semble acceptée que si elle apporte un véritable service : 7 % seulement des Français, contre 13 % au niveau mondial, souhaitent partager leur positions sur les réseaux sociaux Facebook, Twitter ou Foursquare. Et vous, la géolocalisation vous inquiète-t-elle ?

D'après : http://www.mesdebats.com/medias-tech/779-la-geolocalisation-vous-inquiete-t-elle

Production orale

Exercice 44

Vous dégagez le problème soulevé par le document puis vous exposez votre opinion de manière claire et argumentée.

Recourir à l'anonymat sur Internet, est-ce manquer de courage ?

Pour beaucoup, se cacher derrière un masque ou un avatar sur Internet serait manquer de courage. Celui qui aurait le courage de ses opinions n'aurait aucune raison de ne pas dévoiler son nom.

Quelques géants du Web ont également pris part au débat. Randi Zuckerberg, directrice marketing de Facebook pense que « *l'anonymat sur Internet doit disparaître* ». Quant à Google, son nouveau réseau social Google+ interdit tout pseudonyme. L'anonymat pourrirait-il les débats, rendrait-il l'Internet non civilisé ?

Au cœur de ce débat sur l'anonymat sur Internet, se trouvent les questions de liberté d'expression (et ses limites s'il doit y en avoir), de vie privée et de droit à l'oubli.

Alors que pour certains rester anonyme est une façon d'échapper à ses responsabilités et de ne pas assumer ses propos, pour d'autres c'est une condition essentielle de la liberté d'expression et une façon d'organiser sa vie privée.

Et vous, qu'en pensez-vous ?

D'après : **http://www.mesdebats.com/medias-tech/565-recourir-a-lanonymat-sur-internet-est-ce-manquer-de-courage**

Exercice 45

Vous dégagez le problème soulevé par le document puis vous exposez votre opinion de manière claire et argumentée.

SMS, correcteur : la modernité a-t-elle tué l'orthographe ?

Pauvre orthographe, malmenée quotidiennement par les Français qui la délaissent à tout âge. [...] La faute aux nouveaux moyens de communication ? « *Les e-mails et les SMS ont surtout fait reculer l'anxiété orthographique. Les gens ont aujourd'hui moins peur d'écrire, quitte à faire des fautes* » explique, à *l'Est Eclair*, Danièle Manesse, professeur de sciences du langage

à l'université Paris-III. Les correcteurs des traitements de texte joueraient également sur le mauvais apprentissage de l'orthographe. La correction systématique ne permettrait pas d'acquérir des automatismes et serait génératrice de fautes.

 [...] La modernité a-t-elle tué l'orthographe ?

http://www.mesdebats.com/societe/679-sms-correcteur-la-modernite-a-t-elle-tue-lorthographe

Exercice 46

Vous dégagez le problème soulevé par le document puis vous exposez votre opinion de manière claire et argumentée.

La conquête spatiale est-elle un luxe ?

La conquête spatiale n'est aujourd'hui plus (vraiment) l'objet d'un affrontement sans merci entre deux blocs. Et pourtant, les missions dans l'espace se succèdent à la fois pour les pays économiquement avancés comme ceux en développement.

[…] La mission *Curiosity*, ce petit robot qui a atterri sur Mars en août 2012 afin de déterminer si la vie a pu un jour y exister, ou le satellite *Kepler* qui voyage depuis 2009 dans la Voie Lactée afin d'y découvrir des exoplanètes, si possible habitables.

La Chine devient par ailleurs un acteur incontournable de la conquête spatiale, puisqu'elle a pour la première fois effectué plus de lancements que les États-Unis en 2011. Même l'Iran s'y est mis en envoyant un singe dans l'espace le 28 janvier 2013.

Peut-on se permettre de conquérir l'espace alors que la croissance des pays développés est en baisse […] ? Les découvertes faites grâce à la conquête spatiale valent-elles leur coût monumental ?

http://www.mesdebats.com/planete-sciences/2159-la-conquete-spatiale-est-elle-un-luxe/69859-rlc-curiosity-sur-mars-lexploration-reportee-a-cause-du-shutdown

Exercice 47

Vous dégagez le problème soulevé par le document puis vous exposez votre opinion de manière claire et argumentée.

Réchauffement climatique : les prévisions alarmantes des experts du GIEC

Le Groupe d'experts intergouvernemental sur l'évolution du climat (GIEC) a dévoilé, vendredi 27 septembre, la première partie de son cinquième rapport et celui-ci est alarmant. Ainsi, selon l'organisme placé sous l'autorité des Nations Unies, la température de la planète devrait croître entre 0,3 et 4,8 degrés d'ici la fin du siècle. Une prévision « *extrêmement probable* » d'après les experts et qui s'explique par l'accumulation importante des gaz à effet de serre depuis le xxᵉ siècle.

Autre enseignement important : ce réchauffement du globe, dû en grande partie à l'activité humaine, serait particulièrement visible en mer. La fonte des glaces, notamment du Groenland et de l'Antarctique, participerait ainsi à une importante élévation des eaux. […]

Les trois dernières décennies sont « *probablement* » les plus chaudes depuis au moins mille quatre cents ans, constate enfin le GIEC dans son rapport. Et-il encore possible d'agir ? Et si oui, quelles mesures prendre pour arrêter ou du moins freiner ce scénario catastrophe ?

http://www.mesdebats.com/actualite/1007767-rechauffement-climatique-les-previsions-alarmantes-des-experts-du-giec

Épreuve blanche de production orale

Vous dégagez le problème soulevé par le document que vous avez choisi. Vous présenterez votre opinion sur le sujet de manière claire et argumentée et, si nécessaire, vous la défendrez au cours du débat avec l'examinateur.

Sujet 1

Doit-on avoir peur des OGM ?

Les OGM sont l'une des plus grandes avancées de l'Homme dans le contrôle de son environnement. Ils permettent une réduction de la pollution. Ils permettent de réduire les coûts de production en augmentant les rendements. Ils rendent les plantes moins vulnérables aux prédateurs (insectes, bactéries, etc.) et aux conditions climatiques. Ils permettent de diminuer le temps de croissance en rendant plus fréquentes et plus abondantes les récoltes tout en permettant de produire des aliments plus gros. Les OGM représentent donc un gain de temps et une plus grande sécurité.

Cependant l'Homme joue souvent à l'apprenti sorcier et ne découvre qu'après coup les conséquences dangereuses de ses actes. Les risques sanitaires pour l'Homme sont mal connus. [...] Si les OGM peuvent apporter des choses bénéfiques à l'Homme, il est comme toutes les grandes inventions humaines et au même titre que le nucléaire, dépendant de ce qu'on en fait. Les OGM peuvent apporter le meilleur comme le pire : tout dépend de ce qu'on en fait… malheureusement aujourd'hui, c'est l'économie qui a le pouvoir, pas l'humain ! Alors, doit-on avoir peur des OGM ?

Source : **http://millefaces.free.fr/M_contre_N/index.php?srub=article&art=9**

Sujet 2

Vivrait-on mieux avec moins d'objets ?

Réduire sa consommation pour ne pas être envahi par les possessions matérielles serait le cheminement éthique vers une existence plus heureuse qui serait tournée vers des valeurs plus simples et essentielles.

C'est également ce que prônent aujourd'hui un grand nombre de personnes : un mode de vie alternatif visant à réduire le gaspillage généralisé dans notre société en limitant sa consommation au sens large et surtout en recyclant le maximum d'objets. Le site freecycle. org est destiné à mettre en relation ces « *personnes qui souhaitent se débarrasser d'objets qui les encombrent avec des personnes qui en ont besoin* ». Le but : réduire « *le consumérisme à outrance* [1] », la « *production de masse* » et « *l'impact nocif sur la planète* ».

Certains se mettent à vivre avec moins d'objets pour se défaire de leurs pulsions d'accumulation autant que pour protester contre la société de consommation. C'est le cas de Dave [...] qui s'est lancé un défi en 2008, vivre avec moins de 100 objets par an. Ces initiatives variées témoignent d'une évolution des consciences par rapport à la consommation. Vivrait-on mieux avec moins d'objets ?

1. De façon très exagérée.

http://www.mesdebats.com/philo/299-vivrait-on-mieux-avec-moins-dobjets

Le Quiz du delf

Regardez la vidéo *Le Quiz du DELF* sur le CD-ROM du livre et répondez aux questions.

Situations	Réponse A	Réponse B	Réponse C
Situation **1**			
Situation **2**			
Situation **3**			
Situation **4**			
Situation **5**			
Situation **6**			
Situation **7**			
Situation **8**			
Situation **9**			
Situation **10**			

Ma note :   */ 10*

Delf blanc

Delf blanc n°1

Compréhension orale ... / 25 points

Vous allez entendre **deux fois** un enregistrement sonore de 5 minutes environ. Vous aurez tout d'abord une minute pour lire les questions. Puis, vous écouterez une première fois l'enregistrement. Vous aurez ensuite 3 minutes pour commencer à répondre aux questions. Vous écouterez une seconde fois l'enregistrement. Vous aurez encore 5 minutes pour compléter vos réponses.

Exercice 1 *Répondez en cochant (✓) la bonne réponse ou en écrivant l'information demandée.* /////

... / 17 points

1 • Combien de temps ont duré les travaux de construction ? ... / 1 point

....

2 • Combien ont-ils coûté ? ... / 1,5 point

    a. 3,5 millions d'euros.   **b.** 5,3 millions d'euros.   **c.** 35 millions d'euros.

3 • Quel type d'aide ont apporté les parents dans ce projet ? ... / 1 point

    a. Aide financière.   **b.** Aide physique.   **c.** Aide morale.

4 • Selon l'orateur, pourquoi la qualité de l'internat est aussi importante ? ... / 2 points

....

5 • Quelle information technique est correcte ? ... / 1,5 point

    a. L'internat fait plus de 3 000 m^2.
    b. L'internat comporte 48 lits.
    c. Le premier étage est réservé au travail de groupe.

6 • Quels résultats scolaires seront régulièrement surveillés par l'équipe éducative ? ... / 1,5 point

    a. Ceux des élèves de seconde.   **b.** Ceux des élèves en difficulté.   **c.** Ceux des élèves internes.

7 • Que veut dire l'orateur quand il parle de « relancer l'ascenseur social » ? ... / 2 points

    a. Améliorer l'état des salles de classe.
    b. Rétablir l'égalité des chances entre les élèves.
    c. Apprendre aux élèves à devenir autonomes.

8 • Selon l'orateur, l'école a un rôle :   ... / 1 point

    a. économique. **b.** social. **c.** les deux.

9 • Quelles expressions suggèrent que les travaux n'ont pas été faciles ?   ... / 2 points

....

10 • Qui est Théodore Bienaimé ?   ... / 1 point

    a. Le maire. **b.** Le président du Conseil régional. **c.** Le représentant des élèves.

11 • Que doit-il faire ?   ... / 1 point

    a. Planter un arbre. **b.** Prononcer un discours. **c.** Couper un ruban.

12 • Par quoi se terminera l'événement ?   ... / 1,5 point

....

Vous allez entendre une seule fois un enregistrement sonore de 1 minute 30 à 2 minutes. Vous aurez tout d'abord 1 minute pour lire les questions. Après l'enregistrement, vous aurez 3 minutes pour répondre aux questions.

Exercice 2 *Répondez en cochant (√) la bonne réponse ou en écrivant l'information demandée.* ////

... / 8 points

1 • Quel est le sujet principal de ce reportage ?   ... / 1 point

    a. L'obésité chez les adolescents.

    b. L'alimentation dans les établissements scolaires.

    c. Les troubles de l'alimentation chez les plus jeunes.

2 • Qui propose une alimentation convenable ?   ... / 1 point

    a. Les écoles primaires. **b.** Les collèges publics. **c.** Les lycées privés.

3 • D'après l'enquête, quelle région arrive dernière du classement ?   ... / 1 point

....

4 • D'après cette enquête, les enfants y mangent trop de :   ... / 1 point

    a. bonbons. **b.** sandwiches. **c.** viande hachée.

5 • Quel est le problème posé par les selfs ?   ... / 1 point

    a. L'alimentation y est peu variée.

    b. Les aliments proposés sont trop chers.

    c. Les aliments proposés ne sont pas assez consistants.

6 • D'après le reportage, que peuvent provoquer les aliments vendus dans les selfs ?   ... / 1 point

    a. Une addiction à la malbouffe. **b.** Du diabète. **c.** Des problèmes de poids.

7 • Pourquoi les cafétérias ne proposent-elles pas d'aliments sains ?   ... / 2 points

....

....

Compréhension écrite

Comprendre un texte argumentatif

Exercice 1 *Répondez en cochant (√) la bonne réponse ou en écrivant l'information demandée.* ///////////////

... / 11 points

Les cyclistes parisiens se croient tout permis

À vélo, on échappe plus facilement aux amendes. Le sondage Opinion Way pour MMA sur le comportement des cyclistes en France et dont *20 Minutes* publie en exclusivité les résultats ce lundi l'atteste une nouvelle fois. Ce sentiment d'impunité est même plus fort à Paris qu'ailleurs. 52 % des cyclistes parisiens sondés ont ainsi le sentiment qu'ils ne risquent pas d'amende, alors que la moyenne nationale est à 44 %. Pourtant, les rouleurs parisiens écopent[1] de plus en plus de contraventions. « *Nous en avons dressé 1 638 en 2013 et 4 934, déjà, pour 2014*, indique le capitaine Thierry Pujol, de la Direction de l'ordre public et de la circulation (DOPC) à la préfecture de police de Paris. *Toutes ne donnent pas lieu à des amendes. Nous proposons aussi des journées d'éducation routière comme alternative.* »

Parmi les infractions figurent le feu rouge grillé, le téléphone portable en pédalant et les sens interdits. « *Je prends le vélo pour être plus rapide que la voiture ou le métro. Si je m'arrête à tous les feux, cela ne vaut plus le coup[2]* » note Antoine. C'est le sentiment d'être moins dangereux pour les autres usagers de la route qui inviterait les cyclistes à prendre plus de largesse avec le Code de la route. « *Les cyclistes représenteraient 7,8 % des usagers accidentés à Paris en 2012. C'est de loin le ratio le plus faible* » corrobore Christine Lambert, présidente de l'association parisienne *Mieux se déplacer à bicyclette.* Le capitaine Pujol n'entend pas lever le pied pour autant. « *L'accidentologie n'est pas tout. La rue est aussi à voir comme un espace à partager entre catégories d'usagers. Certains comportements de cyclistes mettent à mal cette notion.* »

88 % des Français ont commis une infraction à vélo.

Casse-cou[3] les cyclistes. Selon l'étude réalisée au niveau national, 77 % des cyclistes prennent autant, voire plus de risques que lorsqu'ils sont motorisés. Ainsi, 88 % reconnaissent avoir déjà commis une infraction à vélo. [...] Faire fi des règles de prudence n'est pas sans répercussion. « *Les chiffres de l'évolution de l'accidentologie sont alarmants* », rappelle Stéphane Daeschner. Selon la Sécurité routière, depuis le début de l'année, la mortalité progresse de 6 %. Signe que les catastrophes n'arrivent pas qu'aux autres, 44 % des personnes interrogées reconnaissent avoir déjà subi un accident à vélo. Pourtant, seul 44 % portent des vêtements et des accessoires réfléchissants. « *Un cycliste est peu visible, rappelle Emmanuel Renard, de l'association Prévention routière. Il doit s'équiper en conséquence.* ».

1. Ont. - 2. Ne vaut pas la peine. - 3. Imprudent, téméraire.

« Les cyclistes déraillent », *20 minutes*, n° 2754 du lundi 24 novembre 2014, page 3.

1 ● Ce texte est : ... / 1 point

    a. critique.   **b.** explicatif.   **c.** polémique.

2 ● Qu'est-ce que le « sentiment d'impunité » ? ... / 1,5 point

    a. Se sentir meilleur que les autres.

    b. Ne pas respecter ses concitoyens.

    c. Avoir l'impression d'être intouchable.

3 ● Vrai ou faux ? ... / 1,5 point

Cochez la case correspondante et justifiez votre réponse en citant un passage du texte.

1,5 point par affirmation à traiter. Le candidat obtient la totalité des points si le choix Vrai/Faux ET la justification sont corrects, sinon aucun point.

	VRAI	FAUX
Le nombre de sanctions contre les cyclistes est en hausse à Paris. *Justification* :		

4 ● En dehors des amendes, quel autre type de sanction existe pour les cyclistes ? ... / 1 point

....

5 ● Quel est l'intérêt du vélo, d'après Antoine ? ... / 1 point

....

6 ● Les cyclistes ont l'impression : ... / 1 point

    a. que leur vie n'est pas en danger.

    b. de ne pas être un danger pour autrui.

    c. d'être moins dangereux que d'autres usagers de la route.

7 ● Que signifie « Faire fi des règles » : ... / 1,5 point

    a. ne pas comprendre des règles.

    b. ne pas prendre en compte les règles.

    c. faire semblant de ne pas savoir les règles.

8 ● Vrai ou faux ? ... / 1,5 point

Cochez la case correspondante et justifiez votre réponse en citant un passage du texte.

1,5 point par affirmation à traiter. Le candidat obtient la totalité des points si le choix Vrai/Faux ET la justification sont corrects, sinon aucun point.

	VRAI	FAUX
Le nombre d'accidents mortels à vélo a augmenté. *Justification* :		

9 ● D'après l'enquête, les cyclistes qui ont subi un accident et ceux portant un vêtement réfléchissant sont : ... / 1 point

    a. aussi nombreux.

    b. moins nombreux.

    c. conscients que les accidents à vélo sont fréquents.

Exercice 2 *Répondez en cochant (√) la bonne réponse ou en écrivant l'information demandée.*

... / 14 points

Quels droits pour les animaux ?

Sous le costume, il a chaud, mais il continue de marcher. Antoine a pour l'heure l'allure d'un gros poussin tout jaune qui avance en se dandinant[1] maladroitement. Bal déguisé ? Du tout : tournée de poules pondeuses. Début 2011, la campagne de l'association L 214, du nom d'un article du code rural, a arpenté toute la France, avec Paris en ligne de mire. Le 10 juin, les poussins et leurs camarades sont donc place d'Italie, dans le 13e arrondissement, devant l'entrée d'un grand centre commercial. [...]

« *Notre objectif est d'ouvrir les yeux des consommateurs sur les conditions d'existence des poules élevées en batterie. Elles vivent de l'âge de 18 semaines à celui de 18 mois sur une surface pas plus grande qu'une feuille A4*, explique Brigitte Gothière. *Une directive européenne va entrer en application en 2012 pour exiger des cages plus grandes. Mais, outre qu'elle sera sans doute peu appliquée, une cage reste une cage.* » [...]

APPROPRIATION

« *Nous nous battons pour le droit des animaux* », résume Brigitte Gothière. Imaginerait- elle de demander le droit de vote pour les poules pondeuses ? « *Évidemment non, il faut sortir des caricatures. Mais elles ont le droit de déployer leurs ailes, de marcher ou de se gratter. Or ces droits ne sont pas respectés.* » [...]. Les associations de défense des animaux comme L 214 sont les seules à pouvoir agir juridiquement en faveur des bêtes. Mais au nom de quel droit ? Depuis des années, l'intérêt pour les animaux s'est réveillé et semble être la nouvelle frontière juridique. Philosophes et penseurs se penchent sur le problème. [...]

« *Trois traités internationaux (Maastricht, Amsterdam et Lisbonne) ont reconnu les droits des animaux*, explique Jean-Marie Coulon, premier président honoraire de la cour d'appel de Paris, *mais le droit français est incohérent dans ce domaine. Le code rural reconnaît que l'animal est un être sensible et qu'il mérite de l'"attention", et des décrets pris en Conseil d'État fixent les mesures propres à* lui éviter des souffrances. *Le code pénal reconnaît lui aussi implicitement les mauvais traitements aux animaux comme punissables et un article du code de procédure pénale accorde aux associations la possibilité de se constituer partie civile. Le code civil, en revanche, fixe l'animal dans un statut de bien meuble : il n'est considéré que dans la mesure où il appartient à l'homme. De plus, au nom de leur aspect culturel et traditionnel, des activités comme la corrida ou le combat de coqs bénéficient d'une sorte d'immunité légale, en contradiction avec le code pénal.* » [...]

L'ANIMAL-MACHINE

Reste aussi à déterminer quel animal est concerné par ces textes. « *Pour l'instant, cela se limite aux animaux domestiques. Les animaux sauvages restent dans le non-droit* », souligne Jean-Marie Coulon. « *Les insectes, les végétaux ont-ils des droits ? Quelle est leur sensibilité ? Un animal n'est pas seulement une créature biologique*, explique le philosophe et éthologue Dominique Lestel, auteur de *L'animal est l'avenir de l'homme* (Fayard, 2010). *Il est porteur de tas d'autres valeurs. Tous ne sont pas égaux. Il y a des manières différentes de les considérer, qui varient aussi suivant les époques et les pays. On préfère les animaux de compagnie, les animaux intelligents, les animaux mignons...* » Il vaut mieux être une charmante boule de poils qu'un reptile gluant pour émouvoir les foules. [...]

« *Mais vouloir régler notre rapport aux animaux à travers le droit est une façon très anglo-saxonne d'aborder le problème*, note Dominique Lestel. *Des lois existent mais elles ne sont pas appliquées. Pourquoi ? Le droit des animaux est un droit passif : c'est le droit à ne pas être maltraité, comme La Joconde a le droit de ne pas être lacérée. L'important n'est pas le droit, c'est la relation avec l'animal. L'aspect philosophique de cette question est peu abordé en France. Il est pourtant fondamental [...] s'il n'y a plus d'animaux, il n'y a plus d'hommes. C'est la nature même de notre existence qui est en jeu.* » [...]

1. Marcher en balançant le corps d'une jambe sur l'autre (un peu comme les canards).

Hubert Prolongeau

http://www.lemonde.fr/week-end/article/2011/09/16/quels-droits-pour-les- animaux_1572984_1477893.htm

1 • Le ton du journaliste est : ... / 1 point

    a. satirique.   **b.** neutre.   **c.** critique.

2 • Vrai ou faux ? ... / 1,5 point

Cochez la case correspondante et justifiez votre réponse en citant un passage du texte.

1,5 point par affirmation à traiter. Le candidat obtient la totalité des points si le choix Vrai/Faux ET la justification sont corrects, sinon aucun point.

	VRAI	FAUX
La manifestation n'a eu lieu qu'à Paris. *Justification :*		

3 • Pourquoi Antoine est-il déguisé en poussin ? ... / 1,5 point

....

4 • Que va permettre la directive européenne ? ... / 1 point

    a. Un plus grand espace pour les poules.

    b. Une plus grande longévité des animaux d'élevage.

    c. La suppression des cages.

5 • Retrouvez, dans le texte, 3 droits que devraient avoir les poules d'élevage, d'après Brigitte Gothière. ... / 1,5 point

....

6 • Pourquoi le droit français est-il incohérent dans le domaine de la protection des animaux ? ... / 1 point

    a. Car les traités sont différents et parfois contradictoires.

    b. Car il n'existe pas de lois protégeant les animaux.

    c. Car seules les associations peuvent agir en faveur des animaux.

7 • Dans le code civil français, les animaux sont considérés comme : ... / 1 point

    a. des machines à produire.

    b. des biens appartenant à l'homme.

    c. des êtres dotés de sentiments.

8 • Vrai ou faux ? ... / 3 points

Cochez la case correspondante et justifiez votre réponse en citant un passage du texte.

1,5 point par affirmation à traiter. Le candidat obtient la totalité des points si le choix Vrai/Faux ET la justification sont corrects, sinon aucun point.

	VRAI	FAUX
a. La justice française punit les combats de coqs. *Justification :*		
b. Tous les animaux, en France, bénéficient de la même protection légale. *Justification :*		

9 • Comment Dominique Lestel définit-il le droit des animaux ? ... / 1,5 point

....

10 • D'après Dominique Lestel, il faudrait se concentrer davantage sur les aspects : ... / 1 point

    a. légaux.   **b.** philosophiques.   **c.** scientifiques.

Production écrite

... / 25 points

En lisant le magazine français *Passeport,* vous découvrez le titre suivant :

> Les lycéens sont stressés ! C'est ce que révèle une étude menée récemment auprès de près de 100 000 lycéens du monde entier. Nous cherchons à savoir qui est touché par le stress et pourquoi. Si vous souhaitez nous apporter vote témoignage, écrivez-nous au :
> PASSEPORT MAGAZINE, 42 RUE D'HERMES 75 002 PARIS

Vous envoyez un courrier pour répondre à cette enquête. Il devra faire 250 mots minimum.

Production orale

... / 25 points

Vous dégagez le problème soulevé par le document que vous avez choisi. Vous présenterez votre opinion sur le sujet de manière claire et argumentée et, si nécessaire, vous la défendrez au cours du débat avec l'examinateur.

La durée de passation de l'épreuve est de 20 minutes.

Sujet 1

L'enfant roi reflet de notre société moderne

L'enfant n'est-il que le produit de notre société ?

Simone Korff-Sausse : Il est le reflet, pas forcément négatif, de notre monde. Bien des traits de caractère qu'on prête à l'enfant-roi sont ceux de l'individu hypermoderne. Nous sommes en pleine hypocrisie, car nous reprochons aux enfants d'être ce que nous sommes : les adultes aussi veulent tout, tout de suite, zappent, désirent toujours plus de liberté, ont du mal à s'engager ! On critique les enfants car ils sont accros aux jeux vidéo, ne lisent plus, sont très portés sur la consommation. Mais les adultes lisent de moins en moins et beaucoup disent que le shopping est leur loisir préféré. Tout notre système économique repose sur la consommation. On reproche encore aux jeunes de ne respecter ni règles ni contraintes ? Mais n'est-on pas dans une société plutôt transgressive ? Nos enfants ne font que se préparer à une société dont ils seront les adultes, où il faudra être flexible, compétent dans les nouvelles technologies, avoir un autre rapport au travail. Ils font juste preuve d'étonnantes capacités d'anticipation !

http://www.magazine-avantages.fr/,l-enfant-roi-reflet-de-notre-societe-moderne,108,71,4

Sujet 2

Serez-vous remplacé par un robot ?

L'Université d'Oxford a examiné les probabilités d'automatisation de 700 professions sur les 10 à 20 prochaines années. Qu'on les considère comme un progrès ou une menace, les robots sont destinés à être plus visibles dans notre quotidien. Près de la moitié des travailleurs actuels des États-Unis seraient visés par ce phénomène. Au sommet de la liste, les « low level jobs » : réceptionniste, vendeur en magasin, vigile ou cuisinier dans un fast-food ont 8 chances sur 10 de voir leur métier à terme être automatisé. Mais c'est aussi le cas des chauffeurs de taxi qui, selon l'étude, auraient encore plus l'occasion (89 %) de laisser le volant à un robot.

L'étude note quelques secteurs à l'abri de cette automatisation : les métiers manuels dits de précision (chirurgien...), le secteur de l'art (chorégraphes, directeurs artistiques...) exception faite des musiciens et des chanteurs, dont les performances peuvent être facilement imitées artificiellement. Sans oublier les métiers à forte dimension relationnelle (infirmiers ...). [...] Les professeurs du cours élémentaire ont seulement 0,4 % de chance d'être remplacés par des robots ou des ordinateurs dans le futur. En revanche, l'étude ne nous dit pas si les professeurs d'université [...] seront concernés par l'automatisation dans les décennies à venir. Le résultat pourrait s'avérer inquiétant. [...]

http://www.lefigaro.fr/emploi/2014/08/05/09005-20140805ARTFIG00020-serez-vous-remplace-par-un-robot.php

Delf blanc n°2

Compréhension orale

... / 25 points

Vous allez entendre **deux fois** un enregistrement sonore de 5 minutes environ. Vous aurez tout d'abord une minute pour lire les questions. Puis, vous écouterez une première fois l'enregistrement. Vous aurez ensuite 3 minutes pour commencer à répondre aux questions. Vous écouterez une seconde fois l'enregistrement. Vous aurez encore 5 minutes pour compléter vos réponses.

Exercice 1   *Répondez en cochant (√) la bonne réponse ou en écrivant l'information demandée.* 🎧 52

... / 18 points

1 • D'après le document, la téléréalité :   ... / 1 point

    a. avait mauvaise réputation en France même avant son arrivée dans le pays.

    b. était un sujet que la presse française refusait de traiter.

    c. a longtemps été boycottée par les chaînes de télévision françaises.

2 • Ce qui a favorisé le développement des émissions de téléréalité en France, c'est :   ... / 1 point

    a. l'essor des réseaux sociaux et des « selfies » sur Internet.

    b. le développement de la presse people remplie de photos privées de stars.

    c. le succès grandissant des programmes télévisés portant sur la vie des gens.

3 • D'après Roger Legros, qu'est-ce qui explique les critiques violentes contre la téléréalité, à l'époque ?   ... / 2 points

....

4 • D'après Géraldine Melchior, la téléréalité en France :   ... / 1 point

    a. est devenue plus vulgaire.

    b. est devenue plus sage.

    c. est devenue plus violente.

5 • Pourquoi Roger Legros affirme-t-il que les jeunes ont besoin d'être « préservés ou accompagnés quand ils regardent toutes les émissions de télévision » ?   ... / 2 points

....

6 • Roger Legros estime que :   ... / 1 point

    a. certaines de ces émissions rendent violents les téléspectateurs les plus jeunes.

    b. ces émissions sont particulièrement appréciées des gens violents.

    c. ces émissions peuvent entraîner la violence de certains téléspectateurs prédisposés.

7 • Selon Roger Legros, qu'est-ce qui peut nous pousser à suivre ces émissions ?   ... / 2,5 points

....

8 • Pour Géraldine Melchior, les candidats des émissions de téléréalité : ... / 1 point

    a. parlent comme les jeunes.   **b.** utilisent beaucoup de gros mots.   **c.** lancent des modes linguistiques.

9 • Pour Roger Legros, ces émissions : ... / 1 point

    a. sont plutôt bêtes, de façon générale.

    b. peuvent paraître stupides quand on n'en voit qu'une partie.

    c. sont toutes intéressantes quand on comprend leur concept.

10 • À quoi serait dû leur succès, selon Roger Legros ? ... / 2,5 points

....

11 • Comment Géraldine Melchior explique-t-elle le succès des émissions de « coaching » ? ... / 1 point

    a. C'est à cause de l'augmentation du nombre de célibataires.

    b. C'est dû aux crises d'angoisse qui touchent de plus en plus de gens.

    c. C'est lié aux difficultés financières que les gens rencontrent.

12 • Pour la spécialiste, quels sont les deux gros problèmes posés par ces émissions ? ... / 2 points

....

....

Vous allez entendre une seule fois un enregistrement sonore de 1 minute 30 à 2 minutes. Vous aurez tout d'abord 1 minute pour lire les questions. Après l'enregistrement, vous aurez 3 minutes pour répondre aux questions.

Exercice 2   *Répondez en cochant (√) la bonne réponse ou en écrivant l'information demandée.* 〰〰53

... / 7 points

1 • Martine a décidé de : ... / 1 point

    a. passer son bac S alors qu'elle est à la retraite.

    b. passer son bac en même temps que ses enfants.

    c. passer son bac alors qu'elle a l'âge de la retraite.

2 • Martine se sent : ... / 1 point

    a. stressée malgré le soutien de son entourage.

    b. confiante grâce au soutien de son entourage.

    c. découragée à cause du manque de soutien de son entourage.

3 • Quelle matière inquiète le plus Martine ? ... / 1 point

    a. La philosophie.

    b. L'histoire-géographie.

    c. Les mathématiques.

4 • Le fait de se retrouver assise à côté de personnes plus jeunes qu'elle : ... / 1 point

    a. la gêne un peu.

    b. ne la dérange pas du tout.

    c. l'embarrasse beaucoup.

5 • Qu'est-ce que Martine veut prouver grâce à cette épreuve ?   ... / 1 point

....

6 • Martine cherche à :   ... / 1 point

    a. prouver qu'elle a toujours tout réussi brillamment.

    b. réussir là où elle avait échoué jusqu'à présent.

    c. montrer qu'avec de la volonté, on peut réussir.

7 • Quel est le prochain objectif de Martine ?   ... / 1 point

....

Compréhension écrite   ... / 25 points

Comprendre un texte argumentatif

Exercice 1   **Répondez aux questions en cochant (√) la bonne réponse ou en écrivant l'information demandée.**   ... / 13 points

Génération Z, si optimiste !

Ils ont moins de 20 ans et ont grandi avec Facebook. Le monde du travail ne leur tend pas les bras, pourtant rien ne les arrête. Ils créent leur emploi, tissent leurs réseaux, défient les marques, cultivent le *do it yourself*. Les « Z », la génération « même pas peur ».

Certains les appellent « les mutants ». Accros à leurs smartphones, expédiant tous les jours des dizaines de messages sur Facebook ou Twitter, les jeunes de la génération Z ne décrochent jamais des réseaux sociaux. « *Le réseau c'est leur vie. Ils naviguent dans plusieurs espace-temps à la fois : le virtuel et le réel* » observe Didier Pitelet, patron de *Moons' Factory*, cabinet spécialisé dans les ressources humaines et la réputation d'entreprise. Nés après 1990, les « Z » sont les lycéens d'aujourd'hui, les jeunes étudiants, dont certains s'apprêtent à entrer dans le marché du travail.

Ces purs *digital natives* disposent d'une maîtrise des nouvelles technologies bien supérieure à celle de leurs aînés. Ce sont eux qui mènent la danse[1], coachant leurs parents lorsque ces derniers veulent louer au meilleur prix un appartement de vacances à Venise ou Barcelone, ou acheter une machine à laver. « *Dès 13-14 ans ils possèdent vis-à-vis des réseaux sociaux une véritable maturité. Ils connaissent les limites à ne pas franchir et, quand ils les franchissent, c'est en connaissance* de cause » affirme Éric Delcroix, expert en médias sociaux, passionné par cette génération au point d'avoir créé le blog les-zed.com.

Sur le marché du travail, si les « Y », témoins du chômage de leurs parents et de leur perte de confiance dans l'entreprise, gardent une certaine nostalgie d'un monde meilleur, les « Z », eux ont les yeux tournés vers l'avenir. Certes ils « angoissent ». Comment pourrait-il en être autrement ? Ils savent qu'accéder au marché du travail ne sera pas chose aisée. Près d'un tiers des jeunes Français de 18 à 25 ans sont d'ailleurs persuadés qu'ils ne connaîtront jamais autre chose que la crise (source : enquête « Génération quoi ? » réalisée durant l'automne-hiver 2013 par France Télévisions, *Yami2 Productions et Upian*). Mais cela ne les empêche pas - fort heureusement - de conserver un optimisme à toute épreuve quant à leur propre avenir.

Les « Z » se sont en effet fabriqués leur propre morale existentielle : ils estiment ne pouvoir compter que sur eux-mêmes et pensent être capables de se débrouiller seuls. « *Ils savent ce qu'ils veulent, sont très décidés et foncent. Ils souhaitent tenter leur chance*, se disent :

1. Sont ceux qui savent. - 2. Pessimisme systématique.

" *Pourquoi pas moi ? " ». Ils sont aussi en quête d'un talent qui leur serait propre et que le travail paraît contribuer à révéler* » ajoute Jean-Luc Excousseau, auteur de l'essai *La Mosaïque des générations* (Éditions Eyrolles, 2000). Car oui, la génération « Z » croit dans le travail, l'effort, l'excellence. « *Ceux qui ont envie de réussir savent qu'il va falloir mettre les bouchées doubles, ne pas compter ses heures* » souligne Morgane Rocher, 25 ans, diplômée de Sciences-Po. De ce point de vue-là, la mondialisation les rend confiants. Grands voyageurs, que ce soit en tant que touristes - souvent avec leurs parents - ou dans le cadre de leurs études, ils se disent que si les perspectives sont bouchées dans l'Hexagone, ils iront tenter leur chance ailleurs, dans des pays moins touchés par la sinistrose[2]. [...]

Les nouvelles technologies leur donnent des outils pour asseoir leur créativité, lancer des blogs, fonder des associations, imaginer le développement de nouvelles applications, voire de start-up. Pas de doute, la tribu numérique, qu'il est possible de consulter à chaque instant pour tester une idée ou un projet, leur donne des ailes.

« Génération Z si optimiste ! » *Paris Worldwide n° 3, septembre/octobre 2014, pages 59-62.*

1 • **Dans ce texte, le point de vue du journaliste est :**   ... / 1 point

    a. positif. **b.** négatif. **c.** neutre.

2 • **Quel est le surnom des jeunes de la génération Z ?**   ... / 1 point

....

....

3 • **La génération Z correspond aux :**   ... / 1 point

    a. enfants de la génération Y.

    b. jeunes qui entrent dans la vie active.

    c. jeunes nés au plus tôt 10 ans avant l'an 2000.

4 • **Les jeunes de la génération Z :**   ... / 1 point

    a. aident leurs parents sur Internet.

    b. s'enferment dans leur monde virtuel.

    c. cherchent en permanence les meilleurs prix sur Internet.

5 • Citez les deux causes qui expliquent la nostalgie de la génération Y. ... / 1 point
(0,5 point par réponse)

....

....

....

....

6 • Vrai ou faux ? ... / 4,5 points

Cochez la case correspondante et justifiez votre réponse en citant un passage du texte.

1,5 point par affirmation à traiter. Le candidat obtient la totalité des points si le choix Vrai/Faux ET la justification sont corrects, sinon aucun point.

	VRAI	FAUX
a. Près d'un jeune Français sur 3 est fataliste au sujet de son avenir professionnel. *Justification* :		
b. La génération Z est pessimiste sur son avenir. *Justification* :		

7 • Les jeunes de la génération Z se disent : ... / 1 point

a. désabusés. **b.** talentueux. **c.** indépendants.

8 • Expliquez l'expression « mettre les bouchées doubles » avec vos propres mots. ... / 1,5 point

....

....

9 • En quoi Internet est-il un atout pour les jeunes de cette génération ? ... / 1 point

....

....

Exercice 2 *Répondez aux questions en cochant (√) la bonne réponse ou en écrivant l'information demandée.* ... / 12 points

Les parents doivent-ils s'inquiéter des mauvaises notes ?

Achose à repérer et pour cela il faut commencer par rencontrer l'enseignant. Peut-être a-t-il un problème de concentration en classe ou ne comprend-il pas les consignes. Il peut aussi être envahi par un problème personnel, un souci qui diminue la qualité de sa concentration et ne laisse plus de place aux apprentissages.

Lorsqu'un jeune est, par exemple, victime de harcèlement scolaire, cela peut inhiber[1] sa motivation. Je constate aussi que de plus en plus d'enfants et d'adolescents sont accros aux écrans et que cela réduit le temps et la qualité de leur sommeil, ce qui a des conséquences sur les résultats scolaires.

Certains enfants ou adolescents sont parfois très angoissés à l'idée d'annoncer une mauvaise note…

Brigitte Prot : Je vois de plus en plus d'adolescents qui mentent ou cachent les mauvaises notes aux parents et attendent que ces derniers les découvrent dans le bulletin scolaire[2]. Ces jeunes ne sont pas des menteurs, ils le font parfois dans une démarche de « survie » pour échapper aux cris. Les mensonges doivent alerter sur le fait que l'adolescent ne se sent pas assez en confiance pour parler de ses résultats scolaires. Cette situation devient vite intenable pour lui car la peur de la mauvaise note génère un stress supplémentaire au moment de l'évaluation. L'enfant ou l'adolescent qui a des mauvaises notes a souvent l'impression de ne pas pouvoir répondre aux attentes des parents et finit parfois même par douter de leur amour. Plus les parents regarderont les mauvaises notes en face, en comprenant bien ce qu'elles représentent, plus l'enfant se sentira sécurisé.

L'évaluation au collège, avec le classement des élèves au sein de la classe, peut déstabiliser certains parents.

Brigitte Prot : Je propose aux parents d'oublier la moyenne de la classe. Ce genre de classement n'a aucun sens. Il génère surtout un stress et ne répond pas aux questions. Cela ne sert à rien de comparer les notes de son enfant à celles des autres élèves. L'essentiel est qu'elles progressent d'un trimestre à l'autre. En outre, la moyenne générale ne veut pas dire grand-chose. Un adolescent peut avoir un 7 en français mais compenser avec un 13 en physique et un 18 en arts plastiques. Même la moyenne dans une matière doit être regardée dans le détail : toutes les notes vont-elles crescendo ou, au contraire, diminuent-t-elles ? Une moyenne de 10 avec des notes de 8, 10 et 12, sera positive. Ce ne sera pas tout à fait la même chose dans l'autre sens (12, 10, 8). Au-delà des notes, les parents doivent aussi tenir compte des appréciations des enseignants qui donnent des informations sur le travail et le comportement de l'élève. Ces derniers ont fait beaucoup de progrès depuis dix ans. Aujourd'hui, ils expriment d'abord ce qui va bien, puis ce qui va moins bien et qui deviendra un objectif. Des indications précieuses pour les enfants et les parents.

1. Gêner, freiner. - 2. Document qui rassemble les notes de l'élève dans toutes les matières.

http://www.la-croix.com/Famille/Education/Les-parents-doivent-ils-s-inquieter-des-mauvaises-notes-2014-12-16-1280662

1 • Quel est l'objectif de cet article ?   ... / 1 point

    a. Critiquer l'évaluation des enseignants.

    b. Donner des recommandations aux parents.

    c. Conseiller les adolescents en échec scolaire.

2 • Que conseille Brigitte Prot ?   ... / 1,5 point

    a. De consoler l'enfant

    b. De déchiffrer la note.

    c. De sanctionner l'enfant.

3 • Vrai ou faux ?   ... / 3 points

Cochez la case correspondante et justifiez votre réponse en citant un passage du texte.

1,5 point par affirmation à traiter. Le candidat obtient la totalité des points si le choix Vrai/Faux ET la justification sont corrects, sinon aucun point.

	VRAI	FAUX
a. Brigitte Prot recommande de valoriser les connaissances de l'adolescent. *Justification* :		
b. Les parents ne doivent pas tarder à réagir en cas de mauvaises notes. *Justification* :		

4 • Citez trois causes possibles de mauvaises notes.   ... / 1,5 point

                                                             (0,5 point par réponse)

....

....

....

5 • Pourquoi les adolescents cachent les mauvaises notes à leurs parents ?   ... / 1,5 point

....

....

6 • Que cache ce type de comportement chez l'adolescent ?   ... / 1 point

    a. Un désintéressement scolaire.

    b. Un manque de confiance.

    c. Un manque réel d'amour.

7 • Expliquez avec vos propres mots le sens de l'expression « regarder les mauvaises notes en face ».   ... / 1,5 point

....

....

8 • Qu'est-ce qui est important aux yeux de Brigitte Prot ?   ... / 1 point

    a. La moyenne de la classe.

    b. L'évolution des notes d'un élève.

    c. Le classement de l'élève dans le groupe.

Production écrite

Production écrite

> Comme beaucoup de lycéens de l'établissement que vous fréquentez en France, vous aimeriez bénéficier d'un espace Internet. Vous décidez d'écrire au proviseur pour le convaincre que mettre Internet à disposition des élèves leur serait utile et leur permettrait de travailler plus efficacement.

Votre courrier devra faire 250 mots minimum.

Production orale

Vous dégagez le problème soulevé par le document que vous avez choisi. Vous présenterez votre opinion sur le sujet de manière claire et argumentée et, si nécessaire, vous la défendrez au cours du débat avec l'examinateur.

La durée de passation de l'épreuve est de 20 minutes.

Sujet 1

Meilleurs amis pour la vie

Nos amis, les vrais, se comptent sur les doigts d'une seule main, c'est bien connu. [...] Qu'est-ce qui nous attire l'un chez l'autre ? *« Caro était ma voisine quand j'avais 5 ans, et on jouait tout le temps ensemble. Après on a été dans les mêmes écoles et toujours dans la même classe. On nous appelle les "inséparables". Je ne vois pas ma vie sans elle en fait, elle sait tout de moi, moi pareil, on passe nos journées ensemble et pourtant on s'appelle tous les soirs au téléphone. On se confie tout le temps l'une à l'autre, elle ne me juge jamais et sait m'écouter »*, me confie Aurore, 15 ans. [...] On entend souvent que l'amitié est plus forte que tout. Et vous, jusqu'où iriez-vous pour votre ami(e) ?

D'après : http://psycho.ados.fr/amitie-plus-fort-que-tout_article1131.html

Sujet 2

Peut-on se passer de facebook ?

Avec près d'un milliard d'utilisateurs dans le monde, le réseau créé par Mark Zuckerberg est difficilement contournable. C'est un moyen d'expression pour certains, un journal de vie qui fixe le temps pour d'autres. Il offre aussi la possibilité de rester en contact avec des gens rencontrés ici ou là et permet un partage à la fois régulier et instantané. [...]

Journée sans Facebook

Le mécontentement des utilisateurs face aux problèmes de sécurité que présente le réseau et à la gestion des données personnelles a donné lieu à la journée mondiale sans Facebook, organisée jeudi 28 février 2013. Objectif de cette journée, selon ses promoteurs : *« lutter contre l'addiction à la cyber-dépendance, protester contre l'intrusion des pubs qui se font passer pour de l'information et rappeler à Facebook qu'ils ne seraient rien sans leur clients. »* Et vous, seriez-vous capable de vous passer de Facebook ?

D'après : http://www.mesdebats.com/medias-tech/1243-quitter-facebook-cap-ou-pas-cap

Delf blanc n°3

Compréhension orale

... / 25 points

Vous allez entendre **deux fois** un enregistrement sonore de 5 minutes environ. Vous aurez tout d'abord une minute pour lire les questions. Puis, vous écouterez une première fois l'enregistrement. Vous aurez ensuite 3 minutes pour commencer à répondre aux questions. Vous écouterez une seconde fois l'enregistrement. Vous aurez encore 5 minutes pour compléter vos réponses.

Exercice 1   *Répondez en cochant (✓) la bonne réponse ou en écrivant l'information demandée.* 🎧 54

... / 18 points

1 • Youcef Ibrahim :   ... 1 / point
   - **a.** est le créateur d'un site Internet.
   - **b.** dirige une entreprise.
   - **c.** est le plus jeune salarié d'une entreprise d'informatique.

2 • Qui sont les client d'*IB-com* ?   ... 1 / point

....

3 • Créer des sites :   ... 1 / point
   - **a.** a été passionnant mais aussi très prenant pour Youcef Ibrahim.
   - **b.** est la nouvelle passion de Youcef Ibrahim.
   - **c.** passionne Youcef Ibrahim depuis l'enfance.

4 • Qu'est-ce qui a convaincu Youcef Ibrahim qu'il avait trouvé sa voie ?   ... 1,5 / point

....

5 • Youcef Ibrahim a rencontré des chefs d'entreprise :   ... 1 / point
   - **a.** pour la première fois lors de ses stages professionnels.
   - **b.** exclusivement lors de ses stages professionnels.
   - **c.** surtout lors de ses stages professionnels.

6 • Selon Youcef Ibrahim, pour devenir chef d'entreprise :   ... 1 / point
   - **a.** les diplômes d'école de commerce sont conseillés.
   - **b.** aucun diplôme particulier n'est exigé.
   - **c.** un diplôme de management est fondamental.

7 • Pour lui, l'idée de l'entrepreneur doit surtout être :   ... 1 / point
   - **a.** originale.   **b.** révolutionnaire.   **c.** pratique.

8 • Que conseille-t-il de faire pour s'assurer de ce que vaut son idée ?   ... 1,5 / point

....

....

9 • De quelles aides financières peut-on bénéficier ?   ... 1,5 / point

....

....

10 • Youcef Ibrahim explique que pour convaincre un financeur, il faut :   ... 1 / point

    a. avoir des projets précis.

    b. avoir un discours bien rodé.

    c. avoir de bonnes relations.

11 • D'après lui, comment peut-on se faire une place dans un marché concurrentiel ?   ... 2 / points

....

....

12 • Selon Youcef Brahim, quand doit-on signer un contrat de franchise ?   ... 1 / point

    a. Quand on est jeune entrepreneur.

    b. Quand on débute dans le métier.

    c. Quand on connaît bien le secteur.

13 • Que veut dire Youcef Ibrahim quand il dit que « le succès nous tombe pas dessus comme ça ! » ?   ... 1,5 / point

....

....

14 • Pourquoi invite-t-il les jeunes à se « jeter à l'eau » ?   ... 2 / points

....

....

Vous allez entendre une seule fois un enregistrement sonore de 1 minute 30 à 2 minutes. Vous aurez tout d'abord 1 minute pour lire les questions. Après l'enregistrement, vous aurez 3 minutes pour répondre aux questions.

Exercice 2   *Répondez en cochant (√) la bonne réponse ou en écrivant l'information demandée.*

... / 7 points

1 • Quel est le sujet général du document que vous venez d'écouter ?   ... 1 / point

    a. La dépendance des gens à Internet.

    b. L'impact des réseaux sociaux sur la vie privée.

    c. Le rôle du numérique dans notre relation aux autres.

2 • D'après le document :   ... 1 / point

    a. le développement des réseaux sociaux a modifié les rapports sociaux en France.

    b. le développement des réseaux sociaux a accentué les rapports virtuels dans les sociétés industrialisées.

    c. le développement des réseaux sociaux a détruit les bases de la communication dans les sociétés européennes.

3 • Quelle situation paradoxale est mise en avant ? … 1 / point

a. Malgré le développement des réseaux sociaux, les gens sont de plus en plus seuls.

b. Malgré notre capacité à communiquer virtuellement, nous devenons incapables de respecter les codes de politesse de base.

c. Malgré le développement massif des outils numériques, nous rencontrons encore des difficultés de communication.

4 • Qu'est-ce qui est dénoncé dans ce document ? … 1 / point

a. Le fait que les gens accordent de plus en plus d'importance au monde virtuel.

b. Le fait que les gens passent trop de temps devant leur ordinateur.

c. Le fait que les gens aient besoin de s'informer en permanence.

5 • D'après le document : … 1 / point

a. les accros à Internet sont presque tous impolis.

b. les fans de mondes virtuels sont souvent impolis.

c. les adeptes des outils numériques sont de plus en plus impolis.

6 • À quoi serait due notre dépendance aux nouvelles technologies ? … 1 / point

....

....

7 • Les adeptes du « selfie » : … 1 / point

a. s'inquiètent du mauvais usage de leurs photos.

b. s'inquiètent des critiques de leurs photos.

c. s'inquiètent de publier les plus belles photos.

Compréhension **écrite** … / 25 points

Comprendre un texte argumentatif

Exercice 1 *Répondez aux questions, en cochant (✓) la bonne réponse ou en écrivant l'information demandée.* … / 13 points

Une école pour transmettre l'art de vivre à la française

Khalil Khater voit grand. L'homme d'affaires, président du groupe Accelis, qui prospère dans le secteur du nettoyage hôtelier, ouvre à la rentrée 2015 une école d'enseignement supérieur dédiée à la gastronomie, à l'hôtellerie et au luxe : Ferrières, « l'école de l'excellence à la française ». Pour ce projet à 25 millions d'euros, M. Khater ne lésine pas.

L'établissement sera hébergé dans le château de Ferrières (Seine-et-Marne), construit au XIXe pour la famille Rothschild, et mis à disposition par la commune de Ferrières-en-Brie. L'homme d'affaires s'est entouré de grands noms du secteur, comme le chef Guy Savoy ou l'industriel Michel Bernardaud, PDG de la maison de porcelaine du même nom. Ferrières sera dirigée par Jean-Robert Pitte, ancien président de l'université Paris-Sorbonne.

Le projet lui-même est ambitieux : transmettre *« le savoir-faire et l'art de vivre à la française »*. Le cursus proposé court sur[1] cinq années : un bachelor[2] à bac + 3 (qui ouvrira à la rentrée 2015) et un mastère à bac + 5 (rentrée 2016). Un partenariat a été signé avec l'université Paris-Est Marne-La Vallée : les étudiants de Ferrières seront aussi inscrits à l'université, et le bachelor permettra d'obtenir une licence professionnelle universitaire. *« Pour nous, c'est une manière élégante d'étendre notre offre de formation, d'être plus visible et de se positionner sur le secteur haut de gamme notamment en formation continue »*, explique Frédéric Toumazet, vice-président de l'université.

« De la réalisation à la théorie »

Tous les aspects des métiers associés à la gastronomie, à l'hôtellerie, au luxe, à l'événementiel et au tourisme seront abordés. Ferrières a l'ambition de former aussi bien aux techniques qu'au management. *« La pédagogie est au cœur du projet*, explique Sébastien Vivier-Lirimont, conseiller éducation pour Ferrières au sein du groupe Accelis. *Nous souhaitons qu'elle soit innovante. Nous privilégions une approche par projet, de la réalisation à la théorie. L'éducation par objectif, c'est une révolution. »*

« Toutes les activités du campus seront une occasion d'apprentissage, autant d'exercices de style pour les étudiants », précise Khalil Khater. De fait, là aussi, l'homme d'affaires ne fait pas dans la demi-mesure. Le château et le parc de 130 hectares accueilleront 800 m² de cuisines, deux restaurants d'application, 400 m² de caves et de salles de dégustation de vin, une boutique, 2 000 m² d'espaces de réception et un hôtel d'application quatre étoiles. Pour les étudiants, sont prévus bibliothèque, résidence et équipements sportifs.

Un silence prudent

Bref, rien n'est trop beau pour ce projet consacré à *« l'excellence à la française »*. Certes, les droits d'inscription sont élevés : 18 000 euros par an pour les filières francophones et 24 000 euros pour les filières internationales (qui devraient, à terme, accueillir la moitié des effectifs). Mais les premières promotions d'étudiants français seront aidées : chacun se verra accorder une bourse de 6 000 euros.

Reste une question : y a-t-il une place pour une nouvelle école de ce type ? Le besoin est criant[3], explique M. Khater : *« Les professionnels de l'hôtellerie ont des difficultés pour recruter des jeunes formés et opérationnels. Ils ont donc pris l'habitude de recruter dans les écoles suisses. Or, notre savoir-faire est reconnu dans le monde entier. »* C'est vrai, confirme Jean-Marc Banquet-d'Orx, pour l'Union des métiers et des industries d'hôtellerie (UMIH) : *« Nous avons de bonnes formations en France*, reconnaît-il, *mais nous manquons de personnel qualifié. Par ailleurs, pour exploiter des établissements cinq étoiles, nous sommes obligés de recruter à l'international. Nos directeurs d'hôtel, nous allons les chercher à Glion ou à Lausanne. Nous manquons en France de formations de très haut de gamme, d'une école de l'excellence. »* Pour M. Banquet-d'Orx, l'ouverture de Ferrières est donc *« une très bonne chose »*.

« Près de 2 milliards de touristes sont prévus dans le monde en 2030, contre 1 milliard aujourd'hui, ajoute-t-il. *Et attirer en France ne serait-ce que 5 % de ces nouveaux voyageurs permettrait de créer 500 000 emplois. »* Ferrières fait-elle peur aux écoles existantes ? Ses concurrents directs observent en tout cas un silence prudent. Ni l'Institut Paul Bocuse, sur le même créneau que le futur établissement, ni l'Institut de hautes études

Glion, ni l'école de management hôtelier Les Roches, toutes deux suisses, n'ont souhaité répondre aux questions du *Monde*.

Seul le directeur de l'école parisienne de gastronomie Ferrandi a accepté : « *Non, nous n'avons pas peur*, indique Bruno de Monte.

Cela fait tout de même quelques années que nous existons, et nous connaissons la qualité de nos formations. Un nouvel établissement, c'est toujours à observer de près. C'est donc de l'intérêt, pas de la crainte ! »

1. S'étale sur…/a une durée de… – 2. Diplôme correspondant à la licence. – 3. Évident.

http://campus.lemonde.fr/campus/article/2014/12/18/l-art-de-vivre-a-la-francaise-aura-bientot-son-ecole_4543290_4401467.html

1 • Dans cet article, les propos du journaliste sont : ...../ 1 point

    a. objectifs. **b.** négatifs. **c.** subjectifs.

2 • Que signifie « M. Khater ne lésine pas » ? ... / 1,5 point

    a. Il essaie de faire des économies

    b. Il dépense son argent inutilement

    c. Il dépense tout ce qu'il faut pour atteindre son but.

3 • Trouvez deux expressions synonymes de « voir grand » dans le texte. ... / 2 points

....

4 • Quelle approche pédagogique est choisie pour l'école Ferrières ? ... / 1 point

....

5 • Vrai ou faux ? ... / 3 points

Cochez la case correspondante et justifiez votre réponse en citant un passage du texte.

1,5 point par affirmation à traiter. Le candidat obtient la totalité des points si le choix Vrai/Faux ET la justification sont corrects, sinon aucun point.

	VRAI	FAUX
a. La cuisine constitue le plus grand espace de travail pour les étudiants. *Justification :*		
b. Les étudiants pourront habiter dans le château. *Justification :*		

6 • Qui bénéficiera de l'aide financière ? ... / 1 point

....

7 • D'après Jean-Marc Banquet-d'Orx, la France manque : ... / 1 point

    a. de bonnes écoles hôtelières.

    b. de financement pour créer ce type d'écoles.

    c. d'employés qualifiés dans le haut de gamme.

8 • Vrai ou faux ?   ... / 1,5 points

Cochez la case correspondante et justifiez votre réponse en citant un passage du texte.

1,5 point par affirmation à traiter. Le candidat obtient la totalité des points si le choix Vrai/Faux ET la justification sont corrects, sinon aucun point.

	VRAI	FAUX
Le nombre de touristes à l'échelle mondiale est censé doublé d'ici 2030. *Justification* :		

9 • Face à cette nouvelle école, Bruno de Monte exprime :   ... / 1 point

a. de l'envie.   **b.** de la curiosité.   **c.** de l'appréhension.

Exercice 2 *Répondez aux questions, en cochant (✓) la bonne réponse ou en écrivant l'information demandée.* ///

... / 12 points

Faut-il interdire
la cigarette électronique
dans les lieux publics ?

La cigarette électronique est en plein boum. La France compte un million de vapoteurs, soit 7,4 % du total des fumeurs. Entre le 1er janvier et la fin d'année 2013, le nombre de boutiques dans l'Hexagone est passée de 100 à 2 000. Même si la région vapote semble-t-il un peu moins que le reste de la France, cette croissance exponentielle soulève des questions, par exemple réglementaires. Le gouvernement a interdit la vente aux mineurs, il s'apprête de façon imminente à bannir[1] la publicité. Et la ministre de la Santé, Marisol Touraine, a annoncé qu'elle voulait, « autour de l'été », interdire le vapotage dans « certains lieux publics ». Bonne ou mauvaise idée ?

Attablé dans un restaurant lillois, Patrick vapote avec fierté, le visage perdu dans un nuage de fumée : « *J'étais à deux paquets par jour depuis trente ans. Depuis un mois et demi, je ne suis plus qu'à la cigarette électronique. Je me sens vraiment mieux, je respire mieux. Et puis là, je viens de finir de manger, je peux vapoter à l'intérieur.* » Pour combien de temps encore ?

Depuis peu, à New York et Los Angeles, l'e-cigarette ou cigarette électronique est interdite dans tous les lieux publics où il est déjà interdit de fumer du tabac. En Belgique, au Luxembourg et à Malte aussi.

En France, beaucoup l'ignorent, mais sauf dans les avions, les trains et d'autres transports publics comme ceux du réseau *Transpole* à Lille, le vapotage est autorisé partout. Sauf aussi dans les entreprises qui, en interne, en ont décidé autrement. Voire dans les restaurants ou bars qui, *idem*, demandent à leurs clients de sortir pour vapoter.

Le 31 mai 2013, dans le cadre de la Journée mondiale sans tabac, la ministre de la Santé, Marisol Touraine, s'était déclarée favorable à une interdiction de la cigarette électronique dans les lieux publics où la cigarette est déjà proscrite. Fin avril, elle s'est faite plus précise en annonçant qu'« *autour de l'été* », dans le cadre du vote de la loi santé, elle légiférerait sur une interdiction dans « *certains lieux publics* ». « *Nous allons, avec les parlementaires, déterminer les lieux concernés* » [...] « *Là où il y a beaucoup de monde, là où il y a des enfants, là où il y a des jeunes.* » Se prononçant aussi en faveur d'interdictions à l'échelle de la commune. Que des mairies disent que telle plage ou tel jardin public est sans cigarette électronique. Principal argument : bannir « *le geste* » de fumer.

Les restaurants et bars ne sont pas nommément cités, mais au ministère, on laisse entendre qu'ils pourraient être concernés. Y a-t-il nécessité ? Les nombreux lieux de restauration et de nuit lillois interrogés ne font pas état d'une « guerre » entre non-vapoteurs et vapoteurs comme elle a pu exister quand le tabac était encore autorisé. D'autant que les vapoteurs seraient particulièrement courtois. Souvent, ils sortent. L'habitude pour ces anciens fumeurs est prise. Ou alors ils demandent au patron voire à leurs voisins de table si ça les dérange ou non. Bref, peu de soucis de cohabitation.

Reste l'avis de chacun. Cette non-fumeuse : « *Dans les lieux de bouche, ça me dérange, dans les bars non.* » Ce jeune cadre : « *ça n'a pas ou peu d'odeur, ça ne m'incommode nulle part.* » Gérant du bar-restaurant le *Bun's Bazaar*, à Lille, Clément Couillet : « *Je préfère qu'ils évitent, surtout en mode restaurant[2]. Je suis moi-même fumeur et content que ce soit interdit. Ce doit être pareil avec l'e-cigarette. On n'a pas le recul, on ne sait pas ce qu'il y a dedans.* » Le patron du *Dracir* n'est pas de cet avis : « *C'est liberticide[3]* » Jasmine, gérante du bar l'*Écart*, n'aime pas non plus les atteintes aux libertés, mais pour elle, le fait de fumer dehors a du bon : « *Les fumeurs sympathisent et quand ils rentrent dans le café, ils peuvent se mettre à la même table, continuer à discuter, ça peut casser les groupes. Alors si les vapoteurs se joignent aussi...* » Directeur de la chaîne aux 14 restaurants *Il Ristorante* [...], Marc Bonduelle résume : « *Aujourd'hui, ça ne pose pas problème, et si c'était interdit, les clients le respecteraient facilement.* »

1. Interdire. - 2. Lorsqu'ils sont au restaurant. - 3. Qui détruit la liberté.

http://www.lavoixdunord.fr/region/faut-il-interdire-la-cigarette-electronique-dans-les-lieux-ia0b0n2151498

1 • Quel est le ton de cet article ? ... / 1 point

a. Critique. **b.** Alarmiste. **c.** Neutre.

2 • Que signifie l'expression « être en plein boum » ? ... / 1 point

a. Être dangereux. **b.** Être assez répandu. **c.** Être en pleine expansion.

3 • Qu'est-ce qu'un « vapoteur » ? ... / 1,5 point

....

4 • Au moment de l'écriture de l'article, il est interdit de : ... / 1 point

a. vapoter dans les lieux publics.

b. vendre des cigarettes électroniques aux mineurs.

c. faire la publicité des cigarettes électroniques.

5 • Vrai ou faux ? ... / 1,5 point

Cochez la case correspondante et justifiez votre réponse en citant un passage du texte.

1,5 point par affirmation à traiter. Le candidat obtient la totalité des points si le choix Vrai/Faux ET la justification sont corrects, sinon aucun point.

	VRAI	FAUX
Patrick a arrêté de fumer la cigarette électronique. *Justification :*		

6 • En France, la cigarette électronique est interdite : ... / 1 point

a. dans tous les bars. **b.** dans certains trains. **c.** dans certains transports publics.

7 • Qui décidera d'appliquer ou non l'interdiction ? ... / 1 point

....

8 • La relation entre fumeurs et non-fumeurs de cigarettes électroniques est : ... / 1 point

a. bonne. **b.** tendue. **c.** mauvaise.

9 • Remplissez le tableau avec les informations du dernier paragraphe. ... / 3 points

(0,5 point par réponse)

Personnes interviewées	Arguments pour l'interdiction	Arguments contre l'interdiction
La femme non-fumeuse	....	....
Le jeune cadre		....
Le gérant du bar-restaurant le *Bun's Bazaar*	....	
Le patron du *Dracir*		....
La gérante du bar l'*Écart*		....

Production écrite

Le journal *Paname Hebdo* consacre son prochain numéro à l'école du futur, où les élèves se retrouveraient sans professeur. On propose aux lecteurs de rédiger un article sur ce sujet. Vous décidez d'écrire un article sur ce thème.

Votre article devra faire 250 mots minimum.

Production orale

Vous dégagez le problème soulevé par le document que vous avez choisi. Vous présenterez votre opinion sur le sujet de manière claire et argumentée et, si nécessaire, vous la défendrez au cours du débat avec l'examinateur.

La durée de passation de l'épreuve est de 20 minutes.

Sujet 1

Être enfant unique, un avantage ou un inconvénient ?

On les dit gâtés, égoïstes, capricieux, mais bons élèves. Est-ce encore vrai aujourd'hui ? De plus en plus nombreux à grandir sans frère ni sœur, les enfants uniques ne seraient-ils pas des enfants comme les autres ? Être enfant unique ne signifie pas qu'on soit forcément incapable de tenir compte de l'autre ni de partager. Certes, il existe des enfants uniques qui se sentent en décalage avec les camarades de leur âge et n'arrivent pas à faire partie d'une bande. Mais, là encore, impossible de généraliser. [...] Toutefois, l'ouverture de la famille sur l'extérieur, sa capacité à établir des échanges, a une grande importance. Ainsi, un enfant habitué à passer ses vacances avec ses cousins et cousines (ou fils et filles d'amis), à inviter des copains à la maison, aura moins de difficultés à nouer des contacts qu'un autre toujours entouré d'adultes. Est-ce à dire que les copains pourraient remplacer les frères et sœurs ? Sans doute pas. Les cousins, les copains, on les choisit. On investit ceux qu'on aime bien et on décide du rythme auquel on a envie de les voir. Les frères et sœurs, on les subit... et à plein temps !

http://www.famili.fr/,enfant-unique-pour-en-finir-avec-les-idees-recues,486,402565.asp

Sujet 2

Pour ou contre le clonage ?

Si l'on arrivait à s'affranchir des barrières scientifiques au clonage humain et donc à donner naissance à des clones humains viables, il se poserait de toute façon de nombreux problèmes d'ordre éthique. Le clonage reproductif humain remet en cause les notions même de famille, d'hérédité, de paternité/maternité, de reproduction sexuée, etc.

En effet, un clone ne pourrait être considéré ni comme le fils, ni comme le frère de ce donneur, ni comme le donneur lui-même. Cela mènerait à un véritable bouleversement de la hiérarchie familiale. Afin de ne pas engendrer une classe de sous-hommes pour les clones, il serait aussi nécessaire de mettre en place un véritable statut de « cloné », d'un point de vue juridique, pour leur créer une place dans la société. Bien que l'idée de cloner puisse paraître intéressante, il faut rester prudent puisqu'on ne connaît pas encore toutes les conséquences que le clonage pourrait avoir à long terme. Certains scientifiques voient le clonage comme la fin de la loterie génétique et même comme une dégénérescence de l'espèce humaine. Ainsi, il vaut peut-être mieux appliquer le principe de précaution, et attendre d'avoir étudié précisément sur plusieurs générations des animaux clonés avant de tenter l'expérience sur l'Homme.

http://clonage2008.free.fr/arguments-contre-clonage.php

Imprimé en France par Clerc en janvier 2019
N° de projet : 10252081 - Dépôt légal : janvier 2018